Café com Jesus

Com a benção de Deus Pai, Deus Filho e Deus Espírito Santo

Café com Jesus – Com a bênção de Deus Pai,
Deus Filho e Deus Espírito Santo

2ª edição: Agosto 2025

Autor:
Vinicius Iracet

Preparação de texto:
3GB Comunicação

Revisão:
Iracy Borges
Gabriel Silva

Projeto gráfico e capa:
Jéssica Wendy

DADOS INTERNACIONAIS DE CATALOGAÇÃO NA PUBLICAÇÃO (CIP)

Iracet, Vinicius
Café com Jesus : com a bênção de Deus Pai, Deus Filho e Deus Espírito Santo / Vinicius Iracet. — Porto Alegre : Citadel, 2025.
384 p. : il., color.

ISBN: 978-65-5047-588-8

1. Devoções diárias 2. Vida cristã 3. Desenvolvimento pessoal 4. Espiritualidade I. Título

25-2950 CDD 242.2

Angélica Ilacqua - Bibliotecária - CRB-8/7057

Produção editorial e distribuição:

CITADEL Grupo Editorial

contato@citadel.com.br
www.citadel.com.br

VINICIUS IRACET

Café com Jesus

Com a benção de Deus Pai, Deus Filho e Deus Espírito Santo

CITADEL
Grupo Editorial
2025

Legenda

- Palavra do dia
- Conselho de sabedoria
- Deixa queimar
(o que deve sair da sua vida)
- Palavra profética
- Norte certo
(direção especial)
- Assim seja, seja assim

O que **VOCÊ TEM**
é o suficiente
para que o Senhor
realize o **MILAGRE**
da multiplicação.

A VOZ DA SABEDORIA

1

Talvez muitos não saibam que a sabedoria tem voz.

A Bíblia, todavia, nos mostra que a sabedoria tem voz e fala; assim, ela é um dos canais de Deus para falar conosco.

Não adquirimos a sabedoria de Deus com experiências naturais ou estudos acadêmicos.

A Bíblia diz que a verdadeira sabedoria vem do Alto, então só o Senhor pode concedê-la.

Ela nos instrui a identificar as intenções das pessoas, bem como resolver situações.

Decida buscar a sabedoria, pois ela clama em meio aos tumultos para trazer ordem ao caos e nos faz resolver as questões com pessoas e da vida em geral.

"A sabedoria clama lá fora; pelas ruas levanta a sua voz."
(PROVÉRBIOS 1:20 ACF)

FAÇA A SUA ORAÇÃO DO DIA

Oração

Deus, eu me aproprio da Sua sabedoria, que o Senhor disponibiliza. Oro para que eu me torne sensível à Sua voz. Ajude-me, ó Deus, por meio de Suas direções, a tomar as decisões corretas que me levarão ao meu destino. Declaro a sabedoria dos céus sobre a minha casa e os meus negócios. Em nome de Jesus, amém.

2

"Porém, quando o Espírito da verdade vier, ele ensinará toda a verdade a vocês. O Espírito não falará por si mesmo, mas dirá tudo o que ouviu e anunciará a vocês as coisas que estão para acontecer."

(JOÃO 16:13 NTLH)

Oração

Espírito Santo, dou-Lhe liberdade para agir em minha vida e tornar meu caráter semelhante ao de Jesus. Obrigado, Senhor, pois sei que através de Seu Espírito tenho acesso ao sobrenatural e posso atuar debaixo de Sua unção e autorização. Em nome de Jesus, amém.

A VOZ DO ESPÍRITO SANTO

O Espírito Santo é o espírito da verdade, da profecia, que anuncia o que Deus está por fazer.

Por isso, as palavras daquele que tenta nos desanimar ou decepcionar não são provenientes do Espírito.

A voz de Satanás traz condenação e culpa, mas a voz de Deus traz paz, quietude e alegria.

Quem dá liberdade à voz do Espírito Santo mantém-se vivo e atuante. Deus quer se mover por meio de você!

A voz do Espírito Santo é aquela que nos corrige e nos lapida.

Deixe o Espírito moldar o seu caráter, pois essa é a voz que nos lava e nos liberta.

FAÇA A SUA ORAÇÃO DO DIA

PEGUE-SE INSTRUÇÃO

É importante colocarmos o nosso coração no que Deus está falando.

Então, precisamos ter a resposta do que Ele está querendo nos mostrar.

Quando Naamã recebeu a instrução de mergulhar sete vezes no rio Jordão, houve questionamento, no entanto ele decidiu obedecer (2 Reis 5). Questionamentos em alguns casos não vão ajudá-lo!

Sempre que Deus fala, sentimos que é Ele.

Toda instrução divina só fará sentido se você fizer o que está sendo ordenado.

Obedeça, mesmo que a instrução cause estranhamento. Faça exatamente como Deus lhe pediu.

ÇA A SUA ORAÇÃO DO DIA

"Apegue-se à instrução, não a abandone; guarde-a bem, pois dela depende a sua vida."

(PROVÉRBIOS 4:13 NVI)

Oração

Meu Deus, sei que toda boa dádiva vem do Alto. Por isso, apego-me ao Senhor de todo o meu coração e peço-Lhe que me ajude a executar, com fé e ousadia, toda instrução que vem do Senhor. Em nome de Jesus, amém.

"O entendimento é fonte de vida para aqueles que o têm, mas a insensatez traz castigo aos insensatos."

(PROVÉRBIOS 16:22 NVI)

Oração

Jesus, todas as minhas fontes estão no Senhor! Ajude-me a discernir o Seu propósito para minha vida. Não permita que laços de engano se apoderem de mim, guarde minha mente e leve-a cativa ao Seu senhorio. Em nome de Jesus, amém.

FILTRO ESPIRITUAL

Existe algo que todos precisamo ter: um filtro espiritual.

Esse filtro só desenvolvemos pelo meditar nas Escrituras.

Há muitas instruções advindas de outras fontes, e essas instruções errôneas geralmente o desalinham da vontade de Deus, trazendo problemas e complicações.

O Espírito coloca um prumo dentro de nós que nos faz entender que, se algo não bate com a Palavra, não pode ser aceito como a voz de Deus.

Além disso, uma instrução de Deus não vai contra outra instrução Dele.

Busque a fonte correta e não sai do desenho de Deus para sua vid

FAÇA A SUA ORAÇÃO DO DIA

APRENDA A SER ADMIRÁVEL

- Muitas coisas que falamos podem nos trazer grandes prejuízos.
- Perdemos muitas coisas por falarmos demais.
- Atraímos inveja e maldições e somos autores de muitos males ao falar o que não devemos.
- Quando não temos sabedoria com as palavras, podemos ferir pessoas leais e de caráter, perdendo até a admiração delas.
- Se buscarmos a sabedoria dos céus, aprenderemos a controlar nossas emoções.
- Seja uma pessoa admirável. Cuide para que suas palavras não se tornem uma arma contra você mesmo.

AÇA A SUA ORAÇÃO DO DIA

"O que guarda a boca e a língua guarda das angústias a sua alma."

(PROVÉRBIOS 21:23 ARC)

Oração

Senhor amado, ajude-me a controlar minhas emoções e a minha língua. Ensine-me a ser sábio com as palavras para que eu não afaste o Seu Espírito, bem como as pessoas leais e de caráter da minha vida. Em nome de Jesus, amém.

6

"A língua dos justos é prata escolhida, mas o coração dos ímpios quase não tem valor. As palavras dos justos dão sustento a muitos, mas os insensatos morrem por falta de juízo."

(PROVÉRBIOS 10:20-21 NVI)

Oração

Pai de graça e favor, preciso de Sua sabedoria para discernir o momento de falar e como falar. Encha-me do Seu fruto de mansidão e que minha língua seja como prata escolhida. Em nome de Jesus Cristo, amém.

MANEJE A VERDADE COM MANSIDÃO

- As palavras que saem de nossa boca precisam ser ditas com mansidão.
- As pessoas fecham o coração diante de palavras ditas com grosseria e desrespeito.
- Ainda que falemos uma verdade, se não dosarmos as palavras, essa verdade será rejeitada.
- Quando falamos uma verdade co[m] violência exacerbada, perdemos a razão e o coração do ouvinte.
- Toda palavra que sai de nossa boca pode produzir um efeito positivo ou negativo.
- Não perca a razão. Procure aprender com o Espírito Santo a manejar a verdade com mansidão, e assim você pode verdadeiramente ganhar o seu irmão.

FAÇA A SUA ORAÇÃO DO DIA

SEJA UM BOM OUVINTE

"Meus amados irmãos, tenham isto em mente: Sejam todos prontos para ouvir, tardios para falar e tardios para irar-se."

(TIAGO 1:19 NVI)

- Com a evolução da ciência e a velocidade com que tem se desenvolvido, as pessoas se tornaram ansiosas em acompanhar a tecnologia e o conhecimento.
- A sabedoria de Deus em nada se aproxima ao falar muito ou ser apressado.
- Muitos têm pressa de acompanhar as ideias revolucionárias e tecnológicas.
- É tolice não calcular o custo do efeito das palavras.
- Ouvir é melhor do que o falar desenfreado.
- Saiba ouvir e silenciar-se diante de situações difíceis. Ouça primeiro o Espírito de sabedoria e fale se for necessário.

Oração

Espírito Santo, eu preciso ser um bom ouvinte. Tire os tampões de meus ouvidos e aguce minha audição espiritual. Ajude-me a ouvir mais e falar menos. Em nome de Jesus Cristo, amém.

AÇA A SUA ORAÇÃO DO DIA

8

CONTROLE SUA LÍNGUA

"Se alguém se considera religioso, mas não refreia a sua língua, engana-se a si mesmo. Sua religião não tem valor algum!"

(TIAGO 1:26 NVI)

Por causa do mau uso de nossa língua, às vezes entramos em guerras desnecessárias.

A Bíblia nos ensina que, quando não dominamos nossa língua, todo o nosso ser pode ser facilmente manipulado.

O falar desmedido entristece o Espírito Santo.

Falar sem sabedoria nos coloca, muitas vezes, em lugares de vergonha e desonra. Procure as palavras certas para cada ocasião.

Use sua língua para bendizer a Deus.

O bom uso de sua língua pode fazer com que acesse portas sobrenaturais.

Oração

Senhor, eu recebo esta palavra de confronto neste dia! Reconheço que sou falho e muitas vezes tenho falta de sabedoria ao colocar minhas palavras. Perdoe-me, Senhor, pela minha insensatez e ajude-me a refrear a minha língua sempre que necessário. Em nome de Jesus, amém.

FAÇA A SUA ORAÇÃO DO DIA

DISCERNINDO AS ESTAÇÕES

- Muitas vezes, nos conformamos com a vida que temos, com os recursos de que dispomos e com o que já está alinhado, e, assim, paramos de sonhar e de crescer.
- É fácil e confortável conviver com situações que são menos do que "o melhor de Deus para nossas vidas".
- Somos estimulados aqui na Terra a alcançar determinado padrão e depois descansar, considerando tal patamar suficiente.
- Em alguns momentos de nossas vidas, Deus nos joga para fora de nossa zona de conforto, e esse momento se tornará exatamente a sua oportunidade de avançar!
- É importante discernir as estações da sua vida.
- Há estações em que você vai caminhar, outras em que vai correr, e há estações em que precisará voar.

ÇA A SUA ORAÇÃO DO DIA

"Sejam homens de coragem, sejam fortes."

(1 CORÍNTIOS 16:13B NVI)

Oração

Espírito Santo, derrame sobre minha vida uma unção de ousadia e coragem para que eu vá além da minha capacidade. Arranque toda prostração e comodismo, mostre-me os passos que devo dar. Em nome de Jesus, amém.

"Sabemos que Deus age em todas as coisas para o bem daqueles que o amam, dos que foram chamados de acordo com o seu propósito."

(ROMANOS 8:28 NVI)

NEM TODA PROPOSTA É PROPÓSITO

- Há situações em nossas vidas em que queremos resolver tudo rapidamente.
- A paciência e a perseverança devem fazer parte de nossas vidas.
- A pressa em resolver certas situações muitas vezes pode nos fazer jogar fora aquilo que o Senhor nos deu.
- Nem toda resolução rápida ou proposta faz parte do desenho de Deus para você.
- Não seja precipitado.
- Procure entender a pedagogia de Deus e aprenda a lidar com situações embaraçosas para que não saia do propósito.

Oração

Senhor, compreendo o Seu cuidado e sei que está me ensinando. Peço-Lhe que me ensine a esperar e a prevalecer nos momentos difíceis. Ajude-me a tomar as decisões que estejam de acordo com o Seu propósito. Em nome de Jesus Cristo, amém.

FAÇA A SUA ORAÇÃO DO DIA

É O SUFICIENTE

Quando damos importância ao que está em nossas mãos, Deus nos coloca em lugares de abundância.

Jesus ergueu os pães e os peixes e deu graças, e houve multiplicação com o que tinham em mãos.

Não importa o que está nas suas mãos hoje.

O que você tem é o suficiente para que o Senhor realize o milagre da multiplicação.

Quando Jesus alimentou uma multidão, havia apenas dois pães e cinco peixes. Porém, aquilo era o suficiente.

Aja com o que você tem em mãos e o Senhor trará a bênção da abundância.

"Então Jesus tomou os pães, deu graças e os repartiu entre os que estavam assentados, tanto quanto queriam; e fez o mesmo com os peixes. Depois que todos receberam o suficiente para comer, disse aos seus discípulos: Ajuntem os pedaços que sobraram. Que nada seja desperdiçado."

(JOÃO 6:11-12 NVI)

Oração

Dou-Lhe graças, meu Deus, por aquilo que já colocou em minhas mãos. Em nome de Jesus, declaro sobre minha casa a bênção da multiplicação, e que tudo que for multiplicado em minha vida seja também liberado por meio de minha generosidade. Amém.

FAÇA A SUA ORAÇÃO DO DIA

12

VOCÊ É ESCOLHIDO

"Disse-lhe, porém, o Senhor: Vai, porque este é para mim um vaso escolhido para levar o meu nome diante dos gentios, e dos reis, e dos filhos de Israel."

(ATOS 9:15 ARC)

Os escolhidos por Deus geralmente sofrem ataques espirituais intensos.

Toda pessoa que é escolhida de Deus será vista e chamará a atenção por onde ela passar.

Nunca ignore aquilo que Deus colocou em você, ainda que aos seus olhos você seja um improvável.

Deus é especialista em transformar o improvável em alguém relevante.

Aquilo que você carrega pode incomodar aqueles que o cercam.

Posicione-se e comece a se portar como um escolhido.

Oração

Obrigado, meu Deus, por me escolher e me conceder o privilégio de ser seu filho amado. Ajude-me, Espírito Santo, a andar como cabeça, e não como cauda. Em nome de Jesus, amém.

FAÇA A SUA ORAÇÃO DO DIA

VOZES QUE ECOAM

Muitas pessoas têm questionado se de fato Deus fala com elas ou se é algo produzido por sua mente.

A tolice sempre estará com o homem, mas a voz de Deus é diferente.

A mente humana tem inclinação para fazer coisas erradas, lógicas e limitadas.

Deus fala conosco quando estamos nos tornando algozes de nós mesmos ou quando estamos prejudicando os outros.

A voz do Senhor sempre será inconfundível.

Sempre que estiver em guerra mental, retire-se a um lugar de quietude para orar.

FAÇA A SUA ORAÇÃO DO DIA

13

"A voz do Senhor é ouvida sobre as águas; o glorioso Deus troveja, e sobre os mares se ouve a sua voz. A voz do Senhor é cheia de poder e majestade."

(SALMOS 29:3-4 NTLH)

Oração

Querido Deus, oro em nome de Jesus Cristo para que se calem as vozes da inquietação e agitação em minha vida. Arranque os tampões de meus ouvidos para que eu identifique sem demora a Sua voz. Amém.

14

"Duas filhas têm a sanguessuga. 'Dê! Dê!', gritam elas. Há três coisas que nunca estão satisfeitas, quatro que nunca dizem: 'É o bastante!'."

(PROVÉRBIOS 30:15 NVI)

Oração

Espírito de Deus, venha com Sua sabedoria sobre a minha vida e minha casa. Habilite-me a afastar toda pessoa sugadora, que se aproxima somente para tirar proveito. Declaro que todo jugo está despedaçado, por causa da unção do Cristo vivo e poderoso. Repreendo todo espírito sugador. Revista-me com Seu poder e dê-me perspicácia para não ser explorado. Em nome de Jesus, amém.

LANCE FORA OS SUGADORES

- Não mantenha na sua vida pessoas que só querem sugá-lo, explorá-lo.
- Dar apoio e ajudar pessoas a se levantar é nossa missão como cristãos, mas não podemos manter os sugadores.
- Existem parcerias em nossas vidas que só trazem perdas e prejuízos.
- Você não pode manter algo na sua vida que Deus não está mantendo mais.
- Pare de manter alianças ou negócios com pessoas que o próprio Deus já rejeitou.
- O que é de Deus é mantido e sustentado por Ele.

FAÇA A SUA ORAÇÃO DO DIA

ESPÍRITO REBELDE

- O rebelde não reconhece seus erros e rejeita um mensageiro de Deus.
- A pessoa rebelde, se orar, por causa de seu coração endurecido, estará impossibilitada de ouvir a voz do Espírito.
- A pessoa que carrega a rebeldia pode ouvir o diabo, a voz de qualquer outra pessoa, mas não a de Deus.
- Um rebelde não consegue ouvir Deus.
- Não seja como Saul, que rejeitou a instrução do profeta.
- Seja humilde e arrependa-se, ainda que tenha de voltar atrás em alguma decisão.

"Pois a rebeldia é como o pecado da feitiçaria, e a arrogância como o mal da idolatria. Assim como você rejeitou a palavra do Senhor, ele o rejeitou como rei."

(1 SAMUEL 15:23 NVI)

Oração

Pai querido, arranque a rebeldia de meu caminho e ajude-me a ser humilde para obedecer a Suas instruções. Torne meu coração sensível e obediente. Em nome de Jesus, amém.

FAÇA A SUA ORAÇÃO DO DIA

16

"Então Jesus foi com seus discípulos para um lugar chamado Getsêmani e disse-lhes: Sentem--se aqui enquanto vou ali orar."

(MATEUS 26:36 NVI)

Oração

Espírito Santo, ajude-me a discernir as ciladas do inimigo para me tirar do lugar da oração. Coloco em Sua presença toda aflição de meu coração e peço-Lhe que me ajude a lançar sobre o Senhor toda a minha ansiedade pelas coisas desta Terra. Em nome de Jesus, amém.

A LUTA PARA NOS TIRAR DO LUGAR DA ORAÇÃO

- Todos nós enfrentamos momentos desafiadores.
- Jesus nos ensinou que a melhor maneira de enfrentarmos um momento de pressão é de joelhos, em oração.
- A verdade é que o diabo luta para nos tirar do nosso lugar de oração por meio das distrações deste mundo, além de pensamentos ruins, preocupações com problemas ou pessoas.
- Para mantermos nosso corpo físico, precisamos nos alimentar corretamente e praticar exercícios físicos.
- Para mantermos nossa vida espiritual saudável, precisamos permanecer no lugar da oração.
- Mantenha sua vida de oração ativa. Não se engane, sem vida de oração não há vitória.

FAÇA A SUA ORAÇÃO DO DIA

JESUS SEMPRE FALA DO PAI

- A Bíblia é Jesus impresso. Não se pode amar Jesus e não amar a Sua Palavra.
- A Palavra de Jesus também é a voz do Pai.
- A dificuldade de reconhecer a voz do Pai pode advir de uma busca pequena e rasa.
- O Filho fala do que aprendeu do seu Pai, e o Pai confirma Jesus. Deus também falará com você se souber reconhecer a voz do Pai.
- Se você tem sido tocado a entregar o coração a Jesus, a voz do Pai o está chamando, atraindo-o para Jesus e, consequentemente, a "mergulhar" na Palavra de Deus.
- Ouça a voz do Pai e do Filho através da Bíblia.

FAÇA A SUA ORAÇÃO DO DIA

"Então Jesus disse a eles: Eu afirmo a vocês que isto é verdade: o Filho não pode fazer nada por sua própria conta, pois ele só faz o que vê o Pai fazer. Tudo o que o Pai faz o Filho faz também."

(JOÃO 5:19 NTLH)

Oração

Senhor e Deus, creio no Seu poder e no poder que há em Sua Palavra. Conduza-me a amar Jesus, cada vez mais. Ensine-me a ouvir Seu coração e tomar as decisões certas para a minha vida. Em nome de Jesus, amém.

18

"Venham! Vejam as obras do Senhor, seus feitos estarrecedores na Terra."

(SALMOS 46:8 NVI)

Oração

O Senhor é maravilhoso! Seus feitos são grandiosos. Obrigado, Senhor, por me escolher. Peço-Lhe que mude minha história e conduza-me ao meu destino. Rendo-me ao Seu querer e me submeto à Sua vontade. Em nome de Jesus, amém.

O DEUS DA HISTÓRIA FAZ HISTÓRIA

O Deus da História foi o Deus que livrou Daniel da cova dos leões.

O Deus da História foi o mesmo Deus que capacitou Davi a vencer Golias, homem habilidoso e treinado para a guerra.

Não deixe de ser marcado pelo Deus da História.

O Deus da História é o mesmo que trouxe livramento a Israel por meio da juíza Débora, e é o mesmo que marcará a sua vida e a sua história.

Permita que o ousado Deus da História opere maravilhas na sua vida.

Basta você crer de todo o seu coração e Ele também marcará a sua história.

FAÇA A SUA ORAÇÃO DO DIA

IGA À RISCA

"Seja diligente nestas coisas; dedique-se inteiramente a elas, para que todos vejam o seu progresso."

(1 TIMÓTEO 4:15 NVI)

Em muitos momentos de nossas vidas somos tentados a passar por cima de uma palavra que Deus nos deu.

Se aquilo de que você precisa realmente é um projeto de Deus, Ele vai trazer os recursos.

Não passe por cima de uma direção especial para sua vida.

Há coisas que são justas, que são de boa fama, mas não são direção de Deus para sua vida.

Aprenda a respeitar a voz do Espírito.

Se você quer honra de Deus, aprenda a ser obediente nos detalhes.

Oração

Amado Deus e Pai, ajude-me a ser dedicado e diligente em tudo o que o Senhor me instruir. A tudo o que Seu Espírito me instruir quero aplicar meu coração em seguir cada detalhe. Em nome de Jesus, amém.

ÇA A SUA ORAÇÃO DO DIA

____

____

____

____

____

____

____

____

____

____

____

____

____

____

____

____

____

____

"Encontrei Davi, meu servo; com o meu santo óleo o ungi."

(SALMOS 89:20 ARA)

TODO UNGIDO É COMPROMETIDO

- **Toda pessoa que caminha no sobrenatural de Deus é uma pessoa de muitos votos, ungida por Ele.**
- **O ungido de Deus é comprometi com o Reino de Deus.**
- **Um ungido do Senhor não deixa de cumprir seus votos.**
- **O ungido de Deus é fiel e obediente nos mínimos detalhes**
- **Todo ungido de Deus valoriza aquilo que Deus lhe falou.**
- **Se você quer andar na unção, de estar totalmente comprometido com as coisas de Deus.**

Oração

Senhor, perdoe os meus pecados. Obrigado, meu Deus, por me ungir e capacitar. Conceda-me um coração ensinável, fiel e comprometido como o de Davi. Em nome de Jesus, amém.

FAÇA A SUA ORAÇÃO DO DIA

HONRA E
UAS NUANCES

A honra é uma moeda de altíssimo valor.

Antes de você criticar a honra, observe os resultados que ela produz.

Toda pessoa que vive em desonra é fracassada nas suas conexões.

A honra vai abrir dimensões de milagres para você.

A honra é um princípio espiritual e um traço do caráter de um indivíduo.

Comece a praticar este princípio e Deus conectará você a novos níveis de unção.

ÇA A SUA ORAÇÃO DO DIA

21

"Longe de mim tal coisa, porque aos que me honram, honrarei, porém os que me desprezam serão desmerecidos."

(1 SAMUEL 2:30B ARA)

Oração

Senhor Jesus, eu apresento-Lhe a minha vida e agradeço-Lhe por ela. Deus, ajude-me a praticar o princípio da honra com aqueles que são autoridade sobre minha vida. Ensine-me a cumprir princípios espirituais para que se manifeste em minha vida um tempo de restituição e conquistas. Em nome de Jesus, amém.

22

"A mão dos diligentes dominará, mas os enganadores serão tributários."

(PROVÉRBIOS 12:24 ARC)

EXCELÊNCIA GERA OPORTUNIDADES

- A diligência vai fazer com que você conclua estações da sua vida com sucesso.
- Todo diligente é excelente em tudo o que faz e se esmera até mesmo nos detalhes.
- Toda pessoa que não é diligente está tendo perdas e atrasando a sua vida.
- Uma pessoa que se importa com a diligência cumpre um princípi espiritual e é colocada por Deus em lugares de destaque.
- Comece a observar em quais lugares da sua vida você pode ser mais excelente.
- Esforce-se em ser diligente para que você não perca oportunidades.

Oração

Senhor, perdoe-me por muitas vezes não fazer as coisas com excelência e me ajude a obedecer com diligência. Libere sobre mim uma unção de excelência. Não quero mais perder oportunidades. Capacite-me, ó Deus, em nome de Jesus Cristo, amém.

FAÇA A SUA ORAÇÃO DO DIA

HUMILDE DÁ
UVIDOS

Uma pessoa arrogante não se detém para ouvir.

Aquele que não é humilde, mesmo com as lições duras da vida, ainda não conseguiu encontrar o caminho da humildade.

Aquele que não é humilde não está pronto para olhar para dentro de si. Um humilde, por sua vez, tem facilidade em reconhecer suas limitações.

A humildade é como a fundação de uma casa, primeiro você edifica para baixo, para depois ser erguido para cima.

Seja humilde e sente-se para aprender antes de ensinar.

Comece hoje a olhar para dentro de si e identifique as áreas de sua vida que ainda precisam evoluir.

ÇA A SUA ORAÇÃO DO DIA

"O galardão da humildade e o temor do Senhor são riquezas, honra e vida."

(PROVÉRBIOS 22:4 ACF)

Oração

Ajude-me, Senhor, a ser humilde e quebrantado de espírito para sempre reconhecer minhas debilidades e as áreas de minha vida que preciso melhorar, em nome de Jesus. Quero aprender contigo, Senhor, a ser manso e humilde de coração. Amém.

"Perdoa-nos os nossos pecados, pois também perdoamos a todos os que nos devem."

(LUCAS 11:4A NVI)

Oração

Libero meu coração hoje, ó Deus, de toda mágoa e dor do passado. Lave meu interior, Jesus, torne-o limpo, pois não quero mais viver uma vida de amargura. Em nome de Jesus, amém.

PERDÃO – O DETERGENTE DO CORAÇÃO

- Muitos cristãos, embora tenham vários anos de caminhada com Jesus, ainda estão presos em mágoas do passado.
- Uma pessoa que alimenta um ressentimento do passado dá espaço para a atuação de espíritos sugadores da energia.
- Muitos não mudam o discurso, estão ainda apegados a fatos não resolvidos do passado que lhes causam dor.
- A libertação de amarras e sentimentos destrutivos é fundamental para que você seja capaz de avançar.
- Pessoas rancorosas não prosperam; portanto, livre-se de toda raiz de amargura.
- Você vai ter de superar e perdoar o seu ofensor. O perdão ainda é o melhor detergente para o seu coração.

FAÇA A SUA ORAÇÃO DO DIA

HÁ CHAMADO,
Á OPOSIÇÃO

Se você tem um chamado de Deus, saiba que o diabo vai tentar pará-lo.

Sempre que algo nasce de Deus, haverá oposição do inferno.

Herodes tentou se opor ao chamado de Jesus mandando matar todos os meninos bebês da época. Entenda que muitas vezes a luta é espiritual.

Tudo o que o diabo quer é paralisá-lo para que aquilo que Deus imprimiu dentro de você não seja liberado. Não deixe nada pará-lo.

Você precisará resistir com força ao tentador.

Seja espiritual e ore incessantemente, pois esta guerra não é física.

FAÇA A SUA ORAÇÃO DO DIA

"Quando Herodes percebeu que havia sido enganado pelos magos, ficou furioso e ordenou que matassem todos os meninos de dois anos para baixo, em Belém e nas proximidades, de acordo com a informação que havia obtido dos magos."

(MATEUS 2:16 NVI)

Oração

Pai querido, ainda que haja oposição e perseguição, quero ouvir a direção do Seu Espírito. Traga livramento sobre minha vida e minha casa. Em nome de Jesus Cristo, amém.

26

"Filho meu, atenta para as minhas palavras; às minhas razões inclina o teu ouvido."

(PROVÉRBIOS 4:20 ACF)

Oração

Pai querido, rendo meu coração ao Senhor e confio nos Seus cuidados para minha vida. Peço-Lhe força e sabedoria para entender os sinalizadores diários que o Senhor me dá. Ensine-me, Senhor, a captar as Suas sinalizações em todos os momentos e situações. Em nome de Jesus, amém.

SINALIZADORES DIÁRIOS

- **É extraordinário saber que ouvir Deus nos garante a vitória.**
- **Por causa da distração, as pessoas teimam em não prestar atenção aos sinalizadores diários de Deus.**
- **Não obstante, há situações em que Deus opera um milagre e o mal volta. Por quê? Porque não estamos considerando os avisos de Deus.**
- **Precisamos estar atentos às sinalizações do Espírito, então teremos escapes, livramentos e vitórias.**
- **Tudo fala, absolutamente tudo.**
- **Priorize a voz do Senhor em cada detalhe de seu dia e comece a desfrutar de sabedoria e habilidade para resolução de problemas.**

FAÇA A SUA ORAÇÃO DO DIA

DESAFIOS MAIORES

Onde estiver a sua bênção, haverá batalhas. E se você não está tendo batalhas, talvez seja porque está fora do propósito.

Nós colocamos Deus nas nossas vidas quando estamos diante de grandes desafios.

Se você está sendo derrotado é porque não está aceitando novos desafios.

As coisas maiores de Deus para sua vida exigirão muito mais de você.

Não tenha medo de encarar os desafios.

O Senhor sempre estará à frente das suas batalhas. Sua dependência deve sempre estar em Deus.

FAÇA A SUA ORAÇÃO DO DIA

27

"Todos que estão aqui saberão que não é por espada ou por lança que o Senhor concede vitória; pois a batalha é do Senhor, e ele entregará todos vocês em nossas mãos."

(1 SAMUEL 17:47 NVI)

Oração

Pai amado, obrigado por me tornar mais que vencedor em Cristo Jesus! Derrame sobre mim o Espírito de ousadia e intrepidez para encarar os desafios. Declaro que vencerei todos os obstáculos que me forem propostos. Em nome de Jesus, amém.

28

"Meditarei nos teus preceitos e darei atenção às tuas veredas. Tenho prazer nos teus decretos; não me esqueço da tua palavra."

(SALMOS 119:15-16 NVI)

Oração

Fale comigo, Pai, busco a Sua palavra porque sei que nela está a verdade. Quero ser marcado por Sua voz e direcionado pelo Seu Espírito. Guie-me, Senhor, à Sua vontade. Amém.

A VOZ DE DEUS DEIXA MARCAS

Quando algo é colocado em seu espírito, aquilo fica gravado em você.

Se Deus fala à sua mente, o faz lembrar-se daquilo para a vida toda.

Não deixe de ser sensível à voz de Deus.

Deus fala conosco em sonhos e visões de maneira tão intensa que, mesmo que os anos passem, permanecem claros e marcados em nós como no dia em que os tivemos.

Assim como experiências sobrenaturais, a Palavra também permanece viva e marcada em nós.

Busque a Palavra de Deus, deixe que ela se torne viva dentro de você a ponto de não a esquecer.

FAÇA A SUA ORAÇÃO DO DIA

DESCONECTE-SE

"O Senhor disse a Samuel: Até quando você irá se entristecer por causa de Saul? Eu o rejeitei como rei de Israel. Encha um chifre com óleo e vá a Belém; eu o enviarei a Jessé. Escolhi um de seus filhos para ser rei."

(1 SAMUEL 16:1 NVI)

Há amizades e relacionamentos que Deus nos direcionará a deixar para podermos nos conectar ao nosso destino.

Às vezes, estamos nos lamentando e até gastando nossa energia sem necessidade.

Há momentos em nossas vidas em que não conseguimos nos desconectar de situações que Deus já nos disse que rejeitou.

Andar no propósito de Deus implica nos desconectarmos de certas pessoas e situações.

Desconecte-se e conecte--se a quem Deus mandar.

Pare de insistir naquilo que já não faz mais parte de seu propósito.

Oração

Venha, Espírito Santo de Deus, seja bem-vindo aqui. Encha a minha vida. Que eu possa sentir a Sua presença. Fale comigo para que eu saiba discernir a Sua voz. Mostre-me as pessoas com quem devo andar, para que não me desvie dos Seus propósitos. Em nome de Jesus, amém.

AÇA A SUA ORAÇÃO DO DIA

"Desde os tempos antigos ninguém ouviu, nenhum ouvido percebeu, e olho nenhum viu outro Deus, além de ti, que trabalha para aqueles que nele esperam."

(ISAÍAS 64:4 NVI)

DEUS ESTÁ TRABALHANDO

Muitas vezes nos entristecemos por coisas que acontecem, mas, na verdade, elas provam que não temos controle sobre nossa vida.

Algumas coisas não dão certo porque o Senhor está trabalhando em você e preparando seu futuro.

Hoje você pode não estar entendendo, porém os atrasos aparentes de Deus implicam coisas novas e grandes que estão por vir.

Deus sempre trabalha em coisas em relação às quais não temos a mínima ideia do que Ele está por fazer.

Quem caminha por uma direção nunca será decepcionado.

Deixe nas mãos do Senhor toda e qualquer situação e comece a caminhar em direção ao seu propósito.

Oração

Amado Deus, hoje decido deixar tudo em Suas mãos. Confesso meus questionamentos diante de Sua presença. Renuncio às minhas razões e me submeto somente a caminhar em direção ao Seu propósito. Em nome de Jesus, amém.

FAÇA A SUA ORAÇÃO DO DIA

O que o
Senhor Jesus
tem para você
é **PERMANENTE**
e **PERFEITO**
para sua vida.

31

"Aquele que pertence a Deus ouve o que Deus diz."

(JOÃO 8:47A NVI)

Oração

Senhor Deus e Pai, quero estar atento à Sua voz. Traga sobre mim calmaria e esperança em meio às guerras e encha-me de Sua sabedoria no decorrer dos desafios. Em nome de Jesus, amém.

A VOZ DE DEUS TRAZ PROTEÇÃO

Os tempos estão mudando, e a Igreja também entrou em uma nova temporada.

Mesmo em meio à tormenta, na voz de Deus há proteção.

As guerras espirituais têm aumentado de uma maneira acelerada.

Quando ouvimos a voz de Deus, estamos guardados Nele, porque até em meio às batalhas Deus dá instruções que nos conduzem à vitória!

Quem ouve a voz de Deus será guardado até no meio da crise.

Se você ouvir a voz de Deus, desfrutará de consolo, sabedoria e coragem para passar por tempestades e crises que se instalam neste tempo.

FAÇA A SUA ORAÇÃO DO DIA

NÃO DÊ OUVIDOS ÀS SUAS EMOÇÕES

- Um dos segredos para vencer as provas é não darmos ouvidos às nossas emoções.
- Quando Jesus estava a caminho de ser traído, certamente Ele se sentiu impotente e teve medo.
- Muitas pessoas têm inclinado seus ouvidos às emoções negativas.
- Jesus enfrentou as adversidades e decidiu seguir no propósito. As suas vitórias também precisam partir de uma decisão de ser vitorioso.
- Suas emoções não podem dominá-lo a ponto de você abandonar a sua missão.
- Se você quer viver o que Deus preparou para sua vida, terá de se posicionar acima de suas emoções, como Jesus.

ÇA A SUA ORAÇÃO DO DIA

32

"Levantem-se e vamos! Aí vem aquele que me trai!"

(MATEUS 26:46 NVI)

Oração

Deus, ajude-me a lidar com minhas emoções. Que elas não prevaleçam, em nome de Jesus. Senhor, afaste da minha vida toda pessoa desleal e que trame contra o meu propósito. Amém.

NÃO DEIXE QUE O RESSENTIMENTO O DOMINE

"Mas eu lhes digo: Amem os seus inimigos e orem por aqueles que os perseguem, para que vocês venham a ser filhos de seu Pai que está nos céus. Porque ele faz raiar o seu sol sobre maus e bons e derrama chuva sobre justos e injustos."

(MATEUS 5:44-45 NVI)

Você só vencerá as provações da vida se agir como Jesus.

Jesus chamou de amigo aquele que o traiu.

Quando olhamos para Judas, vemos a pior característica da humanidade: o espírito traiçoeiro

Judas foi mentoreado. Jesus investiu nele. Será que nós teríamos a mesma graça de Jesus para amar aquele que trai? E ainda chamar de amigo?

Não alimente ressentimentos, aprenda a perdoar.

Não pare por causa daqueles que o traíram um dia. Continue na sua missão.

Oração

Senhor Jesus, libere sobre mim a habilidade de perdoar. Eu entrego todo sentimento de mágoa e ressentimento e peço que o Senhor me liberte de toda raiz de amargura. Eu declaro perdão a todos que me ofenderam e me traíram. Em nome de Jesus, amém.

FAÇA A SUA ORAÇÃO DO DIA

A VOZ DO PAI

- Todos já ouvimos a voz do Pai ao sermos apresentados a Jesus.
- A voz do Pai é inconfundível e irresistível.
- Não se engane, essa voz pode vir na forma de um pregador do Evangelho ou de alguma outra pessoa.
- Quando ouvimos a voz do Pai, choramos de maneira inexplicável, não por emoção, dor ou pelo intelecto, mas por entendimento espiritual.
- Quando aceitamos Jesus como Salvador e sentimos vontade de nos entregar a Cristo, essa foi a voz do Pai.
- A voz do Pai é tão poderosa que sabemos quando se trata dela. Aprenda a ouvir essa voz.

"Pois vocês não receberam um espírito que os escravize para novamente temer, mas receberam o Espírito que os adota como filhos, por meio do qual clamamos: Aba, Pai."

(ROMANOS 8:15 NVI)

FAÇA A SUA ORAÇÃO DO DIA

Oração

Senhor Deus, ilumine todo o nosso caminho pela revelação da Sua palavra, fale conosco e libere das Suas bênçãos. Nos desperte para que possamos ouvir a Sua voz e Lhe obedecer. Ensine-nos a ouvir a Sua voz sobrenatural. Em nome de Jesus Cristo, amém.

35

"Quando os arameus desceram na direção de Eliseu, ele orou ao Senhor: 'Fere estes homens de cegueira'. Então ele os feriu de cegueira, conforme Eliseu havia pedido."

(2 REIS 6:18 NVI)

Oração

Livre-me, Senhor, das artimanhas do inimigo, torne meu coração quebrantado para que eu sempre reconheça que o Senhor é o Deus que pleiteia a minha causa. Que a Sua voz seja minha retaguarda. Em nome de Jesus, amém.

OUVIR A VOZ DE DEUS E OS LIVRAMENTOS

A voz de Deus nos traz livramento e faz com que o nosso inimigo seja confundido.

A Bíblia nos relata (2 Reis 6) que um poderoso exército queria atacar Israel. Toda vez que este queria atacar, Deus se revelava ao profeta Eliseu e trazia livramento a Israel.

Não deixe de confiar em Deus, mesmo que se sinta cercado.

Quando os arameus se aproximaram de Eliseu para capturá-lo, Deus fez com que todo aquele exército fosse ferido de cegueira. Deus também intervirá com poder em sua vida!

Pare para ouvir. Quando ouvimos a voz de Deus, Ele nos dá estratégias inteligentes para vencer.

Deixe que a voz de Deus lhe traga as instruções necessárias para vencer a guerra.

FAÇA A SUA ORAÇÃO DO DIA

CONHECER DEUS

Há pessoas que sabem muito sobre Deus, mas não conhecem a pessoa Dele.

Quanto mais entendermos quem é Deus, mais poderemos falar Dele e O ouvirmos.

Alguns ouviram muitos sermões, leram muitos livros, sabem que Ele é poderoso, é grande, que fala, faz milagres, mas nunca tiveram uma experiência com Ele.

Precisamos conhecer Deus intimamente e como Ele se manifesta; busque experiências com Deus.

É de suma importância você entender as formas como Deus fala.

Deus quer que não só falemos, mas também O ouçamos.

"Senhor, tu me sondas e me conheces. Sabes quando me sento e quando me levanto; de longe percebes os meus pensamentos. Sabes muito bem quando trabalho e quando descanso; todos os meus caminhos te são bem conhecidos."

(SALMOS 139:1-3 NVI)

FAÇA A SUA ORAÇÃO DO DIA

Oração

Oro, meu Deus, para conhecê-Lo melhor, que eu possa entender a Sua natureza. Unja-me para que eu cresça em sabedoria e discernimento. Abra os meus olhos e ouvidos espirituais para que eu saiba distinguir e conhecer a Sua voz. Mostre-me o caminho por onde o Senhor quer que eu ande. Amém.

37

"De acordo com o seu eterno plano que ele realizou em Cristo Jesus, nosso Senhor, por intermédio de quem temos livre acesso a Deus em confiança, pela fé nele."

(EFÉSIOS 3:11-12 NVI)

Oração

Obrigado, meu Deus, pelo Seu plano perfeito. Por me conceder acesso livre ao trono de Sua graça. Quero ouvir Sua voz e desfrutar de tudo o que Jesus conquistou por mim na cruz. Em nome de Jesus, amém

FALSO SENTIMENTO DE CULPA

Há um tipo de culpa verdadeira, que brota quando a pessoa peca contra Deus e é efetivamente culpada.

A Bíblia diz que, por meio do sangue de Jesus, temos um novo acesso, pelo qual podemos chegar a Jesus, pedir perdão e ser livre de toda culpa pelo pecado.

Há, todavia, um tipo de culpa falsa, quando Satanás faz com que a pessoa se sinta culpada sem motivos. Aí ela pensa que pecou contra Deus e que Ele não falará mais com ela.

Quando temos um arrependimento genuíno, alcançamos o favor de Deus e podemos desfrutar da Sua voz e de Suas direções.

Você tem livre acesso ao trono da graça.

Mova-se em direção a Ele e poderá acessar grandes coisas de Deus e o Seu perdão.

FAÇA A SUA ORAÇÃO DO DIA

___

___

___

___

___

___

___

___

___

___

A LENTE DO CORAÇÃO

Quando Deus nos dá uma visão, se o coração estiver sujo, amargurado, olharemos por uma lente trincada e suja, que não nos permitirá ver com clareza.

A lente dos olhos espirituais pode filtrar o que é bom e o que é mau. Mas se a lente estiver suja, não filtrará.

Com a lente suja, além de se enxergar com distorção, faltará percepção espiritual para compreender o que é de Deus e o que não vem Dele.

Para adentrarmos nas visões espirituais, a primeira coisa que precisamos fazer é deixar Deus trabalhar no nosso coração.

Se a lente do coração não estiver pura, não conseguiremos ver bem.

Se queremos ter visões espirituais, precisamos, primeiramente, limpar o coração.

"Bem-aventurados os puros de coração, pois verão a Deus."

(MATEUS 5:8 NVI)

Oração

Senhor querido, permito que sonde meu coração e purifique as áreas de impureza em minha vida. Torne meu coração puro e que eu possa compreender as visões que o Senhor me dá de uma forma correta. Em nome de Jesus, amém.

FAÇA A SUA ORAÇÃO DO DIA

39

"Agora, pois, se diligentemente ouvirdes a minha voz e guardardes a minha aliança, então, sereis a minha propriedade peculiar dentre todos os povos; porque toda a Terra é minha."

(ÊXODO 19:5 ARA)

Oração

Espírito Santo de Deus, nos ensine a ouvir com diligência, a compreender o propósito que nos traz para o centro da vontade de Deus. Queremos desfrutar da Sua vontade, que é boa, perfeita e agradável. Pai, coloque disposição em nossos corações para sermos submissos às suas direções. Amém.

OUÇA COM DILIGÊNCIA

As pessoas pedem vitórias, milagres e muitas respostas a Deus.

É necessário ouvir Deus. E isso deve ser feito com diligência, isto é, com atenção.

Muitos querem que Deus faça algo de acordo com a sua vontade e tentam colocar Deus dentro de seus próprios moldes.

Quando escutamos Deus com atenção, estamos transmitindo uma mensagem de disposição e submissão à Sua direção.

O mais importante é seguir uma direção, o que, certamente, implicará renúncias.

Peça uma direção específica ao Senhor e ouça-O com diligência para que desfrute da vontade Dele na estação em que está.

FAÇA A SUA ORAÇÃO DO DIA

MOLDES DO CÉU

40

O molde do céu é exatamente o que se encaixa com o nosso propósito nesta Terra.

Não devemos fazer as coisas por conta própria quando não obtemos a resposta desejada.

Muitas vezes queremos condicionar a Deus nossas ideias. Fazendo isso, estamos pedindo a Deus algo que não está dentro dos moldes Dele para nós.

Os moldes do céu, do que vem do Alto para você, não somente se encaixarão em sua vida, como também fluirão sem restrições ou impedimentos.

Não tente encaixar Deus na sua forma. Temos o hábito de insistir em orações que o Senhor já disse que não vai atender.

O que o Senhor Jesus tem para você é permanente e perfeito para sua vida.

"O Senhor desfaz os planos das nações e frustra os propósitos dos povos. Mas os planos do Senhor permanecem para sempre, os propósitos do seu coração, por todas as gerações."

(SALMOS 33:10-11 NVI)

Oração

Espírito Santo de Deus, nos ensine a compreender os moldes do céu. Nos traga para o centro da vontade de Deus e não da nossa própria vontade. Que a cada dia estejamos mais perto das coisas do céu e mais longe dos prazeres da Terra. Que o Senhor molde e transforme os nossos corações. Amém.

FAÇA A SUA ORAÇÃO DO DIA

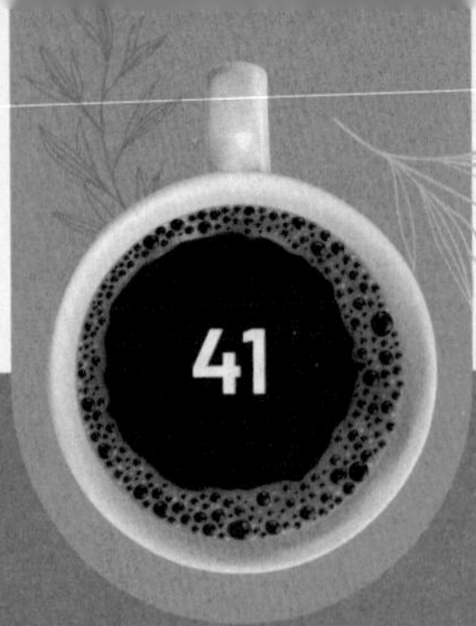

41

ORGULHO – UM SABOTADOR SILENCIOSO

"O orgulho vem antes da destruição; o espírito altivo, antes da queda."

(PROVÉRBIOS 16:18 NVI)

Muitas pessoas dizem que Deus não fala com elas, e acabam justificando seus pecados nos erros dos outros.

É necessário perceber que o orgulho nos corações está sabotando as vidas.

O mundo doutrinou as pessoas a serem críticas com as de fora. Estas, por estarem aprisionadas, não conseguem olhar para dentro de si.

O orgulho se manifesta ao você seguir os pensamentos do seu coração, que é enganoso. Siga os conselhos da Palavra de Deus.

A Bíblia nos instrui a olharmos para dentro antes de olharmos para fora.

Deixe que o Espírito Santo arranque o orgulho de seu coração. Não permita que esse sentimento o consuma.

Oração

Espírito Santo, reconheço a dureza e o orgulho de meu coração. Ajude-me a olhar para dentro de mim e corrigir meus erros. Em nome de Jesus, amém.

FAÇA A SUA ORAÇÃO DO DIA

PENSE NO QUE É BOM

- Inúmeras pessoas estão envolvidas em problemas que parecem maiores do que Deus.
- Existe um inimigo que quer nos destruir: pensamentos que não nos edificam.
- Muitos pensamentos a respeito de quem somos e a respeito de Deus nos deixam paralisados.
- O diabo está atacando você por meio de pensamentos ruins para tirar o seu foco daquilo que é realmente importante. Mantenha o foco!
- Se você alimentar sua mente com notícias ruins, sites de fofoca, morte e destruição, certamente será dominado por pensamentos igualmente negativos.
- Substitua os pensamentos negativos pela Palavra de Deus. Aprenda a confessá-la em meio às turbulências.

"Finalmente, irmãos, tudo o que for verdadeiro, tudo o que for nobre, tudo o que for correto, tudo o que for puro, tudo o que for amável, tudo o que for de boa fama, se houver algo de excelente ou digno de louvor, pensem nessas coisas."

(FILIPENSES 4:8 NVI)

Oração

Deus amado, me aproprio de Sua palavra e creio que ela é poderosa para destruir todas as fortalezas mentais. Rejeito todo pensamento negativo que abala a minha fé e tomo posse de Suas promessas sobre a minha vida. Em nome de Jesus, amém.

FAÇA A SUA ORAÇÃO DO DIA

____

____

____

____

____

____

____

____

____

____

____

____

43

"Não porei coisa má diante dos meus olhos; aborreço as ações daqueles que se desviam; nada se me pegará."

(SALMOS 101:3 ARC)

Oração

Jesus querido, eu me arrependo por muitas vezes colocar diante de meus olhos coisas que não trouxeram edificação para minha vida. Arranque, Espírito de Deus, toda contaminação dos registros negativos que ainda povoam minha alma. Em nome de Jesus, amém.

OLHOS – JANELA DA ALMA

Sua mente capta o que os seus olhos estão vendo, e imediatamente isso entra no seu interior e no arquivo dos seus pensamentos. O que você tem colocado diante de seus olhos?

A sua mente cataloga aquilo que seus olhos veem.

Não é tudo que vai edificá--lo. Saber e ver determinadas programações, imagens ou situações não vai lhe acrescentar nada.

Rejeite todas as notícias e informações que possam introduzir escuridão dentro do seu coração. Contemple o que é bom e agradável.

Você precisa encher os seus olhos de coisas boas. Se você ficar muito tempo na internet, ou lendo coisas inapropriadas, vai contaminar a sua alma.

Decida não colocar o que é mau diante de seus olhos. Isso depende apenas de você.

FAÇA A SUA ORAÇÃO DO DIA

FOFOCA

44

A guerra espiritual que você pode estar enfrentando pode ter entrado por meio da fofoca.

Querer ficar sabendo o tempo todo da vida dos outros é algo que não nos compete.

Quando você fala da vida de um ou de outro, está querendo dizer, nas entrelinhas, que é perfeito e é melhor do que o seu próximo. Isso não agrada a Deus!

Às vezes, Deus permite que você seja envergonhado para que se arrependa.

Fofocar a respeito de alguém trará efeitos negativos na sua vida. Falar mal e criticar o próximo o colocará em situações constrangedoras.

Não faça fofocas. O ideal é cuidar da sua vida e deixar que Deus acerte as contas com cada um.

"Não ande como mexeriqueiro no meio do seu povo, nem atente contra a vida do seu próximo. Eu sou o Senhor."

(LEVÍTICO 19:16 NAA)

Oração

Obrigado, Senhor, pelos Seus alertas e pelas direções específicas sobre minha vida. Perdoe-me por toda maledicência de meus lábios. Conceda-me Sua graça para que eu ande em misericórdia e aprenda a dar suporte aos mais debilitados na fé. Em nome de Jesus, amém.

AÇA A SUA ORAÇÃO DO DIA

45

"Ora, as obras da carne são manifestas: imoralidade sexual, impureza e libertinagem; idolatria e feitiçaria; ódio, discórdia, ciúmes, ira, egoísmo, dissensões, facções e inveja; embriaguez, orgias e coisas semelhantes. Eu os advirto, como antes já os adverti, que os que praticam essas coisas não herdarão o Reino de Deus."

(GÁLATAS 5:19-21 NVI)

Oração

Senhor, apresento o meu corpo como sacrifício agradável a Deus. Conduza-me ao que O agrada, e me faça chegar à Sua presença. Quebrante minha carne, leve-me ao arrependimento genuíno e fortaleça o meu espírito. Tire de mim todo hábito nocivo e destrutivo. Ouça as minhas súplicas em nome de Jesus. Amém.

HÁBITOS DESTRUTIVOS

Muitas vezes, condenamos pessoas por seus hábitos ou até pelos seus vícios.

Hábitos como murmurações, fofocas, maledicência dos lábios e coisas semelhantes afastam o Espírito Santo de Deus tanto quanto outros pecados. Diante disso, sabotamos a nós mesmos e ficamos impossibilitados de ouvir a voz de Deus.

Porém, precisamos avaliar nossa conduta como cristãos e hábitos que temos, não percebidos, e que estão nos destruindo.

Muitas pessoas se perguntam por que estão sendo derrotadas em suas vidas. A resposta é que não estão ouvindo Deus.

É tempo de arrependimento.

Procure olhar para dentro de seu coração e comece a corrigir hábitos nocivos à sua vida espiritual.

FAÇA A SUA ORAÇÃO DO DIA

DE QUEM É A CULPA

A Bíblia relata que a cidade onde morava Davi foi atacada enquanto ele estava nas suas incursões militares. Levaram cativas as crianças, as mulheres, e a cidade foi destruída.

Colocaram a culpa da desgraça em Davi, porque aquela cidade apoiava a sua causa.

Nós temos a mania de culpar os outros pelos problemas que enfrentamos.

Mas não é porque aqueles homens estavam seguindo Davi que ele era culpado daquilo que acontecera. Devemos sempre analisar cada situação para ver onde está a brecha.

A verdade é que precisamos refletir e perguntar ao Senhor se há algo em nós que O está desagradando.

Não culpe os outros por seus problemas. Aprenda a enfrentá-los e reconhecer a sua culpa.

FAÇA A SUA ORAÇÃO DO DIA

46

"Então reconheci diante de ti o meu pecado e não encobri as minhas culpas. Eu disse: 'Confessarei as minhas transgressões ao Senhor', e tu perdoaste a culpa do meu pecado."

(SALMOS 32:5 NVI)

Oração

Senhor Deus, perdoe os meus pecados e afaste de mim toda maldade. Livre-me de culpar outras pessoas pelos meus fracassos e problemas. Guarde a minha mente para que não venha a me corromper com as coisas deste mundo. Ajude-me a reconhecer os meus erros e arrepender-me deles. Em nome de Jesus, amém.

47

"O que contamina o homem não é o que entra na boca, mas o que sai da boca, isso é o que contamina o homem."

(MATEUS 15:11 ACF)

Oração

Senhor digno e puro, oramos para que libere palavras de cura sobre nossas vidas, removendo toda dor e sujeira. Declaramos que toda ação maligna que nos trouxe "moscas" espirituais seja cancelada. Pedimos que limpe e cure nossos corações, mentes e lembranças de todas as contaminações que saíram da nossa boca e alimentaram nossa alma. Em nome de Jesus, amém.

NÃO ATRAIA MOSCAS

Nós podemos ser alimentados pelo poder que a palavra produz, pois nos alimentamos daquilo que falamos.

Satanás é chamado de Senhor das Moscas. As moscas estão onde existe odor e principalmente onde existem coisas sujas, estragadas, onde existe lixo.

Se da nossa boca está só jorrando negatividade e maledicência, isso está atraindo moscas no mundo espiritual. E estamos nos alimentando disso.

E como o alimento serve para nos nutrir, este tem o poder de determinar o estado da nossa saúde.

Uma pessoa negativa atrai espíritos imundos, atrai o mal para dentro da sua própria casa.

Existem atitudes e palavras que devem ser eliminadas da sua vida para que você não coma dessa "comida ruim" e não atraia o mal.

FAÇA A SUA ORAÇÃO DO DIA

MANTENHA PRINCÍPIOS

Vivemos em uma sociedade em que somos constantemente pressionados a alcançar resultados.

Às vezes, as conquistas de uma pessoa, os sonhos realizados ou a vida que ela sempre almejou podem ocupar um lugar que deveria pertencer somente a Deus.

Nossas metas muitas vezes se tornam mais importantes e prazerosas do que se envolver com Deus. Precisamos ter cuidado para que resultados não se tornem nossos ídolos.

Precisamos caminhar debaixo de princípios.

Nossos princípios devem ser maiores do que qualquer conversa ou influência deste mundo.

Vigie para que nada, por mais importante e valioso que pareça, tome o lugar de Deus em seu coração e venha ferir os Seus princípios.

Quanto a você, volte para o seu Deus, siga o amor e a justiça, e espere sempre no seu Deus.”

(OSEIAS 12:6 NAA)

Oração

Senhor justo e fiel, sei que tudo o que plantarmos colheremos. Por isso, peço que me ajude a discernir todas as oportunidades de honra que se apresentarem em minha vida. Faça-me forte em honra e fidelidade e que eu não despreze Seus princípios. Em nome de Jesus Cristo, amém.

ÇA A SUA ORAÇÃO DO DIA

____

____

____

____

____

____

____

____

____

49

"Pleno do Espírito Santo, retornou Jesus do Jordão e foi conduzido pelo Espírito ao deserto, onde enfrentou as tentações do Diabo por quarenta dias. Durante todos esses dias não comeu nada, e, ao fim desse período, estava faminto."

(LUCAS 4:1-2 KJA)

POR QUE DEUS NOS LEVA AO DESERTO

- Os desertos são um preparo para vivermos as promessas. Depois do deserto vem a terra que mana leite e mel.
- O deserto é também a Escola de Deus, é um lugar de aprendizado e dependência total.
- Deus permite o deserto para quebrar o nosso orgulho.
- Deus nos leva ao deserto para que tenhamos experiências sobrenaturais com Ele.
- Aprenda a depender totalmente de Deus e você sairá do deserto.
- Lembre-se de que Jesus não foi levado ao deserto para falhar, mas para triunfar.

Oração

Obrigado, Senhor, por pelejar por minha vida e minha casa. Coloco os desertos diante de Sua presença e declaro que estou disposto a vencê-los. Tenha liberdade de me moldar e me preparar para viver as promessas que o Senhor tem para mim. Declaro a minha total dependência e carência do Senhor. Conduza o meu caminho. Em nome de Jesus, amém.

FAÇA A SUA ORAÇÃO DO DIA

PALAVRAS PROFÉTICAS

50

"As palavras dos ímpios são ciladas para derramar sangue, mas a boca dos retos os livrará."

(PROVÉRBIOS 12:6 ACF)

Aquilo que dizemos afeta nosso presente, nosso futuro, bem como nossa saúde.

Nada acontece sem que antes seja falado. Nossas palavras são também profecias: palavras proféticas.

Não seja portador de más notícias.

Precisamos ser autores de boas notícias. Ser propagadores de coisas boas, da fé, do que Deus está fazendo, de notícia boa, do melhor de Deus.

Nossas palavras têm poder. Elas são produtoras de vida ou morte.

Que de sua boca saiam palavras de vida!

Oração

Senhor Jesus, peço que me conceda sabedoria no falar. Que os lábios impuros, como clamou o profeta Isaías, sejam queimados. Espírito Santo, dome a minha língua, bem como a das pessoas ao meu redor. Cancelo, em nome de Jesus, toda palavra maldita contra a minha vida. Que da minha boca saiam somente palavras de vida, e não de morte, para que o nome do Senhor seja glorificado por meio delas. Amém.

FAÇA A SUA ORAÇÃO DO DIA

51

"E ordenou que a multidão se assentasse na grama. Tomando os cinco pães e os dois peixes e, olhando para o céu, deu graças e partiu os pães. Em seguida, deu-os aos discípulos, e estes à multidão. Todos comeram e ficaram satisfeitos, e os discípulos recolheram doze cestos cheios de pedaços que sobraram."

(MATEUS 14:19-20 NVI)

Oração

Deus de milagres e poder, abençoe o meu dia; que eu possa testemunhar vitórias e milagres. Eu oro pela Sua visitação e uma multiplicação sobrenatural. Obrigado pelo seu agir, Deus de poder, graça e fidelidade, no nome poderoso de Jesus. Amém.

MATEMÁTICA DE DEUS

Deus tem o poder de transformar o insuficiente em suficiente; o menos em mais.

A Bíblia está repleta de relatos de multiplicação.

Há números que nas nossas contas não fecham, quando as operações matemáticas sinalizam que vai faltar.

Quando Jesus, porém, está com você e você está debaixo dos comandos Dele, vai experimentar os milagres de Deus.

Deus pode fazer muito na sua vida com bem pouco recurso.

Coloque Deus à frente e Ele fará com que as contas fechem.

FAÇA A SUA ORAÇÃO DO DIA

CONHECENDO O PROPÓSITO

É importante cada um compreender o seu propósito, pois isso agradará a Deus e dará a cada pessoa um objetivo de vida.

A direção divina é a revelação de Deus que caminha conosco, e isso é maravilhoso.

A pessoa não pode conhecer o seu propósito de vida sem primeiro seguir Jesus.

Buscar entender a voz de Deus vai conduzi-lo pelo caminho certo e também o levará ao lugar do propósito divino, pois esse passará a fluir naturalmente na sua vida.

É preciso ter sensibilidade para discernir os sopros e direções do Espírito Santo.

Compreenda o seu propósito e siga as direções de Deus, e viverá extraordinariamente.

FAÇA A SUA ORAÇÃO DO DIA

"Todavia, como está escrito: 'Olho nenhum viu, ouvido nenhum ouviu, mente nenhuma imaginou o que Deus preparou para aqueles que o amam'."

(1 CORÍNTIOS 2:9 NVI)

Oração

Senhor, declaro o Seu extraordinário na minha vida e minha família. Oro para que o Senhor me dê compreensão sobre Seu propósito para a minha existência e graça para obedecer às Suas direções, pois quero viver o melhor, o que o Senhor destinou para mim. Em nome de Jesus, amém.

53

"Porque no evangelho é revelada a justiça de Deus, uma justiça que do princípio ao fim é pela fé, como está escrito: 'O justo viverá pela fé'."

(ROMANOS 1:17 NVI)

Oração

Senhor grande e poderoso! Toda a Terra está cheia da Sua glória. Obrigado, Senhor, porque nada preciso temer, já que está comigo. Que a Sua boa mão permaneça sobre minha casa e minha família. Creio que o Senhor está no controle de todas as coisas. Que todas as outras vozes se calem e eu ouça somente a Sua voz. Em nome de Jesus Cristo, amém.

TEMPOS DE GLÓRIA

Se você deseja viver um tempo de glória, precisa entender o que Deus está fazendo na sua vida.

Não há ninguém tão poderoso quanto Deus para entrar na sua situação. Então confie em Deus e continue ouvindo-O.

Não seja um incrédulo. É preciso acreditar que Deus está no controle de todas as coisas.

Independentemente do que você está vivendo, não existe ninguém tão justo quanto Deus.

Mantenha sua fidelidade a Deus e certamente Ele o conduzirá a tempos de glória.

Pare de ouvir outras vozes em vez de ouvir Deus. Ouça Deus e você nunca perderá.

FAÇA A SUA ORAÇÃO DO DIA

NADA É IMPOSSÍVEL

Deus dá vitórias quando as chances são totalmente contra nós, quando tudo parece impossível.

O que importa é nos rendermos à vontade de Deus, à direção que Ele está dando. Quando confiamos em Deus, Ele faz coisas que nós não conseguimos nem sequer imaginar.

Às vezes deixamos nossas emoções nos conduzirem a uma direção que contraria a fé.

Há coisas que cabem a nós fazer, mas há outras que dependem totalmente de Deus.

Depender de Deus é sempre a melhor escolha.

Deus faz com que as coisas aconteçam porque Ele é o Deus do impossível, o Deus do sobrenatural.

FAÇA A SUA ORAÇÃO DO DIA

54

"Mas Jesus, olhando-os, disse-lhes: Com homens isto é impossível, mas com Deus todas as coisas são possíveis."

(MATEUS 19:26 KJA)

Oração

Pai, eu sei que o Senhor pode todas as coisas e o quanto dependo do Senhor. Louvo-O e Lhe agradeço por ter cuidado de mim até aqui e coloco todas as áreas da minha vida nas Suas poderosas mãos. Aumente a minha fé para que o Senhor faça o impossível na minha vida. Em nome de Jesus, amém.

55

"Se ouvires a voz do Senhor, teu Deus, virão sobre ti e te alcançarão todas estas bênçãos."

(DEUTERONÔMIO 28:2 ARA)

Oração

Senhor, meu Deus, me torne cada dia mais obediente à Sua voz, que eu decida andar todos os dias nos Seus caminhos. Que eu saiba fazer as escolhas certas. Derrame uma unção de sabedoria para que eu consiga abandonar tudo o que não faz parte do meu propósito, para viver as Suas promessas. Amém.

OBEDIÊNCIA = VIVER A PROMESSA

A obediência é o fator que diferencia aqueles que viverão a promessa daqueles que apenas a verão passar.

Em algum momento de sua jornada, Eliseu sabia que encontraria Deus, mas, até que isso acontecesse, ele permaneceu fiel no trabalho, com as mãos no arado, cultivando a terra.

Quando você ouvir a voz de Deus o chamando, será necessário estar pronto para largar o que for preciso e seguir a direção que Ele indicar.

Como aconteceu com Eliseu, há coisas que você está fazendo hoje que fará apenas por determinado tempo.

Como o profeta Eliseu, decida obedecer a Deus e andar nos caminhos do Senhor.

Se você almeja viver as promessas de Deus, terá de obedecer. Quando Deus lhe pedir, deixe para trás o que for preciso.

FAÇA A SUA ORAÇÃO DO DIA

MAIS DE DEUS

- Ter influência, dinheiro, uma vida muito boa e confortável não significa ter tudo.
- Quando sentimos que falta alguma coisa, precisamos buscar até encontrar.
- Não adianta ter estabilidade, filhos criados e uma vida tranquila, também é necessário transbordar.
- Acredito que a busca por um propósito maior é central na vida de todos, independentemente de suas circunstâncias materiais.
- É muito desgastante viver sem um propósito. Descubra o seu para imergir no sobrenatural.
- Busque mais de Deus e receba plenitude de vida em Jesus e força para seguir o seu propósito.

ÇA A SUA ORAÇÃO DO DIA

56

"Pois em Cristo habita corporalmente toda a plenitude da divindade, e, por estarem nele, que é o Cabeça de todo poder e autoridade, vocês receberam a plenitude."

(COLOSSENSES 2:9-10 NVI)

Oração

Pai Todo-poderoso, sei que está comigo. Me sinto pleno nesse momento, pois sei que nada que eu possa ter pode me preencher mais do que a Sua Presença. Declaro que quero mais do Senhor, meu Deus. Amém.

57

JESUS PRESENTE

"E lhe disse: Todo homem serve primeiro o bom vinho e, depois que os convidados já beberam bastante, o vinho inferior é servido; tu, entretanto, guardaste o bom vinho até agora. Com esse, deu Jesus princípio a seus sinais em Caná da Galileia; manifestou a sua glória, e os seus discípulos creram nele."

(JOÃO 2:10-11 KJA)

Ainda que aos olhos naturais tenha acabado a festa, a vida, o casamento, o negócio, Deus reverte a situação.

Quando Jesus é nosso convidado de honra, podemos contar com a sua bondade, a sua misericórdia e o seu poder.

Pare de pensar que você não tem o que precisa para seguir em frente.

Deus pode transformar qualquer coisa na sua vida.

A graça do Senhor lhe basta, Sua presença o conforta. Basta você confiar Nele.

Você precisa acreditar que Deus colocou nas suas mãos o que necessita para vencer.

Oração

Senhor Jesus, obrigado pela Sua presença. Peço-Lhe que renove a minha fé para que eu não só creia, mas também tome atitudes para chegar ao lugar da promessa. Sei que tudo posso no Senhor, que me fortalece, Cristo Jesus. Que eu nunca perca a fé e a confiança no Senhor. Em nome de Jesus, amém.

FAÇA A SUA ORAÇÃO DO DIA

HÁ ESPERANÇA

Pode ser que você ache que não tem mais sentido viver.

Mas há uma esperança em Jesus.

Talvez você tenha perdido muitas coisas na vida.

Mas Deus não o colocou neste mundo por acaso. Há uma missão para você.

Andando com Jesus você vai encontrar o seu destino.

Entenda que você veio ao mundo porque Deus tem um destino glorioso para sua vida.

"Nossa esperança está no Senhor; ele é o nosso auxílio e a nossa proteção. Nele se alegra o nosso coração, pois confiamos no seu santo nome."

(SALMO 33:20-21 NVI)

FAÇA A SUA ORAÇÃO DO DIA

Oração

Espírito Santo, venha sobre mim e me encha de força, ânimo e energia. Meu Senhor, peço-Lhe que acenda em mim a esperança. Preciso recuperar o sentido da vida e a vontade de lutar. Em nome de Jesus Cristo, que todas as artimanhas malignas que roubam a minha esperança sejam dissipadas. Quero, Jesus, andar com você e ter esperança no futuro. Amém.

59

"Mas isto lhes ordenei, dizendo: Dai ouvidos à minha voz, e eu serei o vosso Deus, e vós sereis o meu povo; e andai em todo o caminho que eu vos mandar, para que vos vá bem."

(JEREMIAS 7:23 ACF)

Oração

Deus meu, declaro o meu amor ao Senhor e quero ter mais intimidade com Jesus, firmar uma verdadeira aliança entre nós e aprender cada vez mais a ouvir a Sua voz. Acredito nas Suas revelações e desejo saber mais dos Seus projetos para mim. Quero e preciso ouvir mais o Senhor. Ajuda-me a ser atento à Sua voz. Em nome de Jesus, amém.

É PRECISO OUVIR DEUS

Quando você ouve a voz de Deus, Ele mostra o que você não via, o que não estava passando pela sua cabeça e coração.

A luz reveladora de Deus mostra algo que você enxergava de outro jeito; uma ideia, um ritmo, uma direção, um caminho diferente; uma visão, uma estratégia que você não tinha.

A luz de Deus se acende em uma região, em um território ou em um pensamento que estava escuro até agora. Deixe a luz espantar a escuridão!

Deus vai lhe apresentar coisas muito além do que você imaginou, mas para isso precisa ouvir a voz Dele.

Ouvir Deus vai mostrar planos que não estavam no script, que não estavam na sua agenda nem na sua mente.

Fique atento à voz de Deus.

FAÇA A SUA ORAÇÃO DO DIA

___

___

___

___

___

___

___

___

___

___

___

HÁ PODER NA ORAÇÃO

- O homem pode dar um diagnóstico e este estar totalmente certo.
- Deus ouve, fala e responde ao clamor de uma oração.
- Dobre seus joelhos e deixe a presença do Espírito Santo afastar toda incredulidade.
- Não perca a esperança, Jesus sempre pode intervir. Acredite, os milagres acontecem, porque Jesus Cristo está vivo.
- Deus pode intervir na situação e mudar qualquer diagnóstico.
- Cristo pode mudar a sua história, basta você se colocar na presença Dele.

"Por isso lhes digo: Peçam, e lhes será dado; busquem, e encontrarão; batam, e a porta lhes será aberta."

(LUCAS 11:9 NVI)

Oração

Maravilhoso Deus, creio no poder da oração. Empodere meu coração de fé e ousadia para que eu não tenha medo de nenhum diagnóstico negativo. Aumente minha esperança. Declaro, em nome de Jesus Cristo, que serei exatamente aquilo que fui criado para ser.

FAÇA A SUA ORAÇÃO DO DIA

Entenda que você
VEIO AO MUNDO
porque Deus tem um
DESTINO GLORIOSO
para sua vida.

TRANSIÇÕES

"Levantarei os meus olhos para os montes, de onde vem o meu socorro. O meu socorro vem do Senhor que fez o céu e a Terra."

(SALMO 121:1-2 ACF)

- É importante que estejamos sendo guiados e dirigidos por Deus em cada transição.
- Muitas pessoas pensam que, pelo fato de estarem passando por uma situação difícil, Deus as abandonou.
- Às vezes não entendemos os processos de Deus e acabamos transacionando errado.
- Temos de entender que é do Alto que o nosso socorro virá.
- Comece a clamar para que Deus intervenha na sua causa.
- Olhe para o Alto e tenha a certeza de que o Senhor o ajudará.

Oração

Meu Pai Celeste, bendigo-O pela Sua criação. Sei que grandes são o Seu Poder e Sua Força. Amplie a minha visão espiritual para que eu enxergue além das montanhas e vales. Elevo os meus olhos para o Alto, pois tenho certeza de que o meu socorro e provisão virão do Senhor. Intervenha na minha causa. Em nome de Jesus, amém.

FAÇA A SUA ORAÇÃO DO DIA

62

"Este é o Deus cujo caminho é perfeito; a palavra do Senhor é comprovadamente genuína. Ele é um escudo para todos os que nele se refugiam."

(SALMO 18:30 NVI)

Oração

Deus Pai, eu creio que o Senhor está comigo em todos os momentos, mesmo nos tempos mais sombrios. Eu creio que o Senhor é o autor e consumador de todas as coisas e que opera em meu favor. Creio que nenhum impedimento atrapalhará Seus planos na minha vida. Com Sua ajuda, permanecerei firme e fiel, e serei abençoado. Em nome de Jesus, amém.

ACIMA DAS CIRCUNSTÂNCIAS

Deus observa o seu coração, a sua fidelidade, a sua entrega, seu comprometimento, sua vida. E principalmente se você se mantém ouvindo Deus, mesmo em tempos difíceis.

Quando Deus encontra um homem ou uma mulher que O ouve acima das circunstâncias, Ele leva essa pessoa até o seu propósito.

Deus não é o autor das desgraças e dos problemas.

Apesar de todas as adversidades, Deus se faz presente na sua vida e o ajuda a passar por todos os desafios que a vida apresenta.

Deus sempre se revela, trazendo a Sua verdade e a Sua vontade.

Ouça Deus em momentos bons e ruins e Ele realizará, em você, o Seu Plano Perfeito.

FAÇA A SUA ORAÇÃO DO DIA

SUFICIÊNCIA

Deus colocou nas suas mãos o suficiente para você fazer a diferença. O suficiente para viver o seu destino, para avançar e viver os sonhos Dele para você.

Toda pessoa que crê que as promessas de Deus não falham certamente vai se surpreender.

Não diga que não consegue realizar os seus projetos.

Deus vai dar tudo o que você precisa: oportunidades, relacionamentos, apoio.

Se você colocar Deus à frente, deixar Ele dirigir a sua vida, o que você tem vai se tornar suficiente.

Basta você confiar Nele e crer que tem o suficiente.

FAÇA A SUA ORAÇÃO DO DIA

"Seu divino poder nos deu todas as coisas de que necessitamos para a vida e para a piedade, por meio do pleno conhecimento daquele que nos chamou para a sua própria glória e virtude."

(2 PEDRO 1:3 NVI)

Oração

Senhor, eu sei que há um grande crescimento para a minha vida e quero avançar para as Suas promessas para mim. Creio que o Senhor já colocou em minhas mãos o suficiente para realizar tudo o que desejo. Ensine-me a ouvir a Sua voz para realizar também os Seus desejos. Ajude-me a prosseguir. Dê-me coragem suficiente para continuar avançando. Em nome de Jesus, amém.

64

"E Davi disse ao filisteu: 'Você vem contra mim com espada, com lança e com dardo, mas eu vou contra você em nome do Senhor dos Exércitos, o Deus dos exércitos de Israel, a quem você desafiou'."

(1 SAMUEL 17:45 NVI)

CAPACITAÇÃO DO ALTO

- Deus não quer que dependamos das nossas habilidades.
- Golias confiou nas suas habilidades e perdeu para Davi, que confiava no Senhor.
- Quando dependemos das nossas próprias capacidades, perdemos as batalhas.
- Por mais capazes, estudados, habilidosos que sejamos, Deus quer que consagremos tudo isso a Ele.
- Confie em Deus, e não em suas próprias capacidades e habilidades.
- Renda as suas habilidades a Deus, confiando não em você, mas no Senhor.

Oração

Pai Santo, ensine-me a depender totalmente do Senhor. Peço a Sua capacitação e poder para transpor barreiras e avançar. Consagro ao Senhor minhas habilidades e capacidades, crendo que a verdadeira capacitação vem do Senhor. Rendo tudo ao Senhor, meu Deus. Em nome de Jesus, amém.

FAÇA A SUA ORAÇÃO DO DIA

PALAVRAS SÃO CONVITES

Palavras convidam uma presença, uma manifestação de realidades.

Deus habita nas palavras de louvor e adoração, enquanto críticas e negatividade atraem influências indesejadas.

Falar de problemas, inveja, perseguição, rejeição, dor e doenças atrai a presença delas.

Uma só palavra atrai uma presença.

Falar que vai dar certo, que o negócio está nas mãos de Deus, que Ele está no controle, traz uma presença de fé, uma presença divina, que vai transformar a realidade.

Observe quais palavras estão saindo de sua boca. Analise quem e o que você está convidando para fazer parte da sua vida.

"Simão Pedro lhe respondeu: 'Senhor, para quem iremos? Tu tens as palavras de vida eterna'."

(JOÃO 6:68 NVI)

Oração

Senhor, convido-O para ser presença constante em minha vida. Oro para que da minha boca saiam somente palavras que convidem a Sua presença. Que a Sua Palavra seja lâmpada para os meus pés e luz para os meus caminhos e que eu possa andar sempre na Sua presença. Em nome de Jesus, amém.

FAÇA A SUA ORAÇÃO DO DIA

66

"E Eliseu orou: 'Senhor, abre os olhos dele para que veja'. Então o Senhor abriu os olhos do rapaz, que olhou e viu as colinas cheias de cavalos e carros de fogo ao redor de Eliseu."

(2 REIS 6:17 NVI)

Oração

Obrigado, Senhor, por falar comigo e mostrar-me meus erros e precipitações. Perdoe os meus pecados e ensine-me a discernir a Sua voz, para ampliar a minha visão. Faça-me ver as coisas do Seu jeito, e não do meu. Entrego o meu destino em Suas potentes mãos. Em nome de Jesus, amém.

AMPLIANDO A NOSSA VISÃO

- Sempre que Deus fala com você ocorre uma alteração na sua visão.
- A visão pode estar sendo diminuída pelas circunstâncias da vida, pelos perseguidores, pela inveja.
- Fazer as coisas do nosso jeito sempre traz consequências, ameaças ao nosso futuro e ao nosso destino.
- Não deixe sua visão ser encurtada por problemas que o impedem de ver além das dificuldades e desafios. Foque Jesus e sua visão será ampliada!
- A voz de Deus traz alinhamento e nos faz entender quando uma decisão é errada ou precipitada (do nosso jeito).
- Ouça Deus, mude completamente a ótica e passe a agir sob outra perspectiva, porque o nosso Deus muda histórias.

FAÇA A SUA ORAÇÃO DO DIA

A VIDA É ASSIM

Você precisa encontrar seu propósito, a fim de ter inspiração para se mover sobre ele.

Não caminhar debaixo de um propósito traz falta de motivação até para as tarefas mais simples e corriqueiras.

Se a pessoa não consegue ver seu propósito, sente-se desmotivada para lutar.

Você só encontra o caminho do seu propósito seguindo os passos de Jesus. Ele não somente o guiará ao propósito, como também trará toda a inspiração necessária para você desfrutar na jornada.

Com Jesus existe uma vida muito melhor do que você pode imaginar.

Achegue-se a Jesus, descubra o seu propósito e terá uma vida feliz!

FAÇA A SUA ORAÇÃO DO DIA

67

"De sorte que fomos sepultados com ele pelo batismo na morte; para que, como Cristo foi ressuscitado dentre os mortos, pela glória do Pai, assim andemos nós também em novidade de vida."

(ROMANOS 6:4 ACF)

Oração

Senhor Deus e Pai, me capacite a viver o novo! Ajude-me a compreender o meu propósito de vida e a não me acomodar diante das novidades que se apresentam a mim. Renuncio a tudo que é velho na minha vida. Traga sobre a minha existência novidades de vida alinhadas com o céu. Em nome de Jesus, amém.

68

"Então, Pedro e os demais apóstolos afirmaram: Antes, importa obedecer a Deus do que aos homens."

(ATOS 5:29 ARA)

Oração

Amado Deus, os meus olhos estão focados no Senhor. Tire de meu caminho toda voz da contrariedade que quer me desviar de meu propósito. Em nome de Jesus Cristo, amém.

VOZES DA CONTRARIEDADE

- O diabo tem levantado vozes contrárias àquilo que Deus está colocando dentro de nossos corações.
- As pessoas têm muitos palpites sobre sua vida e gostam de dizer o que você deve fazer ou como deve executar algo.
- As vozes contrárias são especialistas em desviar o nosso foco de nossa missão em Deus.
- Se Deus está colocando dentro de você que é tempo de começar um negócio, comece. Se Ele está colocando dentro de você que é o tempo de se envolver mais com o Reino, se envolva.
- Você não foi chamado para fazer a vontade dos homens. Deus trará confirmações sobre aquilo que tem ministrado à sua vida!
- Foque os olhos na sua missão e siga a voz do Espírito.

FAÇA A SUA ORAÇÃO DO DIA

69

LIÇÃO SOBRE JESUS E JUDAS

Jesus não poderia viver completamente o destino que Deus havia reservado para ele se não houvesse contradições e pessoas que, como Judas, se deixaram ser usadas pelo mal.

Judas foi colocado no caminho de Jesus e se permitiu ser usado pelo maligno. Ainda que Jesus fosse o melhor líder, o melhor chefe, o melhor em tudo, Judas não mudaria.

Quando Judas escolheu o que era errado, abriu a porta para que o mal agisse na vida dele e atacasse Jesus.

Talvez este seja um dos casos em que a Bíblia mais explicita o verdadeiro livre--arbítrio; infelizmente, Judas escolheu o que era mau.

Nenhum de nós alcançará o destino se todos gostarem de nós.

Jesus não poderia ter alcançado o seu destino se todos gostassem dele.

"Quando Judas, que o havia traído, viu que Jesus fora condenado, foi tomado de remorso e devolveu aos chefes dos sacerdotes e aos líderes religiosos as trinta moedas de prata. E disse: 'Pequei, pois traí sangue inocente'. E eles retrucaram: 'Que nos importa? A responsabilidade é sua'."

(MATEUS 27:3-4 NVI)

Oração

Senhor Jesus, peço ajuda e direção para, em todos os dias, fazer as escolhas certas. Repreendo, em nome de Jesus, todo espírito imundo e toda escolha errada. Retire do meu caminho todo empecilho, tudo o que me desvia de andar no centro da Sua vontade. Amém.

FAÇA A SUA ORAÇÃO DO DIA

70

"Então, lhe veio a palavra do Senhor, dizendo: Dispõe-te, e vai a Sarepta, que pertence a Sidom, e demora-te ali, onde ordenei a uma mulher viúva que te dê comida."

(1 REIS 17:8-9 ARA)

Oração

Pai, venha sobre mim com Sua Presença grandiosa. Traga suprimentos sobrenaturais que alcancem a mim e a toda a minha geração. Dê-me a sabedoria que vem do Senhor. Que eu manifeste a Sua glória e o Seu amor. Mude minha mentalidade. Em nome de Jesus, amém.

QUANDO DEUS QUER NOS HONRAR

- Se alguém segue a instrução de Deus, Ele move coisas e pessoas até ela.
- Quando Deus quer prover saúde, por exemplo, Ele nos conecta ao médico certo, a um investidor certo etc.
- Não saia do lugar de oração.
- Ao permanecermos na oração e na dependência de Deus, o Senhor nos conecta a pessoas que nos auxiliarão no nosso propósito de vida.
- Quando você ouve Deus e O honra em tudo, Ele faz com que você seja lembrado pelas pessoas.
- Continue no caminho, pois Deus o honrará trazendo boas conexões.

FAÇA A SUA ORAÇÃO DO DIA

SUPERE SUAS LIMITAÇÕES

As pessoas estão sempre querendo se superar e, às vezes, não conseguem e, por isso, se sentem frustradas.

A Bíblia diz que Davi, no campo de batalha, fazia proezas, coisas fora do natural.

Muitas pessoas tentam, fazem sua parte e mesmo assim não conseguem, sentem-se limitadas.

Davi superou seus limites, mas, sobretudo, Deus colocou a mão sobre Davi, e o favor do Altíssimo o acompanhava.

Se Deus foi com Davi, Ele também fará com que você faça proezas.

Comece a andar em ousadia e supere suas limitações.

"Tu, Senhor, manténs acesa a minha lâmpada; o meu Deus transforma em luz as minhas trevas. Com o teu auxílio posso atacar uma tropa; com o meu Deus posso transpor muralhas."

(SALMOS 18:28-29 NVI)

Oração

Deus, reconheço a minha dependência no Senhor. Declaro que sou fraco e limitado, mas sei que Seu Poder se aperfeiçoa em mim, nas minhas fraquezas. No Senhor posso todas as coisas! Confio na Sua direção e estratégia. Peço que me fortaleça e torne-me ousado e corajoso para superar meus limites. Conto com Seu auxílio. Em nome de Jesus, amém.

FAÇA A SUA ORAÇÃO DO DIA

72

"Sei que podes fazer todas as coisas; nenhum dos teus planos pode ser frustrado."

(JÓ 42:2 NVI)

ACELERAÇÃO

Deus tem o poder de acelerar os tempos.

Deus tem o poder de curar e de libertar daquilo que você não consegue em anos.

Talvez hoje você se sinta frustrado por algo que não aconteceu ainda.

Se você olhar para José, vai ver que ele dormiu como prisioneiro e acordou como governador.

O de repente de Deus pode chegar na sua vida. As coisas podem mudar em um piscar de olhos.

Creia no Deus que tem o controle dos tempos e das estações. Sua vitória pode estar a um passo de você!

Oração

Deus maravilhoso, traga sobre minha vida e meus negócios um tempo de aceleração. Creio que os tempos e as estações estão no Seu controle. Traga sobre minha casa um tempo de abundância e faça transbordar Sua presença em nós. Em nome de Jesus, amém.

FAÇA A SUA ORAÇÃO DO DIA

NAS MÃOS DE DEUS

Quando aceitamos Jesus, uma grande obra começa em nós.

A verdade é que o melhor lugar para se estar é nas mãos de Deus.

Muitas pessoas estão fugindo dos ensinamentos de Deus, pois muitas vezes é difícil suportar o processo.

Deus começa a nos lapidar e a tornar nosso caráter semelhante ao de Cristo.

Estar nas mãos do oleiro é o maior privilégio que temos, pois o Senhor só trabalha naqueles que Ele tem por filho.

Não fuja das mãos do oleiro. Esse é o lugar onde devemos estar para que Sua obra seja completa.

"'Ó comunidade de Israel, será que não posso eu agir com vocês como fez o oleiro?', pergunta o Senhor. 'Como barro nas mãos do oleiro, assim são vocês nas minhas mãos, ó comunidade de Israel.'"

(JEREMIAS 18:6 NVI)

Oração

Obrigado, meu Deus, pela Sua grande obra em minha vida. Transforme meu caráter segundo a Sua vontade e encontre em mim um coração disponível para a mudança. Em nome de Jesus, amém.

AÇA A SUA ORAÇÃO DO DIA

PELO PROPÓSITO

"Vinde, e tornemos para o Senhor, porque ele nos despedaçou e nos sarará; fez a ferida e a ligará."

(OSEIAS 6:1 ARA)

Se você quer realmente agradar a Deus e fazer Sua vontade, terá de passar pelo Seu processo.

Aceitar o processo implica deixar Deus curar as áreas mais vulneráveis de seu coração.

Se almejamos chegar ao nosso destino, não poderemos pular etapas.

E para ser curado você precisará expor suas fraquezas a Ele.

Por causa do propósito, você será ferido no meio do processo. Será necessário, mas haverá cura no final.

Permita-se ser exposto pelo Espírito Santo. Só Ele pode curá-lo em meio ao processo, para que você chegue ao propósito.

Oração

Eu permito, meu amado Deus, ser exposto ao seu tratamento. Sei que é o lugar onde preciso estar para cumprir meu propósito. Sare-me, Senhor, e cumpra Sua vontade em minha vida. Em nome de Jesus, amém.

FAÇA A SUA ORAÇÃO DO DIA

DESTINO PROFÉTICO

"Os teus olhos viram o meu corpo ainda informe; e no teu livro todas estas coisas foram escritas; as quais em continuação foram formadas, quando nem ainda uma delas havia."

(SALMOS 139:16 ARC)

- O destino profético é descobrir o plano e a meta, mas também encontrar os dons e habilidades que estão dentro de você para realizar essa tarefa.
- A Eternidade é o tempo perfeito de Deus, é nela que Ele habita, e, quando fala conosco, não consulta o nosso passado nem se atém à situação presente. Ele fala conosco em Seu tempo eterno.
- Há pessoas que não conseguem ver o propósito de Deus em suas vidas porque estão apegadas ao passado ou à sua situação atual.
- Deus conhece sua história, mesmo antes de você existir. Ele quer que possa visualizar o que há para você.
- Conhecer o seu destino profético produz esperança e expectativa.
- O seu propósito está conectado com a Eternidade. Conecte-se com o Deus Eterno.

Oração

Pai Eterno, de amor e graça, obrigado pela Sua promessa sobre minha casa e por ter um propósito para mim. Ajude-me a ser paciente para que a obra seja completa em minha vida e na minha casa. Que eu não me apegue às coisas desta Terra, nem ao passado ou às circunstâncias. Em nome de Jesus, amém.

AÇA A SUA ORAÇÃO DO DIA

____
____
____
____
____
____
____
____
____
____
____

76

"Não se deixem enganar: de Deus não se zomba. Pois o que o homem semear, isso também colherá."

(GÁLATAS 6:7 NVI)

CRITICAR SEMEADURAS É SEMEAR

É impressionante o senso crítico de muitas pessoas.

Toda palavra e atitude de contrariedade é uma semente que é depositada para o amanhã.

Pessoas que criticam sua dedicação ao Reino e o seu desprendimento em semear estão sendo vistas por Deus. Estas ainda não compreendem que você não segue o sistema humano.

A verdade é que críticos entenderão quando começarem a colher, pois a crítica deles é uma semente no mundo espiritual.

Trabalhe, semeie e dedique-se. Sua colheita chegará.

Não se preocupe. Apenas faça o que Deus mandou.

Oração

Senhor, deposito a minha confiança em você. Clamo por sabedoria e ousadia para fazer boas semeaduras. Oro para que me ensine princípios de prosperidade e generosidade. Repreendo todo espírito de maldade e de prejuízo. Em nome de Jesus, amém.

FAÇA A SUA ORAÇÃO DO DIA

MUDE SUAS CONVERSAÇÕES

- Muitas pessoas pensam que Deus não se importa com as suas conversações. Na verdade, isso é um equívoco.
- A Bíblia nos orienta a termos controle da nossa língua, pois palavras são sementes que ficam ativas nos ares espirituais.
- Deus não tem prazer em conversas tolas e frívolas de seus filhos.
- Muitas coisas acontecem em nossas vidas por consequência de palavras que soltamos algum dia e que continuam atuantes hoje. Quebre o ciclo!
- Fale somente o que for promover edificação e paz.
- Comece a dosar suas palavras.

"Evite as conversas inúteis e profanas, pois os que se dão a isso prosseguem cada vez mais para a impiedade."

(2 TIMÓTEO 2:16 NVI)

AÇA A SUA ORAÇÃO DO DIA

Oração

Amado Deus, ajude-me a dosar minhas palavras, que eu possa produzir apenas edificação com o que sai dos meus lábios, em nome de Jesus. Não permita que eu me assente na roda dos escarnecedores e peque com meus lábios. Em nome de Jesus, amém.

78

"O segundo é este: 'Ame o seu próximo como a si mesmo'. Não existe mandamento maior do que estes."

(MARCOS 12:31 NVI)

COLOQUE-SE NO LUGAR DO OUTRO

As relações, atualmente, estão mais tensas, e a convivência, cada vez mais difícil.

Colocar-se no lugar do seu irmão é cumprir o mandamento que nos diz para amar o próximo como a nós mesmos.

Às vezes pensamos que o Espírito Santo se afasta de nós por causa de pecados grosseiros, como mentira, adultério, roubos etc. No entanto, Ele se entristece também quando perdemos a sensibilidade da dor ou sofrimento do outro.

Quando nos colocamos no lugar de dor do próximo estamos exercendo o amor de Jesus.

Pratique a misericórdia e a empatia em relação ao próximo.

Esforce-se para praticar mais o amor.

Oração

Querido Pai, que eu seja misericordioso assim como o Senhor tem sido comigo. Ajude-me a me sensibilizar com a dor do próximo, ter empatia e que de fato eu seja um representante de Seu Reino nesta Terra, que eu ame a todos como o Senhor ama. Em nome de Jesus, amém.

FAÇA A SUA ORAÇÃO DO DIA

DEUS ESTÁ OLHANDO PARA SUA MESA

Na roda dos escarnecedores, zomba-se dos outros, escarnece--se das operações de Deus e do que está sendo realizado.

Às vezes, estamos sentados à mesa com pessoas cujo prazer é comentar sobre a vida dos outros.

Quando estamos nessas mesas, devemos trocar de assunto.

Caso contrário, logo estaremos participando da roda dos escarnecedores.

Fuja dos escarnecedores e dos que tentam deturpar a comunhão.

Deus está atento às nossas mesas.

"Como é feliz aquele que não segue o conselho dos ímpios, não imita a conduta dos pecadores, nem se assenta na roda dos zombadores!"

(SALMOS 1:1 NVI)

FAÇA A SUA ORAÇÃO DO DIA

Oração

Espírito Santo, dê-me discernimento para que eu não participe da mesa dos zombadores e afaste dos meus caminhos aqueles que escarnecem do próximo e das coisas de Seu Reino. Em nome de Jesus, amém.

80

A FÉ NAS TEMPESTADES

"Jesus estava na popa, dormindo com a cabeça sobre um travesseiro. Os discípulos o acordaram e clamaram: 'Mestre, não te importas que morramos?' Ele se levantou, repreendeu o vento e disse ao mar: 'Aquiete-se! Acalme-se!' O vento se aquietou, e fez-se completa bonança. Então perguntou aos seus discípulos: 'Por que vocês estão com tanto medo? Ainda não têm fé?'"

(MARCOS 4:38-40 NVI)

No meio das tempestades da vida muitas vezes pensamos que Deus não se importa ou está "dormindo" diante de nosso sofrimento.

Quando Jesus estava no barco dormindo, os discípulos provavelmente se sentiram impotentes diante daquela tempestade.

Talvez você esteja se questionando do porquê de Deus não ter agido, ainda, diante dos fortes ventos. Muitas vezes, Ele quer que você perceba a presença Dele, mesmo em meio às dificuldades.

Jesus é especialista em acalmar tempestades e colocar as coisas no lugar.

Você precisa exercitar a sua fé, está na hora de crer e lançar fora o medo da sua vida.

Jesus sabia que seus discípulos enfrentariam aquela tempestade. Ele sabe tudo o que você enfrenta. Não tenha medo, Ele está no "barco".

Oração

Pai de toda graça e poder, arranque o medo e a timidez de meu coração. Revista-me de coragem para que eu enfrente as tempestades e os levantes do inferno, sabendo que o Senhor está sempre comigo. Em nome de Jesus Cristo, amém.

FAÇA A SUA ORAÇÃO DO DIA

AFASTE-SE DA VANGLÓRIA

Existem pessoas que se acham melhores do que as outras em tudo e se vangloriam disso.

O seu processo não é igual ao do seu irmão. Vista-se de humildade e lembre-se de que todo elogio deve vir do estranho.

Por mais que tenhamos tido muitas conquistas, jamais devemos nos sentir superiores ao nosso irmão que ainda não conquistou.

As nossas palavras revelam o nível de maturidade que opera em nós.

Nossas palavras devem estar vestidas de humildade.

Precisamos ser vigilantes com nossas palavras.

"Que outros façam elogios a você, não a sua própria boca; outras pessoas, não os seus próprios lábios."

(PROVÉRBIOS 27:2 NVI)

FAÇA A SUA ORAÇÃO DO DIA

Oração

Senhor meu Deus, perdoe-me por todo sentimento de superioridade. Capacite-me a considerar o meu próximo superior a mim mesmo. Mude minha visão a respeito de mim mesmo e dos outros. Em nome de Jesus, amém.

"Quem ama a sinceridade de coração e se expressa com elegância será amigo do rei."

(PROVÉRBIOS 22:11 NVI)

Oração

Senhor e Pai, quero ser verdadeiro e autêntico como Jesus. Não quero agradar a homens, mas ao Senhor. Que eu seja aprovado e legitimado pelo Senhor em toda a minha conduta e em cada palavra que sair de meus lábios. Em Seu nome, Jesus, amém.

SEJA AUTÊNTICO

Ser autêntico é expressar legitimidade em todas as atitudes.

Quando olhamos para o Evangelho, vemos que por onde Jesus passava Ele expressava sua autenticidade.

Jesus não tinha duas caras.

Jesus era a mesma pessoa diante dos religiosos e diante dos discípulos. Ele era a mesma pessoa nas multidões e o mesmo quando se sentava com seus amigos.

Impressiona em Jesus não só a sua humildade, mas a sua originalidade. Seja autêntico.

Quando expressamos a verdade de nosso coração com sabedoria, somos legitimados pelo céu.

FAÇA A SUA ORAÇÃO DO DIA

CUIDADO COM OS APROVEITADORES

Sempre que você se mover no seu chamado, isso se tornará notório a outras pessoas.

A Bíblia diz que havia pessoas que queriam ouvir Jesus e desejavam aprender com Ele. Mas havia um grupo que estava atrás de Jesus somente para encontrar nele um defeito ou falha.

Se as pessoas procurarem falhas, elas vão encontrar. Jesus foi perfeito, porém nós não somos.

Bastantes pessoas se aproximam de nós para tirar proveito ou procurando um "furo" para nos desmoralizar. Use a sabedoria de Deus em todas as circunstâncias!

Apenas seja sábio e fuja dos mal-intencionados.

Sempre existirão aproveitadores e oportunistas.

"O Senhor detesta pesos adulterados, e balanças falsificadas não o agradam."

(PROVÉRBIOS 20:23 NVI)

Oração

Senhor Jesus, minha melhor escolha, agradeço-Lhe por me escolher e me amar primeiro. Ajude-me a me desvencilhar de todo embaraço desta vida, arranque toda bajulação e oportunismo de perto de mim. Aumente a minha visão espiritual, revele a maldade ao meu redor e me dê mais discernimento de espíritos. Em nome de Jesus, amém.

AÇA A SUA ORAÇÃO DO DIA

84

"Ele respondeu: 'Antes, felizes são aqueles que ouvem a palavra de Deus e lhe obedecem!'"

(LUCAS 11:28 NVI)

Oração

Espírito Santo, arranque do meu interior todo lixo que muitas vezes absorvi através de minha audição. Purifique-me com Seu sangue precioso. Quero ser limpo e fazer Sua vontade. Em nome de Jesus, amém.

NÃO OUÇA TUDO

- Há certas informações que transmitirão mensagens à sua mente.
- A Bíblia nos ensina que a fé vem pelo ouvir a mensagem (Romanos 10:17). Qual mensagem você está ouvindo?
- Não absorva mensagens negativas, caso contrário, você não passará de um depósito de lixo.
- Toda mensagem, seja positiva ou negativa, produzirá uma voz dentro de você.
- Precisamos selecionar e escolher com sabedoria aquilo que vamos ouvir.
- Coma a Palavra de Deus, ensinos de sabedoria e crescimento.

FAÇA A SUA ORAÇÃO DO DIA

REJEITANDO AS ISCAS DO INFERNO

Existem batalhas perigosas que são enviadas pelo inferno com o único objetivo de tirar a nossa paz.

A Bíblia diz que "bem-aventurados são os pacificadores". Portanto, somos chamados a promover a paz.

Lutas, além de roubar nossa paz, prejudicam a nossa saúde e roubam o nosso tempo.

Muitas das batalhas em que nos envolvemos só nos afastam do destino profético que Deus tem para nós.

Pare de "fisgar" as iscas do inferno. Muitas situações devem ser simplesmente desconsideradas.

Busque discernimento para que você promova a paz e se desvie de contendas.

"Não me deixes cair na armadilha que armaram para mim, pois tu és o meu refúgio."

(SALMOS 31:4 NTLH)

Oração

Senhor, livre-me de toda contenda e confusão. Livre-me depressa, pois minha paz está abalada. Dê-me discernimento para identificar as iscas do inferno e ajude-me a ser, sim, um pacificador, um instrumento Seu em cada situação embaraçosa. Em nome de Jesus, amém.

ÇA A SUA ORAÇÃO DO DIA

86

"Porque, se perdoardes aos homens as suas ofensas, também vosso Pai celestial vos perdoará a vós; se, porém, não perdoardes aos homens as suas ofensas, também vosso Pai vos não perdoará as vossas ofensas."

(MATEUS 6:14-15 ARC)

Oração

Pai Santo, perdoe os nossos pecados. Derrame sobre nós uma unção de fé e esperança para que venhamos a receber o cumprimento das Suas promessas. Alinhe o nosso caminho com o nosso propósito para que possamos avançar rumo ao alvo que é Jesus. Livre-nos de todo espírito de vingança e de justiça própria. Em nome de Jesus, amém.

SUAS REAÇÕES

Deus não tem o objetivo de fazer "passarmos trabalho".

Jesus ensina que devemos perdoar aqueles que nos ofendem, os que nos prejudicam, os que mentem sobre nós, não reagindo de forma impulsiva em busca de uma vingança.

As dificuldades, muitas vezes, nos transformam em "vingadores", agindo conforme nossa carne, ao invés de nos submetermos à vontade de Deus

Sua reação, quando submetida à Palavra de Deus, sempre lhe acrescerá frutos de justiça.

É preciso lidar com as adversidades de maneira justa e correta, alinhados com o propósito de Deus para nossas vidas.

Suas reações podem levá-lo à vitória ou comprometer seu destino no Senhor.

FAÇA A SUA ORAÇÃO DO DIA

87

EM TEMPOS DE PRESSÃO

Se o favor de Deus está sobre você, tenha a certeza de que você chegará a lugares improváveis.

Gideão estava passando por uma terrível pressão, a ponto de se esconder. Porém, Deus o capacitou a realizar um feito extraordinário: expulsar os inimigos da nação de Israel com apenas trezentos homens.

Mesmo em tempos desfavoráveis, você pode ser uma pessoa diferenciada e bem-sucedida em tudo. Saiba lidar com a pressão.

O que diferencia uma pessoa da outra é a graça divina sobre ela.

Torne-se uma pessoa diferenciada, contando com a ajuda de Deus.

Reconheça o favor de Deus em sua vida.

"Então o anjo do Senhor lhe apareceu, e lhe disse: O Senhor é contigo, homem valoroso."

(JUÍZES 6:12 ACF)

Oração

A Sua graça me capacita e me dá coragem para prosseguir, Senhor. Eu reconheço Seu favor em minha vida. Pai, peço-Lhe que me torne poderoso nesta Terra para que Seu nome seja exaltado através da minha vida e da minha casa. Em nome de Jesus, amém.

ÇA A SUA ORAÇÃO DO DIA

88

"Portanto não temeremos, ainda que a terra se mude, e ainda que os montes se transportem para o meio dos mares."

(SALMOS 46:2 ACF)

QUANDO A PRESENÇA DE DEUS VEM

Quando Deus quer fazer algo novo em nossas vidas, Ele faz com que se operem mudanças.

Ao nos depararmos com a presença de Deus, estamos sendo conduzidos a um nível elevado de comprometimento.

Nosso entendimento muda, a pregação nos molda por dentro. Ampliamos o entendimento das coisas espirituais quando a presença Dele vem.

Quando a presença e o favor de Deus estão em nós, a graça flui em nós e através de nós, a ponto de até as pessoas à nossa volta mudarem por serem alcançadas por essa graça.

Não tenha medo das mudanças.

Comece a perceber os movimentos do Espírito à sua volta.

Oração

Ajude-me, Espírito de Deus, a perceber os movimentos proféticos em minha vida. Eu renuncio a todo medo, todo sentimento que possa me paralisar e impedir que eu desfrute do novo de Deus. Em nome de Jesus, amém.

FAÇA A SUA ORAÇÃO DO DIA

A SUA ENTREGA PRODUZIRÁ CONTRARIEDADE

"Entrega o teu caminho ao Senhor, confia nele, e o mais ele fará."

(SALMOS 37:5 ARA)

Toda vez que uma semente ou algo de grande valor for trazido aos pés de Jesus, existirão críticas e acusações.

A Bíblia fala sobre uma mulher que derramou um óleo caríssimo aos pés de Jesus. Naquele momento, ela não apenas derramou uma oferta de alto valor, mas, sim, entregou sua vida aos pés de Jesus.

Muitas pessoas se escandalizam com aqueles que decidiram entregar tudo ao Senhor. Pessoas assim são apegadas às coisas desta Terra e preferem dar honra a si mesmas. Não conseguem se entregar a Deus.

Entregue tudo o que o Senhor lhe pedir. Renda-se 100% a Deus.

Abafe as vozes de contrariedade e ouça somente a voz do Espírito Santo.

Toda semente e rendição de seu coração produzirão uma grande colheita em sua vida.

Oração

Entrego ao Senhor toda a minha vida e rendo-me ao Seu senhorio, Jesus. Oro em nome de Jesus Cristo para que meu coração seja desprendido das coisas terrenas. Amém.

FAÇA A SUA ORAÇÃO DO DIA

90

"Antes, seguindo a verdade em amor, cresçamos em tudo naquele que é a cabeça, Cristo."

(EFÉSIOS 4:15 NVI)

Oração

Senhor Jesus, peço Sua misericórdia e graça. Ilumine o meu caminho e guie os meus passos. Entrego-Lhe a minha vida e peço que traga sobre mim uma unção de perdão e a capacidade de ser discípulo Seu, andando conforme o Senhor ensinou. Em nome de Jesus, amém.

NOS PASSOS DE JESUS

- Quando se anda nos passos de Jesus, se é abençoado.
- Deus traz pessoas problemáticas para nossa convivência para seguirmos o exemplo de Cristo e nos Seus passos as curarmos.
- Não despreze o aflito e o caído.
- Se Deus vir misericórdia e perdão fluindo do nosso coração, vamos estar andando nos passos de Jesus.
- Você quer andar nos passos de Jesus? Então precisará perdoar como Ele perdoou e amar como Ele amou.
- Ajude a quem precisar levantar-se e assim a graça de Jesus fluirá através de seus passos.

FAÇA A SUA ORAÇÃO DO DIA

Deus é o Deus
do IMPOSSÍVEL,
Ele é o Deus do
SOBRENATURAL.

91

"Há quem dê generosamente, e vê aumentar suas riquezas; outros retêm o que deveriam dar, e caem na pobreza."

(PROVÉRBIOS 11:24 NVI)

SISTEMAS

Devemos compreender que o sistema de governo do homem não se assemelha com o governo do céu.

O sistema do Reino de Deus ensina que melhor é dar do que receber e que quanto mais retivermos, mais perderemos.

O sistema do mundo conduz a buscarmos somente para nós. Como diz o ditado: "Cada um por si e Deus por todos". Ele nos ensina a guardar, acumular e reter para ter.

Infelizmente, muitos cristãos estão permitindo que o sistema deste mundo corrompa a semente do Reino que foi implantada por Deus em seus corações.

Decida hoje seguir a cultura do sistema de Deus. Certamente este lhe trará riquezas permanentes.

Você precisará decidir qual governo seguirá.

Oração

Deus amado, ajude-me a acompanhar o sistema do Seu Reino e não permita que eu me corrompa com o sistema deste mundo. Declaro sobre minha vida um tempo de colheita, pois estou me guiando pelo governo do céu. Que venha o Seu Reino e seja feita a Sua vontade. Em nome de Jesus, amém.

FAÇA A SUA ORAÇÃO DO DIA

A CONSTRUÇÃO

Você está sendo construído. Toda construção exige paciência e resiliência.

Permita que Ele continue essa obra. O Deus que começa quer terminar.

Você pode estar pensando que nunca vai conseguir ser transformado em certas áreas de sua vida.

Deus investiu em você. Ele tem um propósito na sua vida.

Não tente competir com Deus. A construção é Dele.

Você precisa dar permissão a Deus para continuar a construção. Não interrompa. Deus pode ainda estar estabelecendo os fundamentos em você.

FAÇA A SUA ORAÇÃO DO DIA

92

"Estou convencido de que aquele que começou boa obra em vocês vai completá-la até o dia de Cristo Jesus."

(FILIPENSES 1:6 NVI)

Oração

Senhor meu Deus, eu permito que continue essa obra em minha vida. Perdoe-me por muitas vezes tentar impedir Seu Espírito de agir e tentar fazer as coisas do meu jeito. Em nome de Jesus, amém.

93

"Portanto, confessem os seus pecados uns aos outros e orem uns pelos outros para serem curados. A oração de um justo é poderosa e eficaz."

(TIAGO 5:16 NVI)

Oração

Deus meu, apresento-Lhe a minha causa e o controle de toda a minha existência. O Senhor é um Deus justo e verdadeiro. Rendo-me a Seu senhorio e entrego as minhas lutas na Sua presença. Creio que fui justificado pelo sangue do Cordeiro e rogo que ouça o meu clamor. Livre-me de toda perseguição, calúnia e injustiça. Em nome de Jesus, amém.

O SENHOR MUDA DECRETOS

Por causa da oração de um justo, Deus pode anular decretos e até derrubar reinos.

A Bíblia relata que Deus tirou o sono do rei Assuero por causa do Seu povo e também mostra que a mulher de Pilatos sonhou a noite inteira com Jesus.

Deus pode mudar as decisões da mais alta autoridade por causa de um filho Seu que se humilha.

Quando a Palavra de Deus afirma que a oração de um justo pode muito em seus efeitos, está nos mostrando que o Senhor se move a nosso favor.

Entre na presença de Deus com ousadia, sem duvidar.

Apresente a Ele suas causas, pois a decisão final pertence ao Rei dos reis.

FAÇA A SUA ORAÇÃO DO DIA

DEUS DO INIMAGINÁVEL

- Não importa o tamanho do seu problema.
- Deus tem o poder de mover o inimaginável e fazer o imensurável.
- Aquilo que é limitado para você não é limitado para Deus. Está na hora de você crer.
- Há situações que Deus vai permitir em sua vida para lhe mostrar que é só Ele que pode mudar as circunstâncias.
- Deus é aquele que, quando dá a ordem, céus e Terra obedecem.
- Pare de ancorar-se nos especialistas desta Terra. Há um especialista poderoso no céu que está cuidando de tudo.

"Pois nada é impossível para Deus."

(LUCAS 1:37 NVI)

FAÇA A SUA ORAÇÃO DO DIA

Oração

Obrigado, Deus, por me conduzir até aqui. Pai, ajude-me a crer somente no Senhor. Afaste os meus olhos das circunstâncias para que a verdade do Senhor prevaleça. Eu creio, em nome de Jesus e segundo a Sua Palavra, que tudo é possível ao que crê e que o Senhor pode mudar a minha história. Amém.

95

"Não sejais vagarosos no cuidado; sede fervorosos no espírito, servindo ao Senhor; alegrai-vos na esperança, sede pacientes na tribulação, perseverai na oração."

(ROMANOS 12:11-12 ACF)

Oração

Obrigado, Senhor, porque até aqui me ajudou. Venha em meu auxílio para eu não parar agora. Proteja minha vida e família. Todo ataque na mente para desistir, para retroceder, eu oro agora para que seja quebrado no poder e na autoridade de Jesus Cristo. Da mesma forma como o Senhor nunca desiste de nós, ajude-me a não desistir das pessoas. Amém.

JESUS NÃO DESISTE

Nós precisamos entender que as pessoas são imperfeitas e limitadas, por isso cometem erros.

O Senhor deseja, assim como na Parábola do Bom Samaritano, que nós tenhamos paciência de carregar os doentes até um lugar de cura. E depois de estarem totalmente curados, então, que eles voltem a andar.

Nós não podemos simplesmente descartar aqueles que erram conosco.

O objetivo do amor de Deus não é excluir alguém por causa de seus pecados, mas, sim, trazer restauração.

Assim como Jesus, dê aos outros uma nova oportunidade.

Jesus não desistiu de você! Não desista das pessoas.

FAÇA A SUA ORAÇÃO DO DIA

RECEBERÃO MISERICÓRDIA

96

É muito fácil levantar juízo contra alguém, condenando as atitudes e falhas dessa pessoa.

Quando alguém perto de nós comete deslizes ou cai na fé, somos os primeiros a trazer medidas: medimos fé, empenho e até a vida com Deus.

Em contrapartida, o ser humano tem dificuldade de olhar para si mesmo. Quando caímos ou cometemos falhas, procuramos, desesperadamente, por olhos de misericórdia.

A Bíblia diz que bem-aventurados são os misericordiosos, pois encontrarão misericórdia.

Permita que as pessoas encontrem misericórdia em você.

Talvez um dia seus olhos também procurem pela misericórdia de alguém.

"Sejam misericordiosos, assim como o Pai de vocês é misericordioso."

(LUCAS 6:36 NVI)

Oração

Querido Jesus, permita que as pessoas encontrem misericórdia em mim. Edifique a minha casa e meus relacionamentos! Abro mão da minha justiça própria e clamo ao Senhor para que me capacite a ouvir mais. Não só ouvir, mas compreender a dor do outro com um coração misericordioso. Em Seu nome, Jesus, amém.

FAÇA A SUA ORAÇÃO DO DIA

97

"Portanto, meus amados irmãos, sede firmes, inabaláveis e sempre abundantes na obra do Senhor, sabendo que, no Senhor, o vosso trabalho não é vão."

(1 CORÍNTIOS 15:58 ARA)

Oração

Que privilégio poder Lhe servir, meu Senhor. Obrigado, meu Deus, por esta oportunidade excelente. Capacite-me a fazer Sua obra com amor e que meus ouvidos estejam atentos somente à Sua voz. Em nome de Jesus, amém.

ESTÁ SENDO REGISTRADO

Todo aquele que se dedica ao Reino de Deus será recompensado pelo próprio Deus.

Todo serviço e toda dedicação em servir no Reino é uma semente que está sendo registrada e trará muitos frutos para a próxima geração.

Não dê ouvidos a pessoas enviadas das trevas que lhe dizem para parar ou diminuir a intensidade de sua semeadura no Reino de Deus.

Cada trabalho que você fizer para Deus ficará registrado no mundo natural e no espiritual como uma semente, que frutificará.

Não pare. Continue semeando com excelência no Reino.

Seu trabalho está sendo computado no céu.

FAÇA A SUA ORAÇÃO DO DIA

A DOR FAZ BARULHO

- As pessoas aí fora estão clamando por socorro.
- Pelo fato de as pessoas terem problemas no seu interior, a dor grita dentro delas.
- Muitas pessoas estão carregadas de feridas emocionais, e isso as impede de ouvir Deus.
- A dor é tão barulhenta que acaba falando mais alto do que qualquer coisa e, principalmente, do que a vontade de Deus para suas vidas.
- Talvez a sua dor esteja latente. Está na hora de silenciar a voz da dor.
- Há uma cura disponível para você. Deixe que Jesus o toque e cure por completo.

"Ele mesmo levou em seu corpo os nossos pecados sobre o madeiro, a fim de que morrêssemos para os pecados e vivêssemos para a justiça; por suas feridas vocês foram curados."

(1 PEDRO 2:24 NVI)

FAÇA A SUA ORAÇÃO DO DIA

Oração

Deus de amor e graça, clamo para que o Senhor me guarde de toda cilada do inimigo. Senhor, libere cura, natural e espiritual, na minha vida. Que eu possa ser instrumento de cura na vida de outras pessoas. Retire do meu coração todo o peso espiritual. Em nome de Jesus, amém.

99

"Os olhos do Senhor estão em todo lugar, contemplando os maus e os bons."

(PROVÉRBIOS 15:3 ACF)

DEUS VÊ TUDO

Há situações que vêm sobre nós para nos derrubar e deixar no chão. Se você foi vítima de uma injustiça, saiba que Deus viu.

Na trajetória de José, vemos ele sendo vítima de um sistema. Por isso, foi parar na prisão. Imagine como José se sentiu diante de tantas atrocidades. Ele era um homem bom e temente a Deus.

O desejo do diabo é deixá-lo totalmente inerte e improdutivo.

Não deixe a dor paralisá-lo. Continue sendo produtivo.

Os olhos do Senhor estão sobre você.

Procure compreender os processos de sua vida.

Oração

Senhor, tire de mim toda a inércia. Arranque toda a prostração e desânimo, em nome de Jesus Cristo. Declaro que sou produtivo no Seu Reino e que executarei aquilo que o Senhor ordenar. Que todo atrapalho em minha vida saia, em nome de Jesus, e que a Sua unção de ousadia venha sobre mim. Amém.

FAÇA A SUA ORAÇÃO DO DIA

NÃO TOQUE NO UNGIDO DE DEUS

A ideia de "tocar nos ungidos de Deus" envolve mais do que apenas ações físicas; trata-se também de atitudes de crítica, desrespeito ou revolta contra pessoas que, de alguma forma, têm uma missão ou chamado de Deus.

Na Bíblia, Davi demonstrou esse princípio ao se recusar a matar Saul, mesmo quando teve a oportunidade.

As Escrituras nos alertam sobre os perigos de agir contra Seus ungidos, seja por meio de calúnia, desprezo ou qualquer forma de injustiça.

A história de Davi é realmente um exemplo profundo sobre respeito e reverência aos ungidos de Deus. Ele entendia os reflexos e consequências que a desonra poderia causar.

A reverência a Deus não apenas protege os ungidos, mas também nos resguarda de batalhas espirituais que podem ser desencadeadas a partir de ações imprudentes.

Mantenha seu coração manso e respeitoso, pois isso é essencial para quem busca viver segundo os princípios de Deus.

"Não toquem nos meus ungidos; não maltratem os meus profetas."

(SALMOS 105:15 NVI)

Oração

Oro, meu Deus, pedindo a Sua proteção. Esconda-me onde o inimigo não possa me achar. Eu repreendo, em nome de Jesus, todo agir do maligno na minha vida, na minha casa e na minha família. Cubra-me com o sangue de Jesus Cristo e afaste de mim todo mal, amém.

FAÇA A SUA ORAÇÃO DO DIA

"Porque ele te livrará do laço do passarinheiro, e da peste perniciosa."

(SALMOS 91:3 ACF)

Oração

Senhor, em nome de Jesus, trabalhe nas minhas fraquezas, ajude-me a ser mais vigilante para que eu não abra brechas e livre-me das armadilhas do inimigo. Amém.

CUIDADO COM O CAÇADOR

O diabo é um caçador astuto, com milênios de práticas e estratégias cuidadosamente elaboradas para tentar destruir as pessoas.

Quando a Bíblia menciona "laço do passarinheiro", está se referindo a esse caçador.

O caçador está observando suas fraquezas. Está buscando alguém que possa colocar em sua vida para, sorrateiramente, roubar os seus segredos e enredá-lo.

Satanás está à espera de uma brecha para atacar - seja uma pessoa, uma família ou qualquer um que ele possa atingir.

Um caçador espera pacientemente, à espreita, aguardando a oportunidade perfeita para derrubar sua presa. Não dê essa oportunidade ao inimigo.

Mantenha-se atento e vigilante. Ore para que o Senhor lhe mostre o verdadeiro coração das pessoas que se aproximam de você e de sua família.

FAÇA A SUA ORAÇÃO DO DIA

PRESERVE SEUS SEGREDOS

Muitas pessoas têm tido perdas financeiras enormes.

A contaminação, seja no ambiente de trabalho ou familiar, geralmente acontece por meio de alguém.

Isso acontece porque permitiram que as pessoas erradas se envolvessem em seus negócios ou até em suas vidas pessoais.

Nem todos que estão ao nosso redor têm boas intenções. Há aqueles que estão apenas esperando uma oportunidade para roubar nossos sonhos e ideias.

Precisamos ter cuidado ao participar de reuniões em que nos sentimos muito à vontade e acabamos compartilhando nossos projetos e planos.

Tenha sabedoria para discernir quando e com quem compartilhar seus projetos.

FAÇA A SUA ORAÇÃO DO DIA

102

"O mexeriqueiro espalha os segredos; por isso fique longe de quem fala demais."

(PROVÉRBIOS 20:19 NTLH)

Oração

Pai, eu preciso de sabedoria. Ajude-me a discernir os ambientes e as pessoas para que eu não venha a compartilhar meus sonhos e planos com pessoas mal-intencionadas. Em nome de Jesus, amém.

103

"A sanguessuga tem duas filhas: Dá e Dá. Estas três coisas nunca se fartam; e com a quarta, nunca dizem: Basta! A sepultura; a madre estéril; a terra que não se farta de água; e o fogo; nunca dizem: Basta!"

(PROVÉRBIOS 30:15-16 ACF)

Oração

Abra meu entendimento, Senhor, e ajude-me a discernir os limites entre ajudar alguém e ter minhas energias sugadas por essa pessoa. Livre-me desses "parasitas". Em nome de Jesus, amém.

PARASITAS SÃO INSACIÁVEIS

Ao longo da vida, encontramos pessoas que parecem "sugar" nossa energia, nossa dedicação, nossa generosidade.

Parasitas apenas sabem exigir, sempre esperando algo, e, por mais que você se dedique, raramente retribuem ou reconhecem o que você fez.

Parasitas se mostram constantemente descontentes, prontos para julgar ou criticar, e, apesar de desfrutarem dos benefícios de nossa amizade ou apoio, não oferecem nada em troca.

Li um livro em que o autor afirmava que algumas pessoas são como "parasitas" em nossas vidas. De início, essa comparação me causou desconforto, porém percebi que existe uma verdade sutil nessa comparação, para a qual precisamos nos atentar.

Gaste sua energia em terras férteis, que produzirão frutos permanentes.

Pare de nutrir parasitas.

FAÇA A SUA ORAÇÃO DO DIA

TRISTEZAS ESPIRITUAIS

Deus nos dá sinais das batalhas espirituais que enfrentamos, daquelas forças que tentam se opor a nós.

A Bíblia nos relata que Daniel esteve triste por três semanas (Daniel 10:2). Ele não entendia exatamente o que estava acontecendo no mundo espiritual, mas seu espírito sentiu e sua alma percebeu. Se não prestarmos atenção a essa verdade, corremos o risco de sermos engolidos pelo que tenta nos prejudicar.

Talvez você não entenda por que está tão triste, tão abatido, mas pode ser uma guerra espiritual acontecendo.

Quando aguardamos uma resposta muito importante, geralmente enfrentamos uma grande oposição.

Siga o exemplo de Daniel: não aceite como normal aquilo que está esgotando suas forças.

Daniel discerniu a situação e se posicionou em oração e jejum.

FAÇA A SUA ORAÇÃO DO DIA

"A minha alma consome-se de tristeza; fortalece-me segundo a tua palavra."

(SALMOS 119:28 ACF)

Oração

Senhor, eu preciso de Ti. Peço que elimine da minha vida essa tristeza e que a Sua paz, que excede todo entendimento, reine em todos os lugares em que eu estiver ou passar. Em nome de Jesus, amém.

105

"Vigiem e orem para que não caiam em tentação. O espírito está pronto, mas a carne é fraca."

(MATEUS 26:41 NVI)

Oração

Pai, eu reconheço a Sua soberania sobre todas as coisas. Entrego ao Senhor todas as minhas dificuldades e preocupações, pois creio que nada é impossível para Ti. Em nome de Jesus, entre com Sua providência, amém.

GRANDES OPOSIÇÕES = VITÓRIAS MAIORES

Muitas vezes, não entendemos certas coisas que acontecem em nossa vida, mas lembre-se: quanto maior a luta, quanto maior o desafio, maior será a bênção.

O que Deus está preparando para você é imenso. Aquilo que Ele está realizando em seu favor é muito maior do que você imagina.

Se a oposição está grande, aprenda a ouvir a voz do Espírito Santo. Entenda que, nesses momentos, existem forças espirituais em ação.

Quanto maior for o nível de entrega, mais a oposição se renderá, pois você não está apenas proferindo palavras, está movimentando o mundo espiritual.

Se a resistência é intensa, é porque a resposta será grandiosa.

Mantenha-se vigilante, em oração. Busque a presença de Deus para vencer as forças opositoras.

FAÇA A SUA ORAÇÃO DO DIA

CLAME AS PROMESSAS

Quando lê um versículo da Bíblia e ele parece "saltar" diante de você, Deus o está inspirando a fazer declarações.

Ao crer na Palavra e guardá-la dentro de você, ela se torna viva e começa a produzir mudanças.

No entanto, para que a Palavra realmente transforme seu propósito, missão e destino, é necessário, primeiramente, rejeitar a incredulidade.

Precisamos tomar posse das promessas de Deus, guardá-las em nosso coração e liberá-las para que se manifestem de forma poderosa e verdadeira.

Será preciso você fazer declarações em oração! Dessa forma, ativará as promessas de Deus em sua vida.

Comece a clamar pelas promessas, declare-as com fé e autoridade, crendo que já as recebeu.

FAÇA A SUA ORAÇÃO DO DIA

106

"Porque todas quantas promessas há de Deus, são nele sim, e por Ele o Amém, para glória de Deus por nós."

(2 CORÍNTIOS 1:20 ACF)

Oração

Obrigado, Senhor, por Seu amor, por Seu cuidado, porque até aqui o Senhor tem cuidado de mim. Eu creio nas Suas promessas, e clamo agora, diante de Ti, para que no momento oportuno elas se cumpram sobre a minha vida e sobre a vida dos meus. Em nome de Jesus, amém.

107

"Ora, a fé é o firme fundamento das coisas que se esperam, e a prova das coisas que se não veem."

(HEBREUS 11:1 ACF)

Oração

Pai, obrigado por todas as coisas que já fez por mim. Em nome de Jesus, perdoe os meus pecados e anime a minha fé. Diante do Senhor e dos homens eu quero expressar a minha fé para que ela seja visível, e coloco diante de Ti os meus projetos e sonhos, pois eu creio no Seu sobrenatural. Amém.

EXPRESSE SUA FÉ

A fé, quando é expressa, se manifesta no mundo espiritual. E tudo o que é visível no mundo espiritual traz um efeito direto.

A Bíblia nos diz que Jesus viu a fé daqueles quatro homens que levaram um paralítico até Jesus, descendo-o pelo telhado.

No mundo espiritual, a fé não pode ser invisível.

A fé precisa ser visível no mundo espiritual. Quando nossa fé é percebida dessa maneira, o sobrenatural é liberado. Levante-se em fé!

Ao colocarmos nossos projetos diante de Deus, estamos demonstrando nossa fé.

Caminhe por fé. Ao fazer isso, você verá a glória de Deus e andará no sobrenatural.

FAÇA A SUA ORAÇÃO DO DIA

NÃO ACREDITE NAS PROPOSTAS DO INIMIGO

108

- O diabo tenta constantemente levar as pessoas ao erro. Ele as incita a falar mal de alguém, sabendo que mais tarde isso pode lhes causar vergonha e humilhação.
- A Bíblia afirma que o diabo é mentiroso, e suas promessas são vazias.
- Não se engane achando que transgredir os mandamentos de Deus trará felicidade ou que fazer justiça com as próprias mãos será correto.
- As promessas do inimigo são sempre enganosas; ele faz parecer que tudo ficará bem, que haverá felicidade, mas é mentira.
- Cada vez que quebramos um princípio de Deus, estamos nos colocando em um terreno extremamente perigoso.
- Não caia nas armadilhas do diabo. Seus caminhos apenas conduzem à humilhação e ao escândalo.

"Não vos enganeis: as más conversações corrompem os bons costumes. Tornai-vos à sobriedade, como é justo, e não pequeis; porque alguns ainda não têm conhecimento de Deus; isto digo para vergonha vossa."

(1 CORÍNTIOS 15:33-34 ARA)

Oração

Derrame em nós, Senhor, uma unção de sabedoria e discernimento para que não venhamos a quebrar os princípios de Deus, nem transgredir Seus mandamentos, Pai. Ajude-nos a nos mantermos longe das más conversações para evitarmos a humilhação, a vergonha ou o escândalo sobre nossas vidas. Em nome de Jesus, amém.

FAÇA A SUA ORAÇÃO DO DIA

109

BARREIRAS INTERNAS

"Mostra-me, Senhor, os teus caminhos, ensina-me as tuas veredas; guia-me com a tua verdade e ensina-me, pois, tu és Deus, meu Salvador, e a minha esperança está em ti o tempo todo."

(SALMOS 25:4-5 NVI)

Sempre que estivermos trilhando o caminho de uma direção profética do Espírito, provavelmente enfrentaremos obstáculos.

Muitas barreiras são instaladas ao longo do tempo em nossas vidas, desde nossa infância, pela cultura e pelo sistema deste mundo.

Esses obstáculos podem ser externos, como pessoas ou forças espirituais, mas também podem vir de dentro, das nossas próprias emoções.

Quando seguimos o que Deus nos orienta, encontramos forças para superar o que se coloca em nosso caminho.

Estar alinhado com a direção de Deus nos fortalece para vencer os desafios.

Não permita que as barreiras internas o impeçam de andar no trilho de Deus. Enfrente suas dores, reconheça que elas existem e deixe o Senhor tratá-las.

Oração

Senhor, em nome de Jesus, alinhe-me na Sua direção, fortaleça-me nos Seus caminhos e ajude-me a vencer as barreiras que se apresentam diariamente na minha vida, sejam elas de cunho emocional ou espiritual, pois o Senhor tem todo o poder. Amém.

FAÇA A SUA ORAÇÃO DO DIA

SEJA FORTE E CORAJOSO

Uma pessoa corajosa, mesmo quando sente medo, encontra força na certeza de que Deus está ao seu lado, pronto para ser o seu escudo.

A Bíblia nos ensina que precisamos ser corajosos e fortes no Senhor.

Esse tipo de coragem nos permite seguir em frente. Mesmo que forças contrárias tentem nos paralisar, atacar nossa mente ou até bloquear nossa alma.

Lembre-se de que, quando Deus disse a Josué para que entrasse na terra da promessa, ele sabia o que o esperava – batalhas, desafios e gigantes –, mas mesmo assim confiou, obedeceu e venceu.

Coloque toda a sua expectativa no que Deus prometeu, pois Ele é poderoso para cumprir.

Talvez hoje você esteja enfrentando algum medo, mas quero encorajá-lo: se você estiver alinhado com a direção que Deus lhe deu, vá com fé!

AÇA A SUA ORAÇÃO DO DIA

110

"Esta é minha ordem: Seja forte e corajoso! Não tenha medo nem desanime, pois o Senhor, seu Deus, estará com você por onde você andar."

(JOSUÉ 1:9 NVT)

Oração

Perdoe-me, Senhor, por nem sempre ser forte e corajoso o suficiente para enfrentar os obstáculos diários. Eu sei que isso são impedimentos para que eu prossiga vencendo. Ajude-me, Senhor, nas minhas fraquezas, e me tornarei forte e corajoso em Ti. Amém.

111

"Em tudo somos atribulados, mas não angustiados; perplexos, mas não desanimados."

(2 CORÍNTIOS 4:8 ACF)

CONTINUAR APESAR DO DESÂNIMO

O desânimo surge de várias formas e por diferentes razões.

O desânimo pode vir de uma situação difícil, de um cansaço profundo, da ingratidão por parte de outras pessoas, de uma traição ou até mesmo de uma perda significativa.

Essas experiências nos abalam e, muitas vezes, nos fazem querer desistir.

Nem sempre caminharemos com ânimo, nem sempre estaremos repletos de alegria, energia ou força. Em alguns momentos da vida, vamos ter de decidir continuar, mesmo desanimados.

Não permita que o desânimo o derrote.

Eu quero lhe dizer: seja persistente, confie em Deus e espere Nele, o Senhor renovará suas forças.

Oração

Senhor, ajude-me nas minhas dificuldades e não permita que eu desanime diante delas. Seja a Sua alegria a minha força. Venha com Sua virtude e me fortaleça. Alegre os meus dias, Espírito Santo. Em nome de Jesus, amém.

FAÇA A SUA ORAÇÃO DO DIA

FERIDAS NÃO TRATADAS

- Atitudes de ira, discussões e violência revelam feridas antigas que ainda não foram expostas à luz.
- Quando estamos feridos, nos protegemos e nos justificamos, e isso nos impede de viver o propósito.
- Quando não tratamos nossas feridas, ferimos pessoas e, assim, sabotamos a nós mesmos e impedimos o Espírito Santo de agir.
- Quando escondemos o que sentimos, acumulamos sofrimento em nossas vidas.
- Exponha suas dores ao Espírito Santo e busque a ajuda necessária para ser livre.
- Não esconda suas feridas.

FAÇA A SUA ORAÇÃO DO DIA

"Portanto, confessem os seus pecados uns aos outros e orem uns pelos outros para serem curados."

(TIAGO 5:16A NVI)

Oração

Deus de amor, apresento o meu coração diante do Senhor. Examine as minhas feridas e sare-me, pois preciso de Seu bálsamo de cura. Dou-Lhe liberdade, Espírito Santo, para limpar a minha alma de todas as mazelas do passado. Venha sobre mim, Senhor, e limpe-me de toda mágoa e raiz de amargura. Em nome de Jesus, amém.

113

"Pois os nossos sofrimentos leves e momentâneos estão produzindo para nós uma glória eterna que pesa mais do que todos eles."

(2 CORÍNTIOS 4:17 NVI)

Oração

Pai, por vezes sinto-me fraco diante dos desafios que preciso enfrentar. Fortaleça-me e guie-me pelos Seus caminhos, livrando-me de todo mal. Ajude-me, Senhor, a andar conforme a Sua vontade todos os dias da minha vida. Em nome de Jesus, amém.

BATALHAS EM QUE O ESPÍRITO NOS CONDUZ

- Há momentos em que precisamos "comprar a briga" para estabelecer ordem e paz em nossa vida.
- Deus levou Jacó a um confronto, mas ele estava em paz, pois sabia que ali, naquele lugar, encontraria o próprio Deus.
- Algumas coisas só se alinham quando temos coragem de enfrentar o que precisa ser confrontado.
- Algumas batalhas não surgem por acaso; são lutas para as quais o próprio Deus nos conduz. Nestas, mesmo em meio ao caos, nossa alma permanece em paz.
- As lutas que vêm de Deus têm um propósito maior. Quando elas ocorrerem, pergunte a si mesmo: "Esta é uma batalha para minha promoção?".
- Saiba que as batalhas divinas o moldarão, trarão fortalecimento e promoção.

FAÇA A SUA ORAÇÃO DO DIA

SAIA DO VITIMISMO

Neste mundo, as pessoas geralmente não nos favorecem, mas estão contra nós.

A grande verdade é que teremos muitos adversários aqui nesta vida, sofreremos injustiças, infelizmente, mas não podemos carregar isso conosco.

Caso contrário, vamos pensar sempre que ficamos para trás, que todas as pessoas são más e que a injustiça reina.

Devemos andar como vencedores e entender que o Senhor defende nossa causa.

Esforce-se para superar suas dores e decepções e não se comporte como vítima. O Senhor já o fez vitorioso.

Nenhuma injustiça pode reinar se você tem Deus como seu justo juiz.

"Ele se compadece dos fracos e dos pobres, e os salva da morte. Ele os resgata da opressão e da violência, pois aos seus olhos a vida deles é preciosa."

(SALMOS 72:13-14 NVI)

Oração

Obrigado, meu Deus, por cuidar de minha vida. No Senhor sou vitorioso, e em Suas mãos entrego a minha causa. Lanço em Seu altar toda dor e todo sentimento de autocomiseração. Em nome de Jesus, amém.

FAÇA A SUA ORAÇÃO DO DIA

115

"Felizes os que promovem a paz, pois serão chamados filhos de Deus."

(MATEUS 5:9 NVT)

Oração

Senhor, eu me coloco em Suas mãos e entrego a Ti tudo o que tira a minha paz e me traz preocupações. Pai, cuide de todas as áreas da minha vida, dê-me mansidão e controle emocional. Ajude-me a discernir o momento de calar, mesmo que eu tenha razão para falar, pois quero agradar ao Senhor. Em nome de Jesus, amém.

PREFIRA A PAZ À RAZÃO

Existem situações em que o silêncio é a melhor resposta.

Muitas vezes, a justiça própria, a raiva e a vontade que sentimos de responder à altura ou de dizer "poucas e boas" devem ser entregues a Deus.

Se vivermos buscando justiça própria a todo momento, nossa paz interior será constantemente perturbada.

Entenda: em certas circunstâncias, é preciso abrir mão da razão e dos nossos direitos para preservar a paz.

A pessoa que tenta nos rebaixar ou se orgulha à nossa custa pode até parecer triunfante no momento, mas escolher reagir com mansidão é um ato de fé.

Semeie sua indignação em formato de silêncio. Não revide, escolha a paz.

FAÇA A SUA ORAÇÃO DO DIA

CONSELHOS DISFARÇADOS

Em nossa caminhada, sempre haverá situações em que seremos tentados a reagir de maneira impulsiva. Especialmente quando alguém nos ataca ou age injustamente conosco.

Precisamos entender o que o Salmo 34:14 nos ensina: "Afaste-se do mal e faça o bem; busque a paz com perseverança".

Em momentos de ataque, pessoas podem nos incentivar a revidar ou até a buscar justiça de maneira rígida, dizendo: "Você não vai deixar isso assim, vai?" ou "Tem de cobrar cada centavo do que lhe fizeram!".

Muitas vezes, conselhos vêm disfarçados de justiça, mas podem nos afastar do propósito de Deus.

Escolha o bem acima de tudo.

A sua recompensa certamente virá.

FAÇA A SUA ORAÇÃO DO DIA

116

"Felizes são aqueles que não se deixam levar pelos conselhos dos maus, que não seguem o exemplo dos que não querem saber de Deus e que não se juntam com os que zombam de tudo o que é sagrado! Pelo contrário, o prazer deles está na lei do Senhor, e nessa lei eles meditam dia e noite."

(SALMOS 1:1-2 NTLH)

Oração

Pai, perdoe as minhas falhas e meus pecados. Eu quero ser perseverante na busca da Sua Paz e da Sua justiça, quero fazer a Sua vontade e assim receber a Sua recompensa. Ajude-me, Senhor, a nunca reagir de maneira impulsiva, mesmo sendo atacado injustamente. Em nome de Jesus, que eu faça sempre somente a Sua vontade. Amém.

117

"A sabedoria é a coisa principal; adquire, pois, a sabedoria, emprega tudo o que possuis na aquisição de entendimento."

(PROVÉRBIOS 4:7 ACF)

Oração

Pai, eu preciso de sabedoria e estou disposto a dar prioridade e investir mais do meu tempo e outros recursos para buscá-la. Em nome de Jesus, eu peço então, Senhor, que me envie os recursos, inclusive recursos financeiros suficientes, e eu darei essa busca como prioridade em minha vida. Amém.

INVISTA NA SABEDORIA

- Precisamos entender que investir na sabedoria é mais valioso do que qualquer riqueza material.
- A Bíblia diz que a sabedoria precisa ser buscada, que precisamos nos esforçar para adquiri-la.
- Faltam-nos o tempo e a disposição para aprender aquilo que realmente é essencial para nossa vida.
- Frequentemente, investimos em carros, casas, ações, projetos, sonhos pessoais e no nosso futuro, mas raramente investimos em sabedoria.
- Busque os textos bíblicos que falam sobre a importância da sabedoria e tome posse desses ensinamentos.
- Invista em sabedoria para sua vida; ela trará frutos que o dinheiro nunca poderia oferecer. Isso é poderoso.

FAÇA A SUA ORAÇÃO DO DIA

118

FALE MENOS

- O silêncio é uma forma de sabedoria. Há um ditado popular que diz: "O que ninguém sabe ninguém estraga".

- Quando falamos em excesso, muitas vezes acabamos revelando nossos sonhos e o que Deus está fazendo em nossa vida.

- Precisamos entender que, pela nossa boca, muitas vezes pecamos. E até mesmo magoamos as pessoas.

- Existem momentos em que as pessoas querem que falemos, mas, às vezes, falar gera problemas para nós e para os outros.

- Procure falar apenas quando necessário, buscando sempre a edificação dos ouvintes.

- Seja mais reservado diante de certas questões.

"Quanto mais você fala, mais perto está de pecar; se você é sábio, controle a sua língua."

(PROVÉRBIOS 10:19 NTLH)

Oração

Senhor, que eu tenha discernimento e sabedoria para falar somente o necessário sobre a minha vida e não revelar meus sonhos, nem seus planos. Ajude-me para que da minha boca saiam somente palavras de edificação, de amor, de justiça e de paz para aqueles que estão ao meu redor, e assim não prejudique a mim e aos outros. Em nome de Jesus, amém.

FAÇA A SUA ORAÇÃO DO DIA

119

"Irmãos, não falem mal uns dos outros. Se criticam e julgam uns aos outros, criticam e julgam a lei. Cabe-lhes, porém, praticar a lei, e não julgá-la."

(TIAGO 4:11 NVT)

Oração

Senhor, queime os nossos lábios impuros, perdoe-nos quando O entristecemos, Espírito Santo. Ajude-nos para que da nossa boca saiam somente palavras verdadeiras e edificantes. Repreendemos todo espírito de fofoca e maledicência. Em nome de Jesus, amém.

CUIDADO COM QUEM ABRE O CORAÇÃO

Quando alguém chega até você e começa a falar mal do próprio patrão ou líder, há duas possibilidades: ou você está conhecendo o coração dessa pessoa, ou Deus o está alertando sobre algo.

Ao se compartilhar algo muito íntimo, é fundamental que seja com alguém íntegro e confiável, com quem já se tenha certa intimidade.

Expor as fraquezas de outra pessoa a qualquer um coloca não só o outro em uma posição vulnerável, mas também você mesmo.

E você pode perguntar: "Mas será que essa pessoa realmente está dizendo a verdade?". Pode ser que sim, no entanto há uma maneira correta de abordar essas questões. Posicione-se com prudência.

Tenha cautela. Cuide com quem compartilha seus segredos.

Afinal, nem sempre sabemos como a outra pessoa reagirá ao que estamos dizendo.

FAÇA A SUA ORAÇÃO DO DIA

ORGANIZAÇÃO PROVÉM DE DEUS

Quando somos organizados, conseguimos ter clareza sobre nossas responsabilidades e recursos. Assim, sabemos o que precisamos pagar, o quanto podemos gastar, e temos a segurança por saber exatamente onde cada coisa está.

A desorganização pode ser um caminho para a falência, pois impede que os recursos sejam bem administrados e que as decisões sejam tomadas com sabedoria.

Na vida pessoal ou profissional, a falta de organização gera confusão e ansiedade.

Toda desordem, seja em casa, seja em uma empresa, cria um ambiente propício ao desperdício e ao prejuízo. A ordem sempre trará favor.

Aprenda a ser organizado com os recursos que Ele lhe deu.

Honre as bênçãos de Deus.

"A bênção do Senhor é que enriquece; e não traz consigo dores."

(PROVÉRBIOS 10:22 ACF)

Oração

Senhor meu Deus, eu quero ser organizado em todas as diferentes áreas da minha vida. Ajude-me, oriente os meus próximos passos, para que eu colha todas as bênçãos que já foram liberadas por Ti para minha vida. Em nome de Jesus, amém.

FAÇA A SUA ORAÇÃO DO DIA

SEJA FORTE
E CORAJOSO!
Não tenha medo
nem desanime,
pois o Senhor,
seu Deus,
ESTARÁ COM
VOCÊ POR ONDE
VOCÊ ANDAR.

121

DESORDEM = MALDIÇÃO

- A destruição de um patrimônio ou até mesmo de uma empresa começa com a desordem.
- A desordem é como uma rachadura pequena no início, mas capaz de comprometer toda a estrutura ao longo do tempo. Começa com um detalhe, uma brecha.
- A desordem externa revela a condição interna do coração humano e pode gerar muitas maldições.
- Quando a desordem se torna nítida, é quase irreversível e insustentável, ameaçando romper o que foi construído com esforço. Procure reverter a situação enquanto há tempo.
- É preciso buscar a sabedoria e a graça de Deus, pedindo discernimento para não vivermos uma vida desorganizada e caótica.
- Mantenha a ordem, tanto no ambiente ao seu redor quanto em sua vida espiritual.

"Pois Deus não quer que nós vivamos em desordem, e sim em paz. Como em todas as igrejas do povo de Deus."

(1 CORÍNTIOS 14:33 NTLH)

Oração

Senhor, em nome de Jesus, eu peço sabedoria, graça e discernimento para viver uma vida organizada, alinhada em seus propósitos, e assim possa prosperar em todas as áreas. Ajude-me, Pai, a eliminar a desordem, o caos, e a fechar essa brecha livrando-me das maldições decorrentes. Em nome de Jesus, amém.

FAÇA A SUA ORAÇÃO DO DIA

122

O SUCESSO INCOMODA OS INVEJOSOS

"Em Deus faremos proezas, porque ele mesmo pisará os nossos adversários."

(SALMOS 108:13 NAA)

Toda vez que você prosperar, enfrentará contrariedade. Toda vez que alguém cresce, surgem opositores.

Quando sua empresa prospera ou novas oportunidades surgem, isso desperta a inveja – seja de concorrentes, vizinhos ou até de familiares e amigos. Esse tipo de reação é inevitável.

Mas não podemos descer ao nível dessas pessoas, respondendo a indiretas e nos desgastando nas redes sociais.

Lembre-se: Jesus foi criticado e mesmo assim seguiu firme até o fim.

Quando Deus começa a usar a sua vida, as críticas aparecem. Apesar delas, permaneça firme em sua missão.

Ignore as críticas dos invejosos. Não caia em provocações.

Oração

Senhor, eu peço, em nome de Jesus, que os meus propósitos estejam alinhados aos Seus propósitos. Ajude-me a permanecer firme na minha missão, ignorando as críticas e provocações dos invejosos. Eu coloco a minha vida e os meus opositores em Suas mãos, Pai, entre com providência. Amém.

FAÇA A SUA ORAÇÃO DO DIA

O INJUSTO SOFRERÁ O DANO

"Não se deixem enganar: de Deus não se zomba. Pois o que o homem semear, isso também colherá."

(GÁLATAS 6:7 NVI)

A justiça de Deus não ignora nossas atitudes. Ele não quebra Seus princípios, e tudo o que semeamos, mais cedo ou mais tarde, colheremos.

Quando tratamos alguém injustamente, seja um colega, um funcionário, o patrão ou um caixa de supermercado, estamos atraindo consequências negativas para a nossa vida.

Uma das piores sementes que podemos plantar é sermos injustos com as pessoas.

Já percebeu que algumas pessoas vivem rodeadas de problemas? Muitas vezes, isso é resultado de uma postura egoísta e injusta, em que elas acreditam estar sempre certas e acima dos outros.

Honre as pessoas ao seu redor e plante o que deseja colher.

Lembre-se: ninguém é maior ou melhor só porque ocupa uma posição diferente ou paga por um serviço. Se você quer atrair bênçãos, busque ser justo.

Oração

Pai, em nome de Jesus, eu peço perdão por meus pecados. Constranja-me dos meus erros para que em mim haja arrependimento e mudança de atitude. Ajude-me a ser justo com os outros e a plantar boas sementes na vida das outras pessoas. Amém.

FAÇA A SUA ORAÇÃO DO DIA

124

"Quem é verdadeiramente sábio usa poucas palavras; quem tem entendimento controla suas emoções."

(PROVÉRBIOS 17:27 NVT)

PRESERVE A DISCRIÇÃO

Algumas pessoas parecem estar sempre à procura de detalhes que não lhes dizem respeito. Elas querem saber quanto você pagou, o que você tem, quais são seus planos e projetos...

Quando deixamos que Deus se encarregue de revelar as nossas bênçãos, no tempo certo, nossa confiança n'Ele é fortalecida.

Nem todos precisam saber tudo sobre você. Não vale a pena abrir a sua vida para quem não entende o que Deus está fazendo.

Muitas vezes, sentimos necessidade de mostrar para o mundo que Deus tem nos honrado e abençoado. Mas a melhor expressão disso sempre será a gratidão e adoração a Deus.

Não precisamos nos preocupar em aparecer. Quem precisa ver, verá.

Preserve a sua história; compartilhe apenas o que for necessário.

Oração

Ajude-me, Senhor, a falar somente o necessário e, mesmo que me indaguem, que eu saiba preservar minha história. Pai, em nome de Jesus, dê-me sabedoria para que eu não abra a minha vida para curiosos e para quem não vai entender a obra que o Senhor está fazendo em mim. Amém.

FAÇA A SUA ORAÇÃO DO DIA

DIREÇÕES DE DEUS DÃO ACESSO A RIQUEZAS

125

Há muitos caminhos para alcançar o sucesso neste mundo, mas existe um caminho especial, único, que nos conduz a uma prosperidade completa.

A Bíblia nos ensina que, quando obedecemos e seguimos as direções de Deus, Ele nos exalta acima das nações.

Se não reconhecermos as direções de Deus, não identificaremos as portas abertas para a prosperidade verdadeira e abundante. Cada direção leva a um acesso.

O caminho da prosperidade passa pela capacidade de ouvir e obedecer às direções de Deus.

É Deus que ilumina nosso caminho para encontrarmos as oportunidades certas.

Ouvir Deus pode revelar a você riquezas e bênçãos profundas que já estão disponíveis para aqueles que Nele confiam e Lhe obedecem.

"Mas isto lhes ordenei: Dai ouvidos à minha voz, e eu serei o vosso Deus, e vós sereis o meu povo; e andai em todo o caminho que eu vos mandar, para que vos vá bem."

(JEREMIAS 7:23 AA)

Oração

Pai, eu oro para que o Seu Espírito Santo esteja comigo em todos os momentos da minha vida. Fale comigo com clareza, Senhor, e capacite-me a ouvir e reconhecer a Sua voz para que eu compreenda, obedeça-Lhe e possa acessar as bênçãos de riqueza e prosperidade em todas as áreas da minha vida. Em nome de Jesus, amém.

FAÇA A SUA ORAÇÃO DO DIA

126

"Porque todos os que são guiados pelo Espírito de Deus são filhos de Deus."

(ROMANOS 8:14 NVI)

Oração

Você é bem-vindo, Espírito Santo, leve-me a lugares específicos onde eu possa florescer. Eu quero ser totalmente guiado pelo Senhor e assim viver a Sua plenitude na minha vida. Derrame a Sua unção e transforme a minha vida. Em nome de Jesus, amém.

LUGAR GEOGRÁFICO PARA FLORESCER

Às vezes você permanece em certos lugares por um, dois, três anos ou até mais, mas não experimenta crescimento.

Duas coisas podem estar acontecendo quando não vemos crescimento: ou estamos limitando o poder de Deus, ou não estamos no lugar onde Ele deseja que estejamos.

Se tudo o que você realiza ali parece pequeno, sem progresso, se o que você semeia não produz frutos visíveis, isso pode ser um sinal de que é preciso buscar direção no Espírito Santo.

Quando o Espírito Santo conduz a sua vida, Ele o levará a lugares onde seus dons florescerão.

Sem a plenitude do Espírito Santo, sua vida não experimentará o verdadeiro crescimento.

Assim, duas coisas são essenciais: ser guiado pelo Espírito Santo e ter comunhão com Ele.

FAÇA A SUA ORAÇÃO DO DIA

SUA MISSÃO PASSA PELA IGREJA

Nossa missão passa, inevitavelmente, pela igreja. Esse deve ser nosso entendimento.

Embora algumas pessoas nos machuquem na igreja, também há pessoas que nos curam. Quando somos guiados pelo Espírito Santo, aprendemos a amar até aqueles que são difíceis de amar.

Mesmo assim, muitos têm motivos para não quererem frequentar uma igreja, só que esses motivos não estão respaldados pela Palavra de Deus, pois a Bíblia nos dirige a congregar.

Quando estamos debaixo da direção do Espírito Santo, nos sentimos motivados a ser igreja e frequentar o templo.

Sirva à igreja e alegre-se por isso.

Sua missão em Deus só será completa quando você servir pessoas dentro do Corpo de Cristo.

FAÇA A SUA ORAÇÃO DO DIA

"E Deus me escolheu para ser servo da Igreja e me deu uma missão que devo cumprir em favor de vocês. Essa missão é anunciar, de modo completo, a mensagem dele."

(COLOSSENSES 1:25 NTLH)

Oração

Pai, eu quero ser guiado por Seu Santo Espírito e seguir na direção que o Senhor planejou para a minha vida. Ajude-me a completar a minha missão. Mude em mim o que precisa ser mudado para que eu Lhe sirva no lugar que o Senhor quer que eu sirva. Em nome de Jesus, amém.

128

"O meu mandamento é este: amem-se uns aos outros como eu os amei."

(JOÃO 15:12 NVI)

Oração

Senhor, em nome de Jesus, eu peço que retire de mim tudo o que não provém de Ti e tudo o que não Lhe agrada. Guie-me com o Seu Santo Espírito para que eu possa suportar o desafio de permanecer dedicado à missão e propósito ao qual o Senhor me criou. Eu quero um caráter como o Seu e amar da mesma forma que o Senhor ama a todos, sem distinção. Amém.

AME COMO JESUS

É uma grande bênção quando o Espírito Santo está no controle de uma igreja.

Onde quer que estejamos, é essencial amarmos as pessoas e demonstrarmos o amor de Deus que habita em nossos corações.

No entanto, isso não significa ausência de problemas.

Acredito que uma pessoa guiada pelo Espírito Santo consegue suportar desafios e permanece dedicada à missão e ao propósito que Deus lhe deu, mesmo convivendo com pessoas difíceis.

É o Espírito Santo que o capacita a ser parecido com Jesus. Renda o seu coração ao Senhor.

Somos seres humanos limitados, que ainda carregam hábitos e fraquezas que precisam ser transformados. Busque ter o caráter de Jesus.

FAÇA A SUA ORAÇÃO DO DIA

MANTENHA SUA FÉ EM MEIO À FÚRIA

Muita coisa acontece quando você mantém sua fé – muito mais do que se pode imaginar.

Foi exatamente por encararem a fornalha, em meio a circunstâncias desfavoráveis e à fúria dos homens, que os amigos de Daniel receberam uma recompensa grandiosa. Eles foram honrados publicamente, e sua fidelidade se tornou um poderoso testemunho para a glória de Deus.

Certamente foi difícil para Sadraque, Mesaque e Abednego manterem sua fé.

Quando você está sendo desafiado a manter firme a sua convicção e a ter coragem para seguir em frente, pode ser difícil. Mas os mesmos desafios que parecem ser difíceis demais são os que o forjam.

Quando provado pelo fogo, mantenha-se firme na fé.

Deus transforma um ambiente de pressão em um cenário de vitória.

FAÇA A SUA ORAÇÃO DO DIA

129

"'Porque a sua fé é muito pequena', respondeu Jesus. 'Eu lhes digo a verdade: se tivessem fé, ainda que do tamanho de uma semente de mostarda, poderiam dizer a este monte: Mova-se daqui para lá, e ele se moveria. Nada seria impossível para vocês.'"

(MATEUS 17:20 NVT)

Oração

Deus poderoso, ajude-me a manter-me firme na fé e que a minha fidelidade venha a ser um poderoso testemunho para a honra e glória do Senhor. Eu repreendo toda a fúria do inimigo em nome de Jesus e rejeito e renego toda a incredulidade. Eu tomo posse da vitória que o Senhor já tem preparada para mim. Amém.

130

"A rebeldia é um pecado tão grave quanto a feitiçaria, e persistir no erro é um mal tão grave quanto adorar ídolos. Assim como você rejeitou a ordem do Senhor, ele o rejeitou como rei."

(1 SAMUEL 15:23 NVT)

A REBELDIA CONDUZ À DESTRUIÇÃO

Pessoas que promovem divisão ou incitam a rebeldia estão quebrando princípios fundamentais, como o da honra e o respeito pela autoridade.

A Bíblia nos alerta que a rebeldia é um pecado grave que conduz à destruição.

Não devemos dar ouvidos àqueles que desprezam esses valores tão preciosos.

Toda pessoa que incentiva a rebeldia, que ensina que não é preciso honrar pais, chefes, líderes espirituais ou mentores, está promovendo algo destrutivo.

Não plante rebeldia, nem ouça aqueles que promovem discórdia e desunião.

Há pessoas que não percebem que a resistência e as dificuldades que enfrentam na vida podem estar ligadas a uma postura de divisão e rebeldia.

Oração

Deus de maravilhas e de poder, entrego o controle da minha vida em Suas mãos. Confio na Sua direção para minha vida e reafirmo a minha total dependência ao Seu Santo Espírito. Em nome de Jesus, arranque de minha vida toda rebeldia e afaste de mim todos aqueles que possam incitar-me à rebeldia, pois quero Lhe obedecer, Pai. Amém.

FAÇA A SUA ORAÇÃO DO DIA

DESORDEIROS NÃO TÊM BONS DESTINOS

Muitas vezes, há pessoas que, por não pertencermos à sua família ou grupo, nos ignoram e nos excluem.

A Bíblia nos fala sobre Seba (2 Samuel 20), um homem desordeiro que se opunha a Davi e incitava constantemente o povo de Israel à rebeldia contra o rei.

O espírito de difamação estava presente nesse homem, e possivelmente não aceitou Davi por este não ser da sua tribo.

Este homem, chamado Seba, não teve um bom destino, por causa de sua atitude. Acredito que pessoas como ele nunca acabam bem.

Não se deixe envolver em situações que desrespeitem o que o Senhor estabeleceu.

Honre aqueles que Deus colocou em sua vida, mesmo quando nem tudo parece perfeito.

FAÇA A SUA ORAÇÃO DO DIA

"Irmãos, honrem seus líderes na obra do Senhor. Eles trabalham arduamente entre vocês e lhes dão orientações."

(1 TESSALONICENSES 5:12 NVT)

Oração

Pai, perdoe os meus pecados, tire da minha vida tudo e todos que não provêm do Senhor e tudo o que não Lhe agrada. Faça em mim a Sua vontade, Senhor. Em nome de Jesus, eu peço que me guie dando entendimento, a fim de que as minhas atitudes me conduzam a um bom destino. Amém.

"Destruirei aqueles que falam mal dos outros pelas costas e não suportarei os orgulhosos e os arrogantes."

(SALMOS 101:5 NTLH)

Oração

Senhor, ajude-me a falar de forma responsável e somente o necessário. Em nome de Jesus, guie as minhas palavras, para que eu comunique apenas o que for para edificação, pois quero falar sempre a verdade, com integridade e responsabilidade em minha fala, sem críticas aos outros e principalmente sem criticar lideranças. Amém.

NÃO FALE DE FORMA IRRESPONSÁVEL

Muitas pessoas têm falado de forma irresponsável, e quem age assim, mais cedo ou mais tarde, enfrenta sérias consequências por isso.

Se você está insatisfeito com o lugar onde trabalha ou congrega, peça a bênção, para sair de maneira ordenada e íntegra.

Precisamos ter muito cuidado ao agir de forma impulsiva e desrespeitosa.

Não se trata de um simples desacordo ou de uma ofensa pessoal, mas de princípios que não devem ser quebrados.

Se for necessário, mude-se para outro lugar, mas nunca ataque ou difame um líder ou uma igreja.

Evite criticar sua liderança, dirigindo-se a ela sempre com responsabilidade, integridade e verdade.

FAÇA A SUA ORAÇÃO DO DIA

SOBERBA X HUMILDADE

133

- A soberba é a raiz de muitas coisas ruins que se manifestam na vida de uma pessoa.
- O soberbo não é apenas aquela pessoa que se acha "o rei da cocada preta". Também é aquele que não se dobra diante de Deus, que resiste à Sua voz.
- O soberbo, na verdade, está alterando o seu destino com atitudes erradas no coração.
- Quando uma pessoa é soberba, ela está moldando um futuro que não foi planejado por Deus.
- Diante do chamado divino, coloque-se em posição de humildade e obediência.
- Vasculhe seu coração e procure sempre se humilhar diante de Deus, renunciando a toda soberba ou sentimento de altivez.

"A soberba do homem o abaterá, mas a honra sustentará o humilde de espírito."

(PROVÉRBIOS 29:23 ACF)

Oração

Pai, eu renuncio a toda soberba e todo sentimento de altivez. Peço perdão, Senhor, por todas as vezes que eu resisti à Sua voz e por isso não me dobrei ao Seu chamado. Peço que me ajude a ser humilde, obediente, e que não mais resista à Sua voz. Em nome de Jesus, amém.

FAÇA A SUA ORAÇÃO DO DIA

134

"Semelhantemente vós, jovens, sede sujeitos aos anciãos; e sede todos sujeitos uns aos outros e revesti-vos de humildade, porque Deus resiste aos soberbos, mas dá graça aos humildes. Humilhai-vos, pois, debaixo da potente mão de Deus, para que, a seu tempo, vos exalte."

(1 PEDRO 5:5-6 ARC)

Oração

Senhor, em nome de Jesus, liberte-me de todo orgulho e dê-me um coração ensinável, para que eu ouça o que os outros têm a dizer e só então saiba discernir o certo do errado. Pai, se eu estiver errado, constranja-me, traga arrependimento e correção. Livre-me de todo mal em nome de Jesus, amém.

NEM SEMPRE SUA OPINIÃO SERÁ ACEITA

Há pessoas que estão tão convencidas de que estão certas que ninguém consegue convencê-las do contrário.

Isso ajuda a identificar uma pessoa orgulhosa. Normalmente, ela está convicta de que apenas suas opiniões são corretas, enquanto todos ao seu redor estão errados.

Nunca feche os ouvidos para quem o questiona sobre a esperança da sua salvação.

Quando acreditamos que só nós estamos certos, isso pode ser um sinal de orgulho.

O verdadeiro norte para a nossa fé e vida deve ser a Palavra de Deus. Devemos seguir as direções de Deus contidas em Sua Palavra.

Esteja aberto a ouvir, refletir e compartilhar com humildade o que Deus lhe ensinou.

FAÇA A SUA ORAÇÃO DO DIA

REFERÊNCIA E LUZ

“Sei viver na necessidade e também na fartura. Aprendi o segredo de viver em qualquer situação, de estômago cheio ou vazio, com pouco ou muito. Posso todas as coisas por meio de Cristo, que me dá forças.”

(FILIPENSES 4:12-13 NVT)

Existem pessoas que o veem como referência, que se inspiram na sua força e perseverança.

Talvez você esteja enfrentando um grande desafio agora, mas saiba que há pessoas enfrentando desafios ainda maiores e que permanecem firmes porque veem você firme.

Você precisa entender que desistir não é uma opção.

Ao longo dos anos, recebi muitos testemunhos de como Deus usou minha vida para abençoá-las. Alguns marcaram meu coração de forma especial, como crianças que vieram até mim, emocionadas, compartilhando essas bênçãos.

Não pare.

Continue sendo luz e referência para as pessoas.

Oração

Pai, perdoe-me, porque por vezes penso até em desistir. São tantas afrontas e desafios que sou tomado pela vontade de parar. Ajude-me, Senhor, a ser perseverante e permanecer firme no propósito de ser luz, gastar minha vida em adoração ao Senhor e abençoar a vida de outras pessoas que possam estar me vendo como referência. Em nome de Jesus, amém.

FAÇA A SUA ORAÇÃO DO DIA

136

"Por isso não desanimamos. Embora exteriormente estejamos a desgastar-nos, interiormente estamos sendo renovados dia após dia."

(2 CORÍNTIOS 4:16 NVI)

Oração

Meu Deus e Pai, por vezes não compreendo o Seu agir, mas em nome de Jesus eu oro ao Senhor e peço ajuda para suportar esse processo. Dê-me serenidade, coragem e força, pois são tantas mudanças, tantas transformações que me trazem insegurança. Senhor, eu coloco tudo em Suas poderosas mãos. Amém.

NEM TODO PROCESSO É COMPREENSÍVEL

Às vezes questionamos o motivo de tantas mudanças e transformações repentinas. Você sabe por que tudo isso? Porque Deus o está conduzindo a um patamar mais elevado.

As mudanças ocorrem porque Deus o está tirando de uma zona de conforto para conduzi-lo a um tempo totalmente novo, que você pediu em oração.

Talvez você tenha imaginado que Deus faria alterações de um jeito e Ele fez de outro.

O fato é que nem sempre conseguimos entender o processo de Deus em nossas vidas.

Você precisa confiar no que Deus está fazendo.

Não existem mãos mais seguras do que as de Deus.

FAÇA A SUA ORAÇÃO DO DIA

NÃO ABRA MÃO DOS PRINCÍPIOS

Ao entrarmos em uma nova temporada, somos apresentados a novas oportunidades e amizades.

Quando Deus o conduz a um novo trabalho e lhe oferece oportunidades inéditas, você conhece pessoas e se depara com experiências diferentes.

É fácil desviar-se da direção divina ao se deixar impressionar com coisas que nunca experimentou antes.

Algumas pessoas podem ser como águias, que nos elevam, enquanto outras podem ser verdadeiros tubarões, prontas para nos tragar.

Acredite no propósito de Deus e no processo, mas não abra mão dos princípios que Ele já colocou em seu coração.

Tenha discernimento espiritual para não cair em armadilhas que possam interromper seu destino.

FAÇA A SUA ORAÇÃO DO DIA

"Que aproveita ao homem ganhar o mundo inteiro e perder a sua alma?"

(MARCOS 8:36 ARA)

Oração

Pai, obrigado por Seu amor e cuidado. Eu peço, em nome de Jesus, por discernimento espiritual, a fim de distinguir as pessoas e não cair em armadilhas. Senhor, que eu não abra mão dos Seus princípios vindo a desviar-me da Sua direção, impressionado com coisas que ainda não experimentei. Amém.

138

SEJA FIEL

"De um encarregado espera-se que seja fiel."

(1 CORÍNTIOS 4:2 NVT)

- Deus está prestes a transformar muitas áreas da sua vida, e você contemplará a Sua glória.
- Mantenha seus princípios intactos e não ignore aquilo que Deus colocou em seu caminho.
- Apesar das dificuldades, não se desvie do seu propósito.
- Se for necessário dizer não, diga. Se precisar se levantar de uma mesa, faça isso.
- Permaneça firme, pois a certeza de que você será elevado não depende das amizades ao seu redor.
- Seja fiel ao seu propósito e ao processo que Deus estabeleceu para você.

Oração

Obrigado, Senhor, por Sua bondade e eterna misericórdia. Seguro estou nos Seus braços. Coloco tudo em Suas mãos, ó Deus, e peço que a Sua graça me alcance. Em nome de Jesus, ajude-me a ser fiel a Ti, ao propósito e ao processo que o Senhor preestabeleceu para a minha vida. Amém.

FAÇA A SUA ORAÇÃO DO DIA

SE DEUS PEDIU, ELE PROVERÁ

139

"Confie no Senhor de todo o coração e não se apoie na sua própria inteligência."

(PROVÉRBIOS 3:5 NTLH)

Nem sempre os ajustes que Deus pede para fazermos em nossas vidas são agradáveis ou fáceis.

As alterações em nosso destino podem afetar nossas emoções, nosso tempo, nossos relacionamentos e, em alguns casos, até mesmo nossas finanças.

Se Deus falou algo ao seu coração e você sente que não pode mais prosseguir com determinada situação, é fundamental crer que Ele proverá de maneira sobrenatural.

Muitas vezes, mudanças irão exigir muito de nós.

Decida não continuar em algo que desagrada a Deus.

Confie que será suprido em todas as áreas da sua vida. Apenas faça o que Deus pediu.

Oração

Pai, eu oro, em nome de Jesus, por um coração obediente e disposto a obedecer e realizar todos os ajustes que o Senhor tem me pedido, mesmo que isso afete minhas emoções, meu tempo, meus relacionamentos ou até mesmo minhas finanças, pois sei que não posso mais prosseguir com essa situação. Eu confio que o Senhor proverá de maneira sobrenatural todas as minhas necessidades. Amém.

FAÇA A SUA ORAÇÃO DO DIA

140

"Bendito seja o Senhor, minha rocha, que adestra as minhas mãos para a peleja e os meus dedos para a guerra."

(SALMOS 144:1 AA)

Oração

Senhor, eu confio na Sua direção para minha vida, minha família e meus negócios. Coloque uma disposição em meu coração para obedecer-Lhe prontamente mesmo diante dos desafios impostos por Suas direções. Que eu seja desapegado deste mundo, pois sei que os Seus planos são perfeitos para minha vida. Em nome de Jesus, amém.

A DIREÇÃO DE DEUS É DESAFIADORA

Muitas pessoas têm inclinação a poetizar uma direção de Deus.

Deus falou com Jacó enquanto ele passava anos sob a opressão de Labão, que o enganava e o explorava. Ele mandou Jacó sair daquele lugar. No entanto, certamente essa saída não foi agradável.

Porém, toda direção divina vem acompanhada de renúncia.

Para seguir uma direção de Deus, é necessário agir, pois ela sempre impactará sua vida de alguma forma. Quando olho para a vida de homens como Jacó, percebo isso claramente.

Não espere que os outros compreendam a direção que Deus lhe deu.

Mesmo que a jornada impacte sua vida, siga-a com determinação e fé.

FAÇA A SUA ORAÇÃO DO DIA

CUIDADO COM AS PERSPECTIVAS NEGATIVAS

141

A murmuração e o pessimismo destroem a esperança, minam a alegria e nos impedem de experimentar a plenitude.

A Bíblia nos mostra o relato dos doze espias. Enquanto Josué e Calebe acreditavam na promessa de Deus e estavam prontos para avançar, os outros dez divulgaram um relatório pessimista. Esse relatório negativo contaminou grande parte do povo.

Ouvir pessoas negativas, murmuradoras ou incrédulas é perigoso.

As palavras negativas podem roubar a nossa fé, distorcer nossa visão e nos afastar do que Deus tem para nós.

Escolha ouvir aqueles que caminham com Deus e o encorajam a viver pela fé.

Cuide quem você permite que fale aos seus ouvidos.

"Então, Calebe fez calar o povo perante Moisés e disse: Subamos animosamente e possuamo-la em herança; porque, certamente, prevaleceremos contra ela."

(NÚMEROS 13:30 ARC)

Oração

Meu Pai querido, filtre os meus ouvidos para que eu não escute as vozes negativas, mas, sim, as que me encorajam e aumentam a minha fé. Retire todo desânimo, tristeza e negativismo, em nome de Jesus. Não permita que as circunstâncias e situações me contagiem, mas que eu siga avançando em fé. Amém.

FAÇA A SUA ORAÇÃO DO DIA

142

"Bendito o homem que confia no Senhor, e cuja confiança é o Senhor. Porque será como a árvore plantada junto às águas, que estende as suas raízes para o ribeiro, e não receia quando vem o calor, mas a sua folha fica verde; e no ano de sequidão não se afadiga, nem deixa de dar fruto."

(JEREMIAS 17:7-8 ACF)

Oração

Senhor Jesus, agradeço pelas bênçãos e peço destreza para lidar com os desafios inerentes a elas. Encha-me de sabedoria e dê-me estratégias para que eu conquiste aquilo que o Senhor já decretou ser meu. Peço que me ajude a identificar os ambientes desafiadores portadores das minhas bênçãos. Em nome de Jesus, amém.

O CAMINHO PARA A BÊNÇÃO

As bênçãos que Deus preparou para você são grandes, mas exigirão investimento, dedicação, disciplina e, sobretudo, muita fé e oração.

Quero afirmar que, no caminho para a bênção, haverá oposição. E, diante da grandeza dessa bênção, as coisas podem se tornar desafiadoras.

Se o que você almeja não o leva a orar ou a buscar novas estratégias, talvez não seja isso que Deus tenha reservado para você.

Quando algo realmente vem de Deus para sua vida, traz inspiração e desafios, o que inevitavelmente trará grandes mudanças na sua vida, e você glorificará o nome do Senhor.

As bênçãos recairão sobre você na rota do seu propósito.

Ao contrário do que muitos pensam, a bênção de Deus gera desafios.

FAÇA A SUA ORAÇÃO DO DIA

DEIXE DEUS NO TRONO

143

"O teu trono, ó Deus, é eterno e perpétuo; o cetro do teu reino é um cetro de equidade."

(SALMO 45:6 ACF)

É fundamental entender que existe um espaço que não pode ser dividido com nada nem ninguém. Esse é o lugar de prioridade, onde somente Deus deve estar.

Coloque Deus no trono da sua vida e não permita que nada mais ocupe esse lugar.

Frequentemente dizemos que nossa vida pertence a Deus e que somos d'Ele, mas, na prática, temos dado prioridade a outras coisas, deixando Deus de lado.

Pergunte a si mesmo: "Quem está no trono da minha vida? É Deus ou são preocupações?".

Preocupe-se em manter Deus no trono do seu coração.

Deixe Deus ocupar o lugar de prioridade em sua vida.

Oração

Deus de poder, seja entronizado em nossa vida. Espírito Santo de Deus, nos auxilie e nos conduza para que nada tome o lugar do Senhor. Que o Senhor e Sua vontade sejam sempre nossa prioridade. Oramos sempre para que nossa mente esteja protegida de toda distração. Blinde, Senhor, os nossos corações. Em nome de Jesus, amém.

FAÇA A SUA ORAÇÃO DO DIA

NÃO MAXIMIZE SEU PROBLEMA

"Então falou Davi aos homens que estavam com ele, dizendo: Que farão àquele homem, que ferir a este filisteu, e tirar a afronta de sobre Israel? Quem é, pois, este incircunciso filisteu, para afrontar os exércitos do Deus vivo?"

(1 SAMUEL 17:26 ACF)

Um trono representa um lugar de poder e autoridade.

Quando Davi enfrentou Golias, ele nunca se referiu a ele como um gigante; em vez disso, chamou-o de "um filisteu incircunciso". Ele não o viu como um gigante porqu sabia o tamanho do seu Deus.

Nunca devemos permitir que outras coisas sejam maiores do que Deus em nossas vidas.

Davi minimizou a estatura de Golias porque se recusou a colocá-lo no trono.

Quando entronizamos Deus, as dificuldades se tornam menores diante da Sua grandeza.

Confie n'Ele e permita que Sua presença governe cada aspecto da sua vida.

Oração

Senhor Deus, peço-Lhe que Sua presença esteja sempre comigo. Tome o governo de minha vida. Afaste, Senhor, dos meus caminhos toda arma forjada de Satanás, livre-me de pessoas más e revele-me a intenção dos corações. Espírito Santo, governe todas as áreas do meu ser e ajude-me a minimizar os problemas. Em nome de Jesus, amém.

FAÇA A SUA ORAÇÃO DO DIA

A VELOCIDADE DOS ACONTECIMENTOS

Realidades e padrões estão se transformando de forma cada vez mais veloz e evidente.

A Bíblia nos alerta sobre os sinais dos últimos tempos: surgiriam falsos profetas, a tecnologia se multiplicaria, haveria guerras, rumores de guerra, fomes, pestilências – e tudo isso está diante dos nossos olhos.

Antigamente, as mudanças ocorriam de forma mais lenta. No entanto, atualmente precisamos estar atentos para não submergirmos diante da velocidade dos acontecimentos.

Se olharmos para a história, regimes políticos e sociais duravam décadas, às vezes séculos, e as transformações aconteciam de maneira gradual, diferentemente dos dias em que vivemos.

Os tempos estão mudando. Você precisa discernir a profundidade dessas mudanças.

Acompanhe a velocidade das coisas para se preparar para o novo. Use a tecnologia a favor do Reino.

"O Reino dos céus, pois, será semelhante a dez virgens que pegaram suas candeias e saíram para encontrar-se com o noivo."

(MATEUS 25:1 NVI)

Oração

Meu Deus e meu Pai, ajude-me a discernir o tempo e preparar-me para a Sua volta, Jesus. Que eu possa mover-me com a Sua sabedoria para levar a Sua palavra e o Seu amor por onde eu andar, até que o Senhor venha. Em nome de Jesus, capacite-me a usar tudo a meu favor para propagar o Seu Evangelho. Amém.

ÇA A SUA ORAÇÃO DO DIA

____

____

____

____

____

____

146

"E corramos com paciência a carreira que nos está proposta, olhando para Jesus, autor e consumador da fé, o qual, pelo gozo que lhe estava proposto, suportou a cruz, desprezando a afronta, e assentou-se à destra do trono de Deus."

(HEBREUS 12:1C-2 ACF)

Oração

Pai Santo e de amor, retire de mim toda a ignorância que me impede de enxergar o caminho que o Senhor preparou. Me mostre quem sou no Senhor, para que eu não perca a promessa. Auxilie-me a ter paciência e perseverança para avançar. Em nome de Jesus, amém.

NÃO PERCA A PROMESSA

A Bíblia nos ensina sobre progresso e avanço, chamando-nos a seguir em frente, sem retroceder.

O apóstolo Paulo nos exorta a fixar os olhos no autor e consumador da nossa fé e a correr com perseverança a carreira que nos foi proposta.

Se você sair da rota e se desviar da direção estabelecida, pode acabar perdendo a promessa.

Um dos maiores inimigos do progresso é a ignorância. Ela nos impede de enxergar o caminho que Deus preparou.

É essencial continuar avançando, constantemente.

Saiba quem você é em Deus para que não perca a promessa.

FAÇA A SUA ORAÇÃO DO DIA

CEITE NOVOS ESAFIOS

Muitas vezes, nos acomodamos e permanecemos em uma zona de conforto, aceitando desafios pequenos e limitados.

Também nos contentamos com o que é seguro e acessível, evitando aquilo que realmente nos desafia e que poderia nos tirar da zona de conforto.

Somos derrotados porque buscamos objetivos menores do que aqueles que Deus tem para nós.

Não perca recursos e oportunidades valiosas simplesmente por não estar disposto a abraçar os desafios maiores que Ele lhe oferece.

Aceite os desafios grandiosos que Deus tem para você.

Confie que Ele está com você e creia que o impossível se tornará possível.

"Porque assim como os céus são mais altos do que a terra, assim são os meus caminhos mais altos do que os vossos caminhos, e os meus pensamentos mais altos do que os vossos pensamentos."

(ISAÍAS 55:9 ACF)

Oração

Senhor Jesus, obrigado pela Sua palavra. Dê-nos Sua graça para que sejamos proativos e conquistemos até o impossível. Ajude-nos a reagirmos positivamente aos Seus planos. Não permita vacilos e inseguranças. Que o espírito de comodismo, que nos coloca na zona de conforto, caia por terra. Em nome de Jesus, amém.

ÇA A SUA ORAÇÃO DO DIA

"Pois Deus não nos deu espírito de covardia, mas de poder, de amor e de equilíbrio."

(2 TIMÓTEO 1:7 NVI)

Oração

Deus poderoso, aumente a minha fé e ânimo. Me ajude a enfrentar e vencer os desafios e arranque os medos que tentam me travar. Alinhe-me ao meu propósito e me dê mais força, em nome de Jesus. Eu rejeito e renego toda apatia e comodismo, no nome poderoso de Cristo Jesus. Eu tomo posse do espírito de força que o Senhor já me deu. Amém.

PRECISAMOS SER DESAFIADOS

Você já imaginou como seria a sua vida se não houvesse desafios ou metas a cumprir?

Os momentos de dificuldade podem servir como um chamado para reavaliar nosso relacionamento com Deus.

Se você se encontra em um período de conforto ou acomodação, talvez seja um bom momento para considerar novos desafios.

É verdade que muitas vezes nos voltamos a Deus de maneira mais intensa em momentos de crise e desafios.

Quando o desafio chegar, não fu dele. Enfrente-o, pois só assim o seu crescimento acontecerá.

As situações que nos desafiam muitas vezes revelam a força de nossa fé e a importância de estarmos alinhados com o propósito de Deus.

FAÇA A SUA ORAÇÃO DO DIA

ORQUESTRA DE DEUS

Deus orquestra os acontecimentos na vida das pessoas para que elas cumpram Seus propósitos.

A forma como Deus agiu na vida de Davi é um exemplo poderoso da regência de Deus em prol de um propósito. O ato do profeta Samuel de ungir Davi veio acompanhado de uma série de acontecimentos que se encaixaram no plano maior de Deus.

Não se engane. Até mesmo o encontro de Davi com Golias foi orquestrado por Deus. (Quem imaginaria que levar mantimentos para seus irmãos se transformaria em um confronto que mudaria sua vida e a história de Israel para sempre?)

Suas habilidades podem conduzi--lo ou até fazer parte do seu propósito. A necessidade de Saul por um harpista denota isso.

Comece a observar os eventos ao seu redor.

Lembre-se: Deus está no controle orquestrando os detalhes da sua vida. Creia!

A SUA ORAÇÃO DO DIA

____

____

____

____

____

____

____

149

"Tomou Samuel o chifre do azeite e o ungiu no meio de seus irmãos; e, daquele dia em diante, o Espírito do Senhor se apossou de Davi. Então, Samuel se levantou e foi para Ramá."

(1 SAMUEL 16:13 ARA)

Oração

Meu Pai amado, me unja para que eu saiba discernir os Seus planos e projetos para a minha vida. Que eu saiba caminhar rumo ao meu propósito e que eu observe os acontecimentos que estão se movendo a meu favor. Que eu venha enxergar as oportunidades que me farão alcançar o próximo nível. Em nome de Jesus, amém.

150

"Depois pegou o manto de Elias, que tinha caído, e voltou para a margem do Jordão. Então bateu nas águas do rio com o manto e perguntou: 'Onde está agora o Senhor, o Deus de Elias?' Tendo batido nas águas, essas se dividiram, e ele atravessou."

(2 REIS 2:13-14 NVI)

Oração

Senhor, meu Pai, ensine-me a utilizar o manto nesta Terra. Conduza-me nos Seus caminhos para que eu não venha a perder o manto. Que eu saiba reconhecer uma pessoa que carrega um manto e possa andar ao lado dela para aprender com ela. Senhor, derrame a unção através da revelação para que eu possa me mover no profético e cumprir o meu propósito. Em nome de Jesus, amém.

NÃO PERCA O MANTO

Quando você reconhece que alguém tem um manto, deve and perto desta pessoa, para que es unção seja herdada por você.

A unção de Deus sempre trará uma separação. Deus separou Eliseu do seu arado porque a revelação trouxe isso.

Os dons são irrevogáveis, mas o manto não, ele pode ser perdido

A revelação o separa de tudo que está fora do seu propósito e o coloca no caminho correto.

O manto é para ser usado nesta Terra. É preciso entender que é possível perder-se o manto que carrega.

Se há um "Elias" perto de você, ande com ele, submeta-se ao manto para não o perder.

FAÇA A SUA ORAÇÃO DO DIA

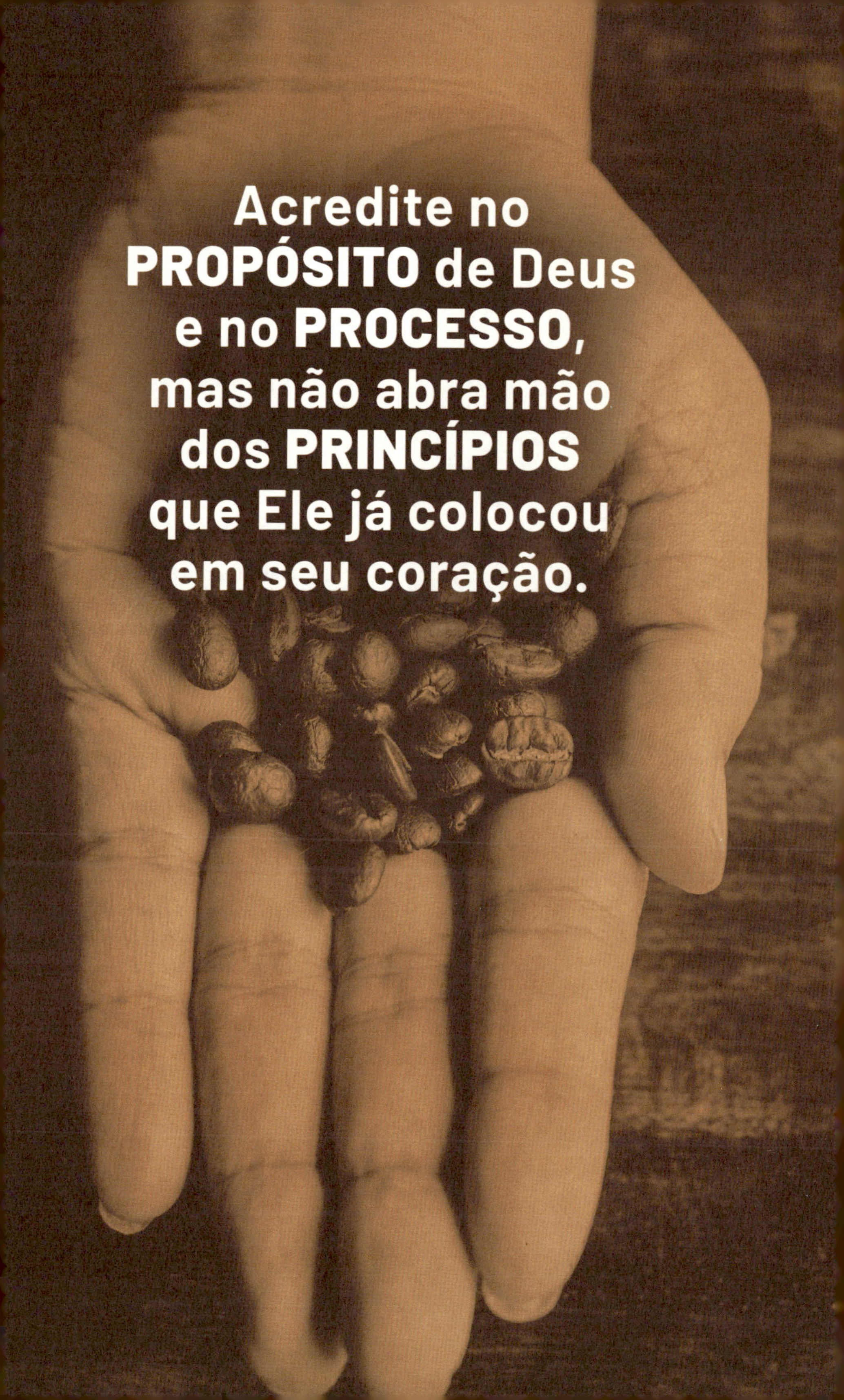
Acredite no
PROPÓSITO de Deus
e no **PROCESSO**,
mas não abra mão
dos **PRINCÍPIOS**
que Ele já colocou
em seu coração.

151

"Eis que vos envio como ovelhas ao meio de lobos; portanto, sede prudentes como as serpentes e inofensivos como as pombas."

(MATEUS 10:16 ACF)

Oração

Senhor, me cubra com Seu sangue por onde eu andar. Eu declaro, agora, que está por terra todo o plano do diabo contra a minha vida e contra a vida da minha família. Eu repreendo todo mal agora. Em nome de Jesus, amém.

MESAS INIMIGAS

Por mais que sejamos responsáveis pelas nossas ações, o inimigo tenta manipular o coração de pessoas e situações ao nosso redor para que caiamos nos laços de Satanás.

Quando o diabo quis destruir o chamado de Sansão, ele colocou uma Dalila em seu caminho. Quando o diabo quis ter abertura na família de Davi, ele colocou uma Betseba em seu caminho.

O diabo monta a mesa e prepara a cadeira para que o homem sente e se banqueteie. Então, o homem peca.

Quando o diabo deseja prender você, ele frequentemente usa uma tentação irresistível.

Seja simples como a pomba e prudente como a serpente.

Peça ao Senhor discernimento espiritual para identificar as mesas inimigas. Fuja da aparência do mal.

FAÇA A SUA ORAÇÃO DO DIA

____

____

____

____

____

____

____

____

____

____

VITÓRIAS A QUEM SUSTENTA PRINCÍPIOS

Independentemente das circunstâncias ou das pressões ao nosso redor, nossos princípios devem permanecer inabaláveis.

Davi, conhecido como o homem segundo o coração de Deus, não comprometeu os princípios divinos para obter conquistas. Já Saul fez o oposto: quebrou princípios para alcançar seus objetivos. Essa é a diferença crucial entre os dois.

Deus não age em favor daqueles que sacrificam princípios para alcançar vitórias.

Não podemos sacrificar nossos princípios para obter vitórias momentâneas, vantagens passageiras ou qualquer tipo de ganho.

Nada neste mundo justifica você quebrar os princípios estabelecidos por Deus.

Não comprometa seus valores por uma posição ou por uma oportunidade.

"Todo aquele que pratica o pecado transgride a Lei; de fato, o pecado é a transgressão da Lei. Vocês sabem que ele se manifestou para tirar os nossos pecados, e nele não há pecado."

(1 JOÃO 3:4-5 NVI)

Oração

Oro, Senhor Jesus, para que me livre de todo pecado, de toda investida do inimigo que se levanta contra minha vida. Conduza os meus caminhos para que eu não venha a transgredir os Seus princípios. Abra as portas e me guie para eu identificar as oportunidades certas e permanecer firme e vigilante nos princípios determinados pelo Senhor. Amém.

FAÇA A SUA ORAÇÃO DO DIA

____

____

____

____

____

____

____

____

____

153

"*Quando o meu espírito se desanima, és tu quem conhece o caminho que devo seguir. Na vereda por onde ando esconderam uma armadilha contra mim. Olha para a minha direita e vê; ninguém se preocupa comigo. Não tenho abrigo seguro; ninguém se importa com a minha vida.*"

(SALMOS 142:3-4 NVI)

Oração

Oro, meu Deus, para que o Senhor me livre de toda armadilha do maligno. Sustente-me para que eu não caia em erros e enganos, para que eu não venha a perder as bênçãos que o Senhor já preparou para mim. Senhor, sustente os meus passos para que eu possa construir minha vida sobre o alicerce da Sua palavra. Amém.

NÃO CAIA EM ARMADILHAS

Deus sustenta os passos daqueles que buscam agradá-Lo.

Lembre-se, a jornada nesta Terra não é uma corrida de um dia, nem uma vitória isolada. Não se trata apenas de ganhar hoje, mas de construir algo sólido e eterno.

Não se deixe levar pelas armadilhas do inimigo, isso pode custar caro: você pode perder as bênçãos que Deus preparou para a sua vida.

Na perseverança e diligência em fazer a vontade de Deus, você encontrará os tesouros escondidos.

Não busque atalhos.

Construa sua vida sobre o alicerce da Palavra, e você verá frutos duráveis para sempre.

FAÇA A SUA ORAÇÃO DO DIA

O REINO DO SENTIR

O Reino do Sentir é apenas uma pequenina amostra de muitas outras experiências admiráveis e sobrenaturais possíveis.

Se, para guiar o povo no deserto, Deus trouxe a manifestação das nuvens, relatadas no livro de Êxodo, quanto mais a nós, que temos uma revelação ainda maior do que a de Moisés e podemos atrair, aqui para esta Terra, as manifestações de Deus.

Não podemos deixar de discernir os ambientes e trazer para eles a presença de Deus.

Podemos atrair as manifestações de Deus para a nossa vida, pois quando um ambiente é impactado pelas liberações espirituais de Deus, as pessoas podem não ver, mas irão sentir e testificar que Deus está conosco, naquele ambiente.

Se estiver em guerra espiritual, em intercessão ou em uma reunião de fé, Deus traz manifestações espirituais para o ambiente, como a de anjos.

Convide Deus a estar com você em todas as situações de sua vida. Tenha a certeza de que o sobrenatural o acompanhará.

FAÇA A SUA ORAÇÃO DO DIA

____

____

____

____

154

"Eis que envio um anjo à frente de vocês para protegê-los por todo o caminho e fazê-los chegar ao lugar que preparei."

(ÊXODO 23:20 NVI)

Oração

Convido-O, ó Deus, para estar comigo todos os dias, em todas as situações que vivo. Senhor, agradeço por enviar os Seus anjos ministradores para me ajudar em cada circunstância do meu viver. Louvo o Seu nome também por cada revelação e por Suas manifestações. Que eu possa sempre atrair a Sua presença e seguir a Sua vontade. Que eu busque cada vez mais a Sua face e tenha sede de estar onde o Senhor se manifesta. Em nome de Jesus, amém.

155

"Mas aquele que se une ao Senhor é um espírito com ele."

(1 CORÍNTIOS 6:17 NVI)

Oração

Oro, meu Deus, para que eu sempre saiba quem eu sou em Cristo Jesus. Que eu identifique com clareza o meu lugar no Reino de Deus. Mesmo que inimigos se levantem contra mim, espalhando calúnias ou difamações, me mantenha inabalável, com os olhos fitos e fixos no alvo que é Jesus. Amém.

QUEM VOCÊ É?

Muitas vezes, o problema não é apenas saber para onde ir, mas saber quem somos.

Não importa o que digam, nem como olhem para você – seja de forma positiva ou negativa. O que importa é que você sabe, com confiança e segurança, quem você é.

Muitas pessoas que não sabem quem são acabam se apegando a títulos para encontrar algum senso de identidade.

Mas você precisa saber quem você é em Deus. Quando tiver essa clareza, nada o abalará.

Conheça Deus e saiba quem Ele é.

Sabendo quem é Deus, você descobrirá a sua própria identidade.

FAÇA A SUA ORAÇÃO DO DIA

MUDE A PERSPECTIVA

156

É verdade que a Bíblia é a principal maneira pela qual Ele se revela a nós.

Inúmeras pessoas acreditam que Deus só fala através da Sua Palavra. Mas Deus é criativo e pode usar diferentes meios para se comunicar.

A questão é que muitas vezes não estamos atentos à voz de Deus em nosso dia a dia.

Deus pode falar através de sinais, de pessoas ou até mesmo de circunstâncias inesperadas.

Quando passamos a entender quem Deus realmente é, compreendemos Sua multiforme graça.

Ore com mais fé e mude sua perspectiva a respeito da voz de Deus.

"Dei-lhes, entretanto, esta ordem: Obedeçam-me, e eu serei o seu Deus e vocês serão o meu povo. Vocês andarão em todo o caminho que eu lhes ordenar, para que tudo lhes vá bem."

(JEREMIAS 7:23 NVI)

FAÇA A SUA ORAÇÃO DO DIA

Oração

Senhor meu Deus, manifeste-Se na minha vida através da Sua palavra, dê-me sonhos e visões proféticas para que eu possa me conectar ao Senhor e entender os próximos passos, onde devo andar. Que eu esteja atento à Sua voz, para receber as instruções que me levarão a caminhos de bênçãos. Em nome de Jesus, amém.

157

"Vocês precisam perseverar, de modo que, quando tiverem feito a vontade de Deus, recebam o que ele prometeu."

(HEBREUS 10:36 NVI)

Oração

Oro, meu Deus, para que eu não seja procrastinador; que eu entenda os tempos de avançar e obedeça a Sua voz. Senhor, livre-me do mal e de tudo o que se levanta para roubar os Seus planos em minha vida e desviar do meu propósito. Amém.

PROCRASTINAÇÃO – INIMIGA DO AVANÇO

Um dos maiores inimigos do avanço pessoal e espiritual é a procrastinação.

Não deixe que a procrastinação, a mentalidade de "mês que vem eu começo", "ano que vem talvez dê certo" ou "quando sobrar tempo, eu faço", roube os planos e propósitos que Deus confiou a você.

Muitas vezes, a pessoa tem sonhos e objetivos claros, mas continua adiando.

Há coisas que Deus coloca no seu coração para serem feitas agora, sem adiamentos.

O momento perfeito, o tempo ideal e certo é aquele que Ele já apontou: hoje.

Levante-se, confie em Deus e comece a agir agora!

FAÇA A SUA ORAÇÃO DO DIA

CANSAÇO

O cansaço acontece porque, em muitos momentos, falta a sabedoria de Deus para lidar com as situações da vida.

Mas por que cansamos tanto? Não se trata apenas de um cansaço físico; muitas vezes é mental e até espiritual.

O cansaço torna você frágil, e isso é um grande inimigo do seu avanço.

O inimigo quer que você se contente com o que já tem e o enfrenta com batalhas na mente.

O cansaço tenta fazer você desacelerar e parar. Não aceite isso.

Peça ao Espírito Santo de Deus que o fortaleça e traga a sabedoria divina para a resolução dos problemas.

FAÇA A SUA ORAÇÃO DO DIA

158

"Ele fortalece ao cansado e dá grande vigor ao que está sem forças."

(ISAÍAS 40:29 NVI)

Oração

Senhor Jesus, fortaleça meu Espírito e me conceda forças para avançar. Renove a minha mente para lidar com situações da vida nas quais necessito de sabedoria para me posicionar. Capacite-me com inteligência emocional para que possa resolver com paciência os problemas diários. Em nome de Jesus, amém.

159

"Confie no Senhor de todo o seu coração e não se apoie em seu próprio entendimento; reconheça o Senhor em todos os seus caminhos, e ele endireitará as suas veredas."

(PROVÉRBIOS 3:5-6 NVI)

Oração

Oro, meu Pai, para que eu dependa apenas do Senhor. Que eu estabeleça minha confiança somente em Ti. Dê-me sabedoria para que eu possa encontrar pessoas com quem eu possa compartilhar minha amizade. Graças Lhe dou por ser um Pai zeloso e amoroso. Amém.

NÃO DEPENDA DISSO

É importante contar com a ajuda e o apoio dos outros, mas jamais se deve fazer disso o centro da sua vida.

Ame as pessoas, espere o melhor delas, mas sempre dependa de Deus. Uma frase de um amigo que carrego comigo diz: "Precisamos dos homens, mas não podemos depender deles".

Depender de alguém é uma postura quc pode impedi-lo de avançar.

É isso! Precisamos uns dos outros, porque ninguém realiza nada sozinho.

Há pessoas que dependem excessivamente de outras. Porém, isso precisa ser ajustado.

Busque em Deus e confie que Ele já disponibilizou em seu caminho tudo o que você precisa para cumprir o propósito que Ele lhe deu.

FAÇA A SUA ORAÇÃO DO DIA

AS FORÇAS DA MALDADE SÃO REAIS

É curioso como algumas pessoas ainda não compreenderam que Satanás é o principal obstáculo para o seu progresso.

A Bíblia nos ensina o triplo propósito do diabo: matar, roubar e destruir (João 10:10).

O diabo é real, e suas forças espirituais operam para tentar nos afastar do propósito de Deus.

Somente revestidos da armadura do Senhor podemos resistir às influências malignas e às armadilhas do inimigo.

Por isso, é essencial vivermos uma vida de oração e intimidade com Deus.

Creia que a vitória já é sua em Cristo Jesus! Viva essa verdade e prossiga com coragem, confiando no Senhor.

FAÇA A SUA ORAÇÃO DO DIA

160

"O Senhor é a minha luz e a minha salvação; de quem terei temor? O Senhor é o meu forte refúgio; de quem terei medo?"

(SALMOS 27:1 NVI)

Oração

Deus, que as setas do inimigo lançadas contra a minha vida, casa e família não prosperem. Caia por terra todo mal que se levanta para me destruir. E que sejamos revestidos de toda a armadura espiritual, blindados de toda influência maligna. Que saibamos viver com coragem confiando no Senhor que nos protege. Amém.

161

"O Deus de toda a graça, que os chamou para a sua glória eterna em Cristo Jesus, depois de terem sofrido durante pouco de tempo, os restaurará, os confirmará, lhes dará forças e os porá sobre firmes alicerces."

(1 PEDRO 5:10 NVI)

Oração

Senhor, meu Deus, me capacite com sabedoria e discernimento para passar pelas provações, a fim de que eu venha aperfeiçoar meu caráter em Cristo Jesus. Torne-me uma pessoa melhor. Que eu seja liberto de todas as amarras espirituais e cada dia mais dependente do Seu Espírito. Em nome de Jesus, amém.

APERFEIÇOAMENTO

- O Senhor permite as provas na nossa vida para trabalhar em nós, mas elas não são punições, e sim uma maneira de Deus nos aperfeiçoar.
- A intenção do Altíssimo é nos libertar, nos tornar melhores, mais dependentes Dele.
- Deus não tem o objetivo de nos fazer passar dificuldades.
- A melhor forma de tratar a soberba de alguém é fazê-lo passar por uma prova.
- Permita que o Espírito Santo o aperfeiçoe.
- Continue tendo comunhão com a voz de Deus e aprenda a ouvir suas instruções.

FAÇA A SUA ORAÇÃO DO DIA

NÃO NATURALIZE OS PREJUÍZOS

162

"Que nos consola em todas as nossas tribulações, para que, com a consolação que recebemos de Deus, possamos consolar os que estão passando por tribulações."

(2 CORÍNTIOS 1:4 NVI)

Há pessoas vivendo debaixo de tribulação constante pensando que é normal, que essas coisas acontecem, que é assim mesmo. Vivem uma sequência de eventos negativos: perdas financeiras, objetos que parecem quebrar o tempo todo, doenças que não vão embora e uma casa que nunca parece estar em ordem.

Nem tudo é meramente circunstancial; há coisas que são espirituais. Em que há algo mais profundo por trás, o dedo sujo do inimigo agindo na situação.

Há problemas que surgem repetidamente. Negócios prestes a dar certo acabam desmoronando. É como se a vida estivesse travada — o que se ganha de um lado, perde-se do outro.

Não naturalize aquilo que está trazendo prejuízo em sua vida.

Declare o fim das tribulações na sua vida, em nome de Jesus.

Levante-se em oração.

Oração

Senhor, meu Pai, livre-me de todo ataque espiritual, de todas as investidas do inimigo em minha vida. Abra meus olhos espirituais para que eu possa enxergar, passar e vencer as tribulações com jejum e oração. Declaro que caia por terra todo levante do maligno, toda batalha espiritual que estou passando. Em nome de Jesus, amém.

FAÇA A SUA ORAÇÃO DO DIA

163

"As armas com as quais lutamos não são humanas; pelo contrário, são poderosas em Deus para destruir fortalezas. Destruímos argumentos e toda pretensão que se levanta contra o conhecimento de Deus, e levamos cativo todo pensamento, para torná-lo obediente a Cristo."

(2 CORÍNTIOS 10:4-5 NVI)

Oração

Prepare-me, Senhor, meu Deus, para vencer as batalhas espirituais que chegam na minha vida. Que eu consiga enxergar o levante do inimigo e enfrentá-lo com jejum e oração. Blinde-me do mal e mostre-me o caminho da verdade. Em nome de Jesus, amém.

BATALHAS ESPIRITUAIS

Talvez sua vida esteja cheia de situações assim: coisas novas e boas chegam, mas, ao mesmo tempo, outras desmoronam. Você tenta avançar, mas sempre parece que algo fica para trás, obrigando-o a voltar e consertar.

Muitos tentam resolver no natural algo que só pode ser enfrentado no espiritual. E aqui está a verdade: o que é espiritual precisa ser tratado espiritualmente.

O grande erro que muitos de nós cometemos é naturalizar o que é espiritual.

Se a sua vida tem sido marcada por esses ciclos de frustração e negatividade, pode ser que você esteja enfrentando um ataque espiritual. Quebre esses ciclos com o poder de Deus.

Use os recursos espirituais para vencer suas lutas espirituais.

Se você está em uma batalha espiritual, vista-se com a armadura de Deus.

FAÇA A SUA ORAÇÃO DO DIA

___

___

___

___

___

___

___

___

___

QUEM CAMINHA COM JESUS TEM AUTORIDADE

"Jesus, aproximando-se, falou-lhes, dizendo: Toda a autoridade me foi dada no céu e na Terra."

(MATEUS 28:18 ARA)

A autoridade é concedida a quem caminha com Jesus. Se você anda com Jesus, tem autoridade sobre todo mal.

Quando você entrega sua vida a Jesus, começa uma jornada de comunhão com Ele.

Mas, se você não caminha com Jesus, não tem autoridade sobre as coisas espirituais.

Talvez você se pergunte: "Como faço para andar com Jesus?". É simples. Entregue sua vida a Ele agora mesmo. Essa decisão transforma tudo.

No caminhar com Jesus, você receberá autoridade para vencer o mal.

Leia a Bíblia, medite nos Seus ensinamentos e pratique o que ela diz. Ao fazer isso, você será fortalecido para enfrentar as adversidades e caminhar na vitória que Ele já conquistou para você.

Oração

Senhor Jesus, derrame poder e autoridade sobre minha vida. Que eu possa caminhar todos os dias debaixo dos Seus cuidados. Que eu possa me entregar a Ti, cada dia mais, e ter comunhão com o Senhor. Libere da Sua graça para que eu consiga vencer as adversidades e conquistar a vitória sobre os inimigos. Em nome de Jesus, amém.

FAÇA A SUA ORAÇÃO DO DIA

____

____

____

____

____

____

____

____

____

165

"Hoje mesmo, o Senhor te entregará nas minhas mãos; ferir-te-ei, tirar-te-ei a cabeça e os cadáveres do arraial dos filisteus darei, hoje mesmo, às aves dos céus e às bestas-feras da terra; e toda a terra saberá que há Deus em Israel."

(1 SAMUEL 17:46 ARA)

Oração

Obrigado, Senhor, por pelejar por minha vida e minha casa. Coloco toda afronta diante de Sua presença e declaro que sou habilitado para enfrentar qualquer gigante que se opuser em meu caminho. Em nome de Jesus, amém.

A AFRONTA CAIRÁ

Uma pessoa que afronta um homem ou uma mulher de Deus não sabe o que está fazendo.

Se você tem uma aliança com Deus, despreze as afrontas de Satanás, o próprio Deus pelejará por você e toda afronta cairá.

Não se preocupe.

Quando o gigante Golias afrontava o exército de Israel e zombava de Davi, ele não sabia que estava se metendo com um homem dirigido por Deus, que ouvia a Sua voz.

Deixe Deus dirigi-lo e o Senhor agirá.

Deus está cuidando de você, e Ele mesmo estabelecerá a derrota daqueles que o afrontam.

FAÇA A SUA ORAÇÃO DO DIA

NÃO SEJA ROUBADO

- Devemos mudar os jargões do mundo que dizem "O que é seu sempre virá a você", pois nem sempre é assim.
- A revelação é o conhecimento de algo que você ainda não sabe e que vem de Deus, é transcendental.
- Alguém pode, sim, roubar algo de você! Devemos desconstruir algumas ideias que nos foram ensinadas.
- Veja a frase: "O que é meu está guardado". Está guardado, mas você pode perder ou ser roubado.
- Elias imaginava que estava só e que era o único profeta em Israel, mas ele só encontrou Eliseu porque Deus ordenou que saísse da caverna para encontrá-lo.
- Fique atento à voz de Deus e discirna o seu tempo de acessar aquilo que já é seu. Saia da caverna!

"Partiu, pois, Elias dali e achou a Eliseu, filho de Safate, que andava lavrando com doze juntas de bois adiante dele; ele estava com a duodécima. Elias passou por ele e lançou o seu manto sobre ele."

(1 REIS 19:19 ARA)

Oração

Senhor, meu Deus, livre-nos de todo mal, de tudo o que o inimigo quer nos roubar. Abra nossos ouvidos espirituais para que estejamos atentos à Sua voz, para discernirmos o tempo de acessar as bênçãos que já estão disponíveis nos lugares celestiais. Senhor, tire toda distração da minha mente e me guie no meu propósito. Amém.

FAÇA A SUA ORAÇÃO DO DIA

___

___

___

___

___

___

___

___

___

___

___

167

"Eu é que sei que pensamentos tenho a vosso respeito, diz o Senhor; pensamentos de paz e não de mal, para vos dar o fim que desejais."

(JEREMIAS 29:11 ARA)

Oração

Senhor, meu Deus, revele-se em nossas vidas por meio da Sua voz. Que estejamos atentos aos detalhes e sinais quando o Senhor está mostrando um caminho novo, um novo planejamento. Guie-nos rumo ao norte certo, conduza o nosso coração para que estejamos atentos ao Seu Santo Espírito. Amém.

DEUS É INTENCIONAL

Nós devemos perseguir a voz de Deus e reconhecer os Seus sinais.

Muitas situações, para o homem, podem parecer desconexas, porém para Deus tudo tem um propósito. Quando andamos no propósito, nada mais nos surpreende.

Preste atenção, Deus não trabalha de forma aleatória.

Quando Deus está querendo falar conosco, devemos nos atentar aos detalhes e aos Seus sinais.

Preste atenção aos sinais do Espírito, a intenção de Deus é capturar seu coração para levá-lo ao norte certo.

Deus é o sim e o amém. Para Deus nada é sem sentido ou aleatório, tudo é intencional.

FAÇA A SUA ORAÇÃO DO DIA

DEUS VÊ TUDO

Deus vê tudo o que acontece em sua vida. Ele vê as injustiças, as pessoas que fazem o mal, o abandono, a traição.

Quando está passando por dificuldades, mesmo que não esteja vendo respostas, clame a Deus.

Pare de confiar e depender tanto de pessoas.

Deus vê e ouve o seu clamor. Certamente, esse clamor chegará aos céus.

O Senhor fará muito além do que você pediu, e ansiosamente aguarda.

Coloque a sua confiança em Deus e verá vitória em seu futuro.

"Nada, em toda a criação, está oculto aos olhos de Deus. Tudo está descoberto e exposto diante dos olhos daquele a quem havemos de prestar contas."

(HEBREUS 4:13 NVI)

FAÇA A SUA ORAÇÃO DO DIA

Oração

Senhor, clamo pelo Seu agir. Quero a Sua direção para minha vida. Declaro que os Seus sonhos são melhores que os meus. Não quero mais andar no meu próprio pensamento. Revele-me, Senhor, a Sua vontade, pois declaro, em Seu nome, Jesus, que escolho trilhar Seu caminho, que é perfeito e bom. Amém.

169

"Para uma herança incorruptível, sem mácula, imarcescível, reservada nos céus para vós outros que sois guardados pelo poder de Deus, mediante a fé, para a salvação preparada para revelar-se no último tempo."

(1 PEDRO 1:4-5 ARA)

Oração

Senhor, meu Pai, ensine-me a servi-Lo. Que eu saiba plantar no Seu Reino sementes de serviço, que eu seja humilde e dedicado ao serviço, para receber as heranças dos céus. Senhor, coloque pessoas que carregam a verdadeira unção em meu caminho e me ensine a ser um servo fiel e obediente. Amém.

QUER RECEBER UMA HERANÇA? SIRVA!

Você não pode herdar se não servir. Falo não apenas de uma herança material, mas também de uma herança espiritual.

O ato de servir é como uma semente que plantamos para colher o nosso destino em Deus.

Muitos desejam receber de Deus, mas não estão dispostos a servir.

Eliseu é um exemplo poderoso de servidão: serviu à unção que estava sobre Elias, e assim pôde herdar a mesma unção, de forma dobrada.

Não busque apenas satisfazer suas próprias vontades, negligenciando o princípio de servir a uma unção.

Seja dedicado e humilde no seu serviço para receber aquilo que deseja herdar.

FAÇA A SUA ORAÇÃO DO DIA

O CAMINHO DO SERVIÇO O PROMOVERÁ

170

"Digo, pois, que, durante o tempo em que o herdeiro é menor, em nada difere de escravo, posto que é ele senhor de tudo. Mas está sob tutores e curadores até ao tempo predeterminado pelo pai."
(GÁLATAS 4:1-2 ARA)

Sirva à unção que você admira.

Davi trilhou um caminho semelhante ao de Eliseu: antes de ser conhecido como guerreiro, ele foi um servo. Serviu a seu pai, cuidando das ovelhas, e serviu a seus irmãos, levando provisões ao campo de batalha.

Muitas vezes, as pessoas deixam de viver os planos de Deus para suas vidas porque não reconhecem as oportunidades de servir que Ele coloca no caminho delas.

O serviço não é uma posição inferior, mas um estágio essencial para o cumprimento do destino que Deus preparou para você.

No ato de servir encontramos o propósito para o qual Deus nos preparou.

Esteja disposto a servir à unção e reconheça as oportunidades que Deus coloca em seu caminho.

Oração

Senhor, meu Deus, me ensine a ser um servo que está pronto para servi--Lo. Que eu esteja sempre à Sua disposição e ao serviço do Seu Reino. Conduza-me para que eu nunca me afaste do propósito que o Senhor já determinou para minha vida. Guie--me e proteja o meu coração de todo mal, de tudo o que me afasta do meu destino. Amém.

FAÇA A SUA ORAÇÃO DO DIA

171

"Ora, àquele que é poderoso para fazer infinitamente mais do que tudo quanto pedimos ou pensamos, conforme o seu poder que opera em nós."

(EFÉSIOS 3:20 ARA)

Oração

Oro, meu Deus, para que o Senhor abra diante dos meus olhos um novo caminho para que eu possa viver o extraordinário. Ensine-me a caminhar na revelação, a me mover nos dons espirituais, a fim de que eu possa compreender o que o Senhor tem reservado para minha vida. Em nome de Jesus, amém.

COMUM VERSUS EXTRAORDINÁRIO

- O comum pode se tornar extremamente doloroso quando você foi criado para viver algo extraordinário. Há pessoas perdidas, tanto dentro quanto fora da igreja, porque não conseguem seguir a revelação que vem de Deus.
- Para experimentar o propósito maior, é essencial caminhar na revelação e buscar compreender o que Deus tem reservado para você.
- Não questione os planos de Deus, pois Ele conhece todas as coisas e trabalha para o bem daqueles que O amam.
- Ao descobrir o propósito, um novo caminho se abrirá diante de seus olhos, trazendo direção para sua vida.
- Não resista ao novo que Ele deseja realizar em sua vida.
- Tenha coragem para viver o extraordinário e deixe Deus guiá-lo.

FAÇA A SUA ORAÇÃO DO DIA

NOVOS CAMINHOS

172

Deus constantemente nos aponta novos caminhos e oportunidades, mas, infelizmente, muitos preferem continuar no automático, apenas seguindo em frente.

As mudanças são necessárias para que sejamos promovidos por Deus.

Quanto mais resistimos às mudanças, mais nos afastamos desse propósito, desperdiçando tempo valioso.

Muitas vezes, seguimos trilhando o caminho do sofrimento sem perceber que é hora de mudar.

Abra seus olhos espirituais e enxergue o que Deus está fazendo.

A mudança pode ser o começo de algo extraordinário!

"Por meio de Jesus, pois, ofereçamos a Deus, sempre, sacrifício de louvor, que é o fruto de lábios que confessam o seu nome."

(HEBREUS 13:15 ARA)

Oração

Senhor Jesus, nos mostre o caminho a ser trilhado para recebermos honra e promoção. Oro para que não sejamos resistentes a mudanças e que estejamos sempre atentos a novas oportunidades. Peço, Senhor, para que abra nossos ouvidos espirituais e nos faça enxergar os tempos corretos, para não desperdiçarmos o extraordinário que o Senhor já está fazendo em nossas vidas. Amém.

FAÇA A SUA ORAÇÃO DO DIA

ESPÍRITO RELIGIOSO

"Se alguém supõe ser religioso, deixando de refrear a língua, antes, enganando o próprio coração, a sua religião é vã."

(TIAGO 1:26 ARA)

Cumprir o seu destino profético inevitavelmente frustrará aqueles que tentam impor sobre você os sonhos e as expectativas deles. Quem pregou Jesus na cruz? Os religiosos.

Nos dias de hoje, o espírito de Jezabel manifesta-se como o espírito da religiosidade.

Não permita que Jezabel crucifique o Cristo vivo que está em você.

Quando Deus o tira de um ambiente religioso, Ele o está separando para algo maior.

Se Deus o está enviando, vá! Não viva o que Deus não designou para você.

Viva o que o Senhor tem reservado para a sua vida.

Oração

Senhor, meu Jesus, ensine-nos a sermos menos religiosos. Que saibamos andar com sabedoria e prudência nas Suas Santas Escrituras. Livre-nos de todo espírito de Jezabel, de toda língua que se levanta contra as nossas vidas e contra o profético. Retire-nos de todo ambiente religioso e nos prepare para viver algo sobrenatural. Amém.

FAÇA A SUA ORAÇÃO DO DIA

A UNÇÃO PROFÉTICA DESPEDAÇA O JUGO

O jugo é quebrado pela unção. E quando você se submete ao manto profético, encosta-se ao manto.

Quando o manto toca em você, aquele jugo que o impedia de acreditar no profético e que o impedia de viver o plano de Deus para a sua vida é quebrado.

O diabo sempre vai tentar retirar alguém que está debaixo de um manto.

Jesus e o Espírito Santo carregam um manto. Homens ungidos carregam um manto.

Submeta-se ao manto para que todo jugo seja despedaçado em sua vida.

Quando Elias foi retirado da Terra, ele subiu nu, porque para o lugar aonde ele ia não poderia levar o manto.

FAÇA A SUA ORAÇÃO DO DIA

"Acontecerá, naquele dia, que o peso será tirado do teu ombro, e o seu jugo, do teu pescoço, jugo que será despedaçado por causa da gordura."

(ISAÍAS 10:27 ARA)

Oração

Senhor, meu Deus, derrame sobre nossas vidas a unção que despedaça todo o jugo. Conduza-nos a caminharmos no profético para que sejamos submetidos ao Seu manto. Livre-nos de toda investida do maligno, de tudo o que quer nos afastar do profético e da unção que o manto carrega. Amém.

175

"Reina o Senhor. Revestiu-se de majestade; de poder se revestiu o Senhor e se cingiu. Firmou o mundo, que não vacila."

(SALMOS 93:1 ARA)

Oração

Senhor, meu Deus, tome o controle da minha vida para que todas as minhas decisões saiam conforme a Sua vontade. Ajude-me a confiar e esperar mais no Senhor, Pai. Que eu consiga enxergar o tempo certo para realizar cada projeto que o Senhor já programou para minha vida. Obrigado por cuidar de todos os detalhes; me conduza ao caminho certo. Amém.

DEIXE DEUS TRABALHAR

- Encontrar o seu destino profético inevitavelmente gerará incertezas e inseguranças humanas.
- É fundamental confiarmos em Deus e na Sua sabedoria para orquestrar os eventos em nossas vidas.
- É natural do ser humano tomar as rédeas das situações e forçar que as coisas aconteçam à sua maneira.
- Quando descansamos no Senhor, abrimos espaço para que Ele trabalhe nas oportunidades. Muitas vezes, as melhores coisas vêm sob circunstâncias que não podemos controlar.
- Não force a abertura de portas. Espere com paciência.
- A prova de que realmente nos entregamos a Deus é quando reconhecemos que Ele tem um *timing* perfeito para nós.

FAÇA A SUA ORAÇÃO DO DIA

O MOVIMENTO DA MUDANÇA

- Existem leis espirituais para que sua unção se torne pública. Se não fizer os movimentos certos, as coisas não mudarão.
- Quando Davi foi ao campo de batalha, sua intenção era servir. Ele não imaginava que sua promoção estava logo ali.
- Não se sai da multidão por sorte. Se você continuar o mesmo sempre, nunca haverá novidades.
- A unção que estava em Davi estava trabalhando nos bastidores, para o tornar público.
- Entre para o movimento do Espírito – sirva primeiro.
- Servir é o movimento do Espírito. Davi descobriu o seu chamado enquanto estava servindo.

"Faze-me, Senhor, conhecer os teus caminhos, ensina-me as tuas veredas. Guia-me na tua verdade e ensina-me, pois tu és o Deus da minha salvação, em quem eu espero todo o dia."

(SALMOS 25:4-5 ARA)

AÇA A SUA ORAÇÃO DO DIA

Oração

Meu Deus amado, derrame sobre nossas vidas uma unção para que possamos nos movimentar nos fluxos corretos a favor das bênçãos. Ensine-nos a servir de modo a esperar o tempo certo de alcançarmos a promoção. Coloque em nós um coração disposto a Lhe obedecer e servi-Lo. Amém.

177

TEMPO E PRIORIDADES

"Buscai, pois, em primeiro lugar, o seu reino e a sua justiça, e todas estas coisas vos serão acrescentadas."

(MATEUS 6:33 ARA)

- Atualmente, somos cercados por inúmeras distrações. Há tanto para fazer, tanto ativismo, tantas conexões para manter.
- Vivemos em uma geração extremamente conectada, em que grande parte do nosso tempo é consumida assistindo vídeos e conteúdos on-line, redes sociais e televisão.
- Não deixe que as distrações roubem o tempo precioso que Deus lhe deu.
- Vemos a maioria das pessoas com o celular na mão, absorvidas pelas telas. Não estou dizendo que não haja coisas positivas nesses meios, mas até mesmo para consumir o que é bom é essencial saber administrar o tempo.
- Administre o seu tempo e nunca esqueça que nada substitui a sua busca a Deus.
- Aprenda a usar cada momento da sua vida com sabedoria e propósito.

Oração

Oro, meu Senhor, para que estejamos conectados cada dia mais à Sua presença, por meio de orações e da Sua palavra. Tire-nos de toda distração que nos impede de andar conforme os Seus planos para nossas vidas. Que saibamos administrar o nosso tempo e não gastá-lo com coisas que não nos edificam. Amém.

FAÇA A SUA ORAÇÃO DO DIA

ROTINAS QUE MUDAM SEU FUTURO

Você sabia que as nossas rotinas influenciam profundamente a nossa vida?

O teólogo F. B. Meyer disse algo que me impactou: "Quem não encontra Deus pela manhã dificilmente O encontrará durante o dia".

Isto é, se não oferecermos a Deus as primícias do nosso tempo, é provável que acabemos não encontrando um espaço adequado para Ele ao longo do dia.

Há anos eu tenho uma rotina que sigo fielmente. Assim que acordo, a primeira coisa que faço é meditar nas Escrituras. Depois, tiro um tempo para orar. Esse hábito não é apenas uma prática religiosa; é uma maneira de viver na presença de Deus.

Comece seu dia estabelecendo uma rotina de entrega ao Senhor.

A entrega a Deus muda tudo: o coração fica mais alinhado, os desafios parecem mais leves e a paz de Cristo o acompanhará.

AÇA A SUA ORAÇÃO DO DIA

"Tudo tem o seu tempo determinado, e há tempo para todo propósito debaixo do céu."

(ECLESIASTES 3:1 ARA)

Oração

Senhor, meu Pai, oro para que eu tenha mais tempo de qualidade na Sua presença. Senhor, me conduza a uma rotina de oração e entrega. Alinhe meus caminhos com o meu propósito e me prepare para vencer os desafios diários, pois eles são mais leves quando estou na Sua presença. Amém.

179

"Porás sobre a mesa os pães da proposição diante de mim perpetuamente."

(ÊXODO 25:30 ARA)

Oração

Oro, Senhor Jesus, para sempre estarmos em comunhão com a nossa família. Ensine-nos a sentarmos à mesa sem distrações, para que possamos ter uma perfeita comunhão uns com os outros. Que essa comunhão traga união e fortaleça nossos laços de amor e compaixão. Agradeço-Lhe, Espírito Santo, por estar sempre presente em nossa casa quando estamos juntos em comunhão. Amém.

O HÁBITO DA COMUNHÃO

Almoçar ao redor da mesa é uma prática transformadora, porque é nesse momento que muitas coisas importantes acontecem.

Ao redor da mesa, há trocas significativas que vão muito além da refeição. É um tempo de conexão, de conversa, de fortalecimento de relacionamentos.

Não se trata de apenas comer juntos.

Uma coisa que tenho feito constantemente é almoçar com a minha família.

Eu realmente aconselho as famílias a reservarem pelo menos uma refeição do dia para estarem juntas, ao redor da mesa.

Cultive o hábito da comunhão, pois esse ato ajuda a construir memórias inesquecíveis.

FAÇA A SUA ORAÇÃO DO DIA

EQUILÍBRIO

180

Os hábitos de uma pessoa, sua disciplina e rotina determinam se ela terá sucesso ou não.

Muitas pessoas começam coisas, mas não as terminam. Ter disciplina, organizar suas prioridades e se comprometer com elas é essencial para que, no futuro, "a conta feche".

Se a sua vida tem sido caótica - e, convenhamos, a rotina de muitas pessoas hoje é assim, intensa e desordenada -, é hora de estabelecer prioridades e manter uma rotina saudável.

E o que significa "fechar a conta"? É viver uma vida equilibrada: ter uma família estruturada, estar conectado com Deus e não se perder no caminho.

Sem isso, você vence em uma área da vida, mas perde em todas as outras. E isso, definitivamente, não é sucesso.

Peça sabedoria a Deus para organizar sua vida e graça para encontrar equilíbrio.

"Porque Deus não nos tem dado espírito de covardia, mas de poder, de amor e de moderação."

(2 TIMÓTEO 1:7 ARA)

Oração

Senhor Jesus, oro para que o Senhor derrame Sua graça e sabedoria para que encontremos equilíbrio em nossas vidas. Conduza-nos para que tenhamos disciplina para organizar nossas tarefas diárias. Realinhe nossos caminhos ao nosso propósito para andarmos conectados ao Senhor e não comprometermos o nosso futuro. Amém.

AÇA A SUA ORAÇÃO DO DIA

____

____

____

____

____

____

____

____

LEVANTE-SE,
CONFIE em Deus
e comece a
AGIR AGORA!

AS PONTES PARA O SEU DESTINO

Quando Davi estava a caminho de seu propósito, seu irmão Eliabe se opôs, mostrando onde ele deveria estar (1 Samuel 17).

Os irmãos de Davi tentaram convencê-lo de que ele deveria permanecer exatamente onde estava. Porém, Davi visualizou o lugar do seu propósito, que era enfrentar o gigante e ser elevado de posição.

Não permita que os Eliabes determinem o seu destino.

Foi Deus que permitiu que Davi visse aquele cenário de humilhação, pois aquela situação serviria de ponte de acesso ao seu destino.

O lugar onde você deve estar é exatamente aonde Deus lhe ordenou ir.

Comece a visualizar as pontes de acesso que Deus está colocando em sua vida para elevá-lo.

AÇA A SUA ORAÇÃO DO DIA

181

"Encontrei Davi, meu servo; com o meu santo óleo o ungi. A minha mão será firme com ele, o meu braço o fortalecerá. O inimigo jamais o surpreenderá, nem o há de afligir o filho da perversidade. Esmagarei diante dele os seus adversários e ferirei os que o odeiam."

(SALMOS 89:20-23 ARA)

Oração

Obrigado, meu Deus, pelas oportunidades de elevação. Que a Sua unção e autorização me conduzam a transpor muralhas e a derrotar toda oposição, em Seu nome, Jesus, amém.

182

DEUS PROVEDOR

"Então Abraão deu àquele lugar o nome de Yahweh-Jireh, 'O Senhor Proverá'. Por isso até nossos dias se diz: 'No monte do Senhor se proverá!'"

(GÊNESIS 22:14 KJA)

- Muitas pessoas não desfrutam do que Deus tem reservado para elas porque consideram errado querer bênçãos financeiras.
- Deus é chamado na Bíblia de Jeová-Jiré, o Deus Provedor.
- Nossa mentalidade precisa mudar e entender a natureza doadora de Deus.
- O Senhor Deus quer suprir todas as suas necessidades.
- Mude sua mentalidade de escassez e deseje as bênçãos que Ele disponibiliza.
- Um dos maiores desejos do Pai é abençoá-lo, considere essa verdade.

Oração

Senhor, tomo posse da Sua provisão. Que venha à existência o que ainda não é. Clamo a Sua provisão sobrenatural para todas as minhas necessidades. Requisito as riquezas que o Senhor reservou para mim. Glorificado seja o nome de Jesus. Amém.

FAÇA A SUA ORAÇÃO DO DIA

COLOQUE DEUS NO CONTROLE

Coloque Deus à frente de cada ocasião e de todas as suas decisões. Seja nos seus negócios, nas mudanças da sua vida ou nas situações desafiadoras, entregue tudo a Ele.

Quando seguimos por caminhos que Deus não aprovou ou não está abençoando, acabamos nos complicando.

Às vezes, nos esforçamos ao máximo, usamos todas as nossas habilidades e até chegamos ao ponto de nos humilhar, tentando resolver as coisas por nossa própria força.

O problema é que, muitas vezes, insistimos em fazer as coisas do nosso jeito. E é justamente aí que ocorrem as perdas – financeiras, emocionais ou espirituais.

Já parou para perguntar: "Senhor, é isso que o Senhor quer para mim? É esse o caminho que devo seguir?". Deus pode estar querendo mostrar a você um caminho melhor, onde Ele pode agir em seu favor.

Confie n'Ele, busque Sua orientação e permita que Ele esteja no controle.

AÇA A SUA ORAÇÃO DO DIA

"Mas, como está escrito: Nem olhos viram, nem ouvidos ouviram, nem jamais penetrou em coração humano o que Deus tem preparado para aqueles que o amam."

(1 CORÍNTIOS 2:9 ARA)

Oração

Oro, Senhor meu Pai, para que o Senhor derrame uma unção de sabedoria e conhecimento em nossas vidas. Capacite-nos para tomarmos as decisões certas frente a situações desafiadoras. Mostre-nos o melhor caminho que devemos seguir. Desvia-nos de todo mal. Amém.

184

"Mas acrescentou: 'Peço--te que busques primeiro o conselho do Senhor'."

(1 REIS 22:5 NVI)

Oração

Agradeço, Senhor meu Deus, por Sua presença em minha vida. Oro para que eu sempre busque a Sua direção em todas as decisões que eu for tomar. Derrame a Sua graça e livre-me de todas as situações complicadas que aparecem diariamente em meu caminho. Conduza-me em um caminho de paz e obediência. Em nome de Jesus, amém.

PERGUNTE A DEUS

Quem está sempre pronto para tudo, a qualquer momento, geralmente não consulta Deus.

O não perguntar a Deus pode trazer muitos problemas na vida, porque podemos assumir compromissos sem pensar nas consequências, sem saber o que pode surgir mais adiante.

Não ignore as orientações do Espírito e respeite quando Ele lhe diz: "Pare".

Quantas vezes nos vemos presos em situações difíceis, por causa de nossa teimosia ou falta de discernimento?

O Espírito Santo está sempre falando conosco. Seja sensível à Sua voz.

É necessário orar, pedir a misericórdia e a graça de Deus sobre nossas vidas, para que não nos enrolemos em situações complicadas.

FAÇA A SUA ORAÇÃO DO DIA

DEUS OBSERVA

É verdade que, às vezes, enfrentamos situações difíceis. Mas a questão é: como estamos lidando com isso?

Todos passamos por desafios - alguns mais intensos do que outros. Mas a forma como enfrentamos esses momentos é o que realmente importa.

Vemos pessoas que, ao passar por momentos adversos, se revoltam, guardam mágoa contra o mundo, atacam os outros, lançam indiretas nas redes sociais e acabam se distanciando de Deus.

Deus está nos observando. Ele vê como reagimos em meio às tribulações.

Reconheça a soberania de Deus mesmo em meio ao sofrimento.

Tenha a certeza de que Ele o está ensinando a lidar com os desafios.

AÇA A SUA ORAÇÃO DO DIA

185

"Os olhos do Senhor estão em toda parte, observando atentamente os maus e os bons."

(PROVÉRBIOS 15:3 NVI)

Oração

Senhor, meu Deus, nos liberte de toda amarra espiritual que nos traz sentimento de tristeza, mágoa, ressentimento. Pai, nos ensine a lidar com toda situação difícil para que possamos deixar para trás as adversidades e olhar para a frente, para um futuro promissor. Derrame sobre nós uma unção de sabedoria e discernimento e nos conduza ao nosso propósito com paciência e paz. Amém.

186

"Os que confiam no Senhor são como o monte Sião; não serão abalados, mas permanecerão para sempre."

(SALMOS 125:1 NVT)

Oração

Pai, diante de toda a exaustão que sinto, eu me declaro totalmente dependente do Senhor. Renove as minhas forças e ajude-me a vencer a dúvida, o medo e o desânimo para que eu possa perseverar e vencer todos os obstáculos até que eu alcance as suas promessas. Amém.

CAMINHE MAIS UM POUCO

Se você vencer estas três coisas - a dúvida, o medo e o desânimo –, chegará aonde Deus quer que chegue e viverá a promessa do Senhor em sua vida.

A Bíblia diz que o Senhor "fortalece ao cansado" (Isaías 40:29) e dá vigor ao que está exausto.

Talvez você esteja passando por um tempo difícil em sua vida e só o que lhe caberia neste momento seria desistir. E talvez sua única expressão, hoje, seja a exaustão.

Se você não vencer os obstáculos nunca descobrirá o que Deus tem preparado para você.

Existem coisas ocultas, que só serão reveladas quando você vencer os inimigos da fé.

Deixe o Senhor renová-lo por completo. Caminhe mais um pouco, persevere e não olhe para trás.

FAÇA A SUA ORAÇÃO DO DIA

___

___

___

___

___

___

___

___

___

___

___

GLORIFIQUE JESUS POR MEIO DAS CICATRIZES

187

"A ti, ó Deus, glorificamos, a ti damos louvor, pois o teu nome está perto, as tuas maravilhas o declaram."

(SALMOS 75:1 ACF)

Não tenha vergonha das cicatrizes que você carrega. Marcas do que se foi não determinam o seu destino, mas testemunham o lugar de onde Deus o tirou.

Algumas pessoas têm vergonha de suas origens ou de seu passado, mas essas histórias são um poderoso testemunho da transformação que Deus realizou em sua vida.

Não se intimide de compartilhar a sua jornada, as lutas que enfrentou para chegar onde está hoje.

Não importa se você veio de um lugar de dificuldades. Não tem problema se, no passado, sofreu perdas ou enfrentou situações que deixaram cicatrizes profundas e memórias dolorosas.

Glorifique o nome de Jesus pelo que passou.

Suas cicatrizes não são motivo de vergonha; elas são prova viva do poder transformador de Deus em sua vida.

Oração

Obrigado, meu Pai, por me ajudar a passar e a vencer toda a dificuldade e os problemas que já atravessei. Me ajude a olhar para a frente e ver toda a transformação que Deus realizou em minha vida, pois sei que até aqui o Senhor tem me sustentado. Conduza a minha caminhada com fé e confiança de que dias melhores virão. Amém.

ÇA A SUA ORAÇÃO DO DIA

____

____

____

____

____

____

____

____

188

"E quando estiverem orando, se tiverem alguma coisa contra alguém, perdoem-no, para que também o Pai celestial lhes perdoe os seus pecados."

(MARCOS 11:25 NVI)

Oração

Senhor, meu Deus, perdoe os nossos pecados, livre-nos de todo mal e de toda investida do inimigo em nossas vidas. Oro para que o Senhor guarde nosso coração de toda mágoa e ressentimento que nos impedem de avançar. Retire da nossa mente toda acusação do maligno que quer nos manter aprisionados em pensamentos e atitudes que já vencemos em Cristo Jesus. Amém.

VOCÊ FOI PERDOADO

Eu acredito em um Deus que junta os nossos pecados e os lança no mar do esquecimento.

A história está registrada, é um fato. Porém, acima da história, existe a graça de Deus — a graça que o alcançou, que mudou a sua vida e transformou completamente a sua caminhada

Há muitas pessoas que cometeram muitos erros contra as pessoas que amam e têm sérias dificuldades em perdoar a si mesmas.

A verdade é que não somos maiores que Deus nem juízes de nós mesmos.

Perdoe a si mesmo e receba o perdão do Senhor.

Deus já o perdoou e o lavou com o Seu sangue.

FAÇA A SUA ORAÇÃO DO DIA

NÃO INSISTA

Há coisas em nossa vida que só serão liberadas quando as pessoas erradas saírem dela.

Veja o caso de Abraão: Deus não queria que ele levasse Ló junto com ele. Ló não fazia parte da instrução de Deus para Abraão, nem do propósito ou destino que Ele havia planejado.

Às vezes, insistimos em levar conosco aquilo ou aqueles que Deus não incluiu em Seu propósito para nós.

Foi só quando Ló se apartou de Abraão que Deus voltou a falar com ele.

Não insista em carregar quem se torna apenas um peso na sua jornada espiritual.

Desconecte-se de pessoas que não agregam ao propósito de Deus em sua vida.

FAÇA A SUA ORAÇÃO DO DIA

189

"E disse o Senhor a Abrão, depois que Ló se apartou dele: 'Levanta agora os teus olhos, e olha desde o lugar onde estás, para o lado do norte, e do sul, e do oriente, e do ocidente. Porque toda esta terra que vês, te hei de dar a ti, e à tua descendência, para sempre'."

(GÊNESIS 13:14-15 ACF)

Oração

Senhor, meu Deus, retire do nosso caminho tudo o que insistimos em levar conosco e que não está incluído em nosso propósito. Que estejamos atentos às próximas instruções que nos levam ao próximo nível. Nos dê sabedoria e discernimento para desconectar pessoas que não agregam e são um peso espiritual em nossas vidas. Amém.

190

"*E rejeita as questões loucas, e sem instrução, sabendo que produzem contendas. E ao servo do Senhor não convém contender, mas sim, ser manso com todos, apto para ensinar, sofredor.*"

(2 TIMÓTEO 2:23-24 ARC)

Oração

Pai de amor, nos ensine a fugir de atitudes e de pessoas tolas, que desejam somente o mal. Retire do nosso caminho pessoas que não nos fazem bem, relacionamentos tóxicos que são nocivos à nossa saúde física e mental. Guarde nossos corações e mente de toda investida do inimigo que quer nos afastar do Seu propósito em nossas vidas. Amém.

FUJA DOS TOLOS

Pessoas que falam mal dos outros são tolas, e vivem com inveja do que pertence ao próximo.

Dentro da igreja ou fora dela, é fundamental discernir e se afastar de influências que impedem sua caminhada com o Senhor.

Até quando você vai permanecer conectado a quem está bloqueando a voz de Deus em sua vida?

Pessoas venenosas não fazem bem ao seu coração, à sua vida espiritual, nem ao seu crescimento em Deus.

É hora de deixar para trás o que não edifica e avançar em direção ao propósito que Deus tem para você.

Afaste-se de pessoas mal-intencionadas e que só querem sugá-lo com más conversações.

FAÇA A SUA ORAÇÃO DO DIA

DEUS LIMPA A MESA

191

"Mas agora vos escrevi que não vos associeis com aquele que, dizendo-se irmão, for devasso, ou avarento, ou idólatra, ou maldizente, ou beberrão, ou roubador; com o tal nem ainda comais."

(1 CORÍNTIOS 5:11 NVI)

Se você anda com pessoas negativas, maldosas ou que vivem atacando os outros, não espere atrair coisas boas, pois pessoas carregam ambientes.

É comum culparmos o inimigo pelas dificuldades, mas nem tudo é obra dele. Às vezes, o problema está em nossas escolhas, especialmente em relação a com quem decidimos caminhar.

Pode ser difícil entender, mas algumas pessoas que estão ao seu redor – frequentando sua casa, sua mesa, sendo chamadas de amigas – podem estar impedindo avanços na sua vida.

Certas pessoas podem ser o motivo de tantas orações sem resposta e de áreas da sua vida que parecem estagnadas.

É fundamental avaliar com quem você está se relacionando.

Permita que Deus limpe sua mesa, seus relacionamentos e sua vida. Assim, você estará livre para romper, de forma sobrenatural.

Oração

Senhor, meu Deus, livre-nos das más associações. Retire-nos do convívio com pessoas que atrasam e impedem o nosso avanço. Abra nossos olhos espirituais para que possamos fazer escolhas certas de quem vai sentar à mesa conosco e quem vamos abandonar. Faça, meu Senhor, a limpeza necessária de tudo o que não está incluído em nosso propósito, para que possamos avançar ao próximo nível de nossas vidas. Amém.

FAÇA A SUA ORAÇÃO DO DIA

____

____

____

____

____

____

____

____

192

GUARDE SEU CORAÇÃO

"Abstende-vos de toda a aparência do mal."

(1 TESSALONICENSES 5:22 ACF)

Quando percebo que alguém que eu sigo nas redes sociais começa a fazer coisas que não edificam, eu me afasto.

A Palavra de Deus diz: "Sobre tudo o que se deve guardar, guarda o teu coração, porque dele procedem as fontes da vida" (Provérbios 4:23).

Há certas coisas que trarão abatimento à alma e roubarão a alegria.

Paro de seguir pessoas tóxicas porque entendo que é minha responsabilidade guardar o meu coração.

Escolha preservar o seu coração e edifique-o com a Palavra de Deus.

Por que ficar vendo coisas que não edificam, coisas que entristecem o seu coração?

Oração

Livre-me, Senhor meu Deus, de toda aparência do mal, de tudo o que me afasta da Sua presença. Guarde meu coração de toda investida do inimigo, de tudo o que se levanta para me tirar do propósito. Derrame da Sua graça e sabedoria para que eu possa reconhecer as pessoas más e me afastar delas. Amém.

FAÇA A SUA ORAÇÃO DO DIA

RENOVE O SEU ODRE

193

"E ninguém deita vinho novo em odres velhos; de outra sorte o vinho novo romperá os odres, e entornar-se-á o vinho, e os odres se estragarão; mas o vinho novo deve deitar-se em odres novos, e ambos juntamente se conservarão."

(LUCAS 5:37-38 ACF)

Acredito que tudo que é novo vem de Deus.

Contudo, a Bíblia nos ensina que o vinho novo não pode ser colocado em odres velhos. Isso porque o vinho fermenta, e o odre velho, já desgastado, não consegue suportar esse processo. Como resultado, o vinho e o odre acabam se perdendo.

Um coração preso a atitudes, conceitos e conhecimentos ultrapassados não é capaz de receber o novo de Deus. Isso cria um obstáculo para que Ele derrame Suas bênçãos em nós.

Jesus, porém, não estava falando sobre o tempo de vida de um odre, mas sobre o coração. Os odres novos e os odres velhos simbolizam o estado do nosso coração.

Permita que sua mente e coração sejam renovados pela verdade da Palavra.

Tenha um coração transformado pelo Senhor.

FAÇA A SUA ORAÇÃO DO DIA

Oração

Senhor meu Pai, renove a minha mente e o meu coração, para que eu sempre esteja pronto para receber renovações no meu espírito. Que haja uma renovação diária do Espírito Santo em minha vida por meio da Sua palavra. Remova todos os obstáculos para que eu possa receber as bênçãos que o Senhor já tem reservadas para minha vida. Amém.

194

"E Jesus, olhando para eles, disse-lhes: Aos homens é isso impossível, mas a Deus tudo é possível."

(MATEUS 19:26 ACF)

DEUS PRIMEIRO TRABALHA EM VOCÊ

Deus transforma pessoas para cumprirem o propósito divino reservado para elas. Mas, antes de usá-las, Deus precisa regenerar o seu coração.

Deus não apenas trabalha com aqueles que já aparentam ser aperfeiçoados, como Abraão ou Isaac; Ele também transforma aqueles que têm algo mau dentro de si.

Moisés é um exemplo disso e apresentou vários argumentos para não responder ao chamado de Deus.

Deus falou a Moisés: "Se você se colocar em minhas mãos, eu transformarei a sua vida". E foi exatamente isso que aconteceu.

Permita que o Espírito Santo trabalhe em sua vida e o purifique de toda impureza.

Deus o usará. Mas, primeiro, exponha-se à Palavra de Deus.

Oração

Senhor, meu Deus, me capacite para que eu possa exercer o meu chamado conforme a Sua vontade. Espírito Santo de Deus, me purifique de toda impureza para que eu esteja pronto para ser usado pelo Senhor. Guarde minha mente e restaure o meu coração, para que eu seja transformado. Em nome de Jesus, amém.

FAÇA A SUA ORAÇÃO DO DIA

REGENERAÇÃO

195

Quando nos expomos à Palavra de Deus, nos rendemos ao Espírito Santo e permitimos que Ele trabalhe em nós, nosso coração é renovado.

É a Palavra de Deus que transforma o coração de alguém, tornando-o uma nova pessoa.

A sarça ardente, que queimava sem se consumir, simboliza o fogo de Deus. Esse fogo representa a Palavra de Deus, que purifica e renova.

Somente com um coração regenerado Deus pode derramar o vinho novo, ou seja, a plenitude dos planos e propósitos que Ele tem para nossas vidas.

O vinho novo só virá quando você estiver totalmente renovado e pronto para receber o que Deus preparou.

Deixe que o processo de regeneração de seu coração se complete.

"E apareceu-lhe o anjo do Senhor em uma chama de fogo do meio duma sarça; e olhou, e eis que a sarça ardia no fogo, e a sarça não se consumia. E Moisés disse: Agora me virarei para lá, e verei esta grande visão, porque a sarça não se queima."

(ÊXODO 3:2-3 ACF)

FAÇA A SUA ORAÇÃO DO DIA

Oração

Senhor Jesus, que o fogo ardente da Sua palavra venha arder em meu coração trazendo purificação e renovação. Traga transformação em minha vida para que eu possa viver os novos projetos que o Senhor preparou para os meus caminhos. Rendo-me ao Seu Santo Espírito. Amém.

196

"Eis que faço uma coisa nova, agora sairá à luz; porventura não a percebeis? Eis que porei um caminho no deserto, e rios no ermo."

(ISAÍAS 43:19 ACF)

Oração

Oro, Senhor meu Deus, para que eu tenha um coração verdadeiramente convertido e entregue a Jesus. Livre-me de todo mal, de práticas antigas e de lugares errados. Perdoe os meus pecados e queime as minhas iniquidades no fogo do Seu Santo Espírito. Amém.

PARA VIVER O NOVO

O coração que verdadeiramente se converte e entrega sua vida a Jesus é um coração que abandona as práticas antigas, os costumes do passado e até mesmo as amizades que levam à perdição.

É no fogo do Espírito Santo que o Senhor purifica e regenera o coração. Ele restaura o seu interior para oferecer um propósito renovado, um destino cheio de vida e transformação, que impactará tanto você quanto a sua casa.

A pessoa deixa para trás os lugares errados, pois compreende que buscar algo novo em Deus exige decisões.

Deus tem algo novo para você, mas é necessário se colocar diante do fogo de Deus.

Para viver o novo de Deus, decida romper com o passado.

Esteja disposto a deixar para trás tudo o que é velho.

FAÇA A SUA ORAÇÃO DO DIA

DÊ UMA RESPOSTA AO SENHOR

Para que Deus realize algo novo em nossas vidas, é necessário tirarmos os pés de caminhos que levam à morte.

Você está realmente pronto para obedecer? Quais mudanças em seu caráter está disposto a fazer para receber o que Deus tem para você?

Precisamos deixar para trás a religiosidade, o julgamento, a rebeldia, o mau caráter, os negócios desonestos, as más amizades e lugares inadequados.

Pedimos que Deus fale conosco, mas muitas vezes Ele nos pede coisas que não estamos dispostos a entregar.

O Senhor disse a Moisés: "Agora você vai entrar em um novo caminho, um novo começo". Avalie o seu coração hoje. E dê a resposta ao Senhor.

O Seu coração está verdadeiramente disposto a viver o projeto de Deus?

AÇA A SUA ORAÇÃO DO DIA

197

"Dá instrução ao sábio, e ele se fará mais sábio; ensina o justo e ele aumentará em entendimento. O temor do Senhor é o princípio da sabedoria, e o conhecimento do Santo a prudência."

(PROVÉRBIOS 9:9-10 ACF)

Oração

Senhor, meu Pai, derrame uma unção de sabedoria e discernimento para que eu deixe para trás todo espírito de religiosidade, julgamento e rebeldia. Conduza-me no caminho da verdade e da obediência, para que eu possa me entregar realmente a Jesus. Abençoe a minha vida e livre-me de todo mal. Amém.

198

CONSAGRAÇÃO

"Confia ao Senhor as tuas obras, e teus pensamentos serão estabelecidos."

(PROVÉRBIOS 16:3 ACF)

Oração

Pai celestial, transforme minha vida e restaure o meu coração. Faça as mudanças necessárias para que eu possa cumprir o Seu propósito. Limpe e restaure o que precisa ser consertado e ajustado em minha vida, na minha casa e família, para que eu possa ser renovado em Sua presença. Amém.

Consagração significa permitir que Deus faça as mudanças necessárias, e isso inclui retomar áreas que precisam ser alinhadas com Ele: tempo de qualidade com Deus, vida de oração e um comprometimento renovado com Seu propósito.

Quando entramos em um período de consagração, é como abrir a porta de uma casa que acabamos de adquirir, mas que estava habltada por outras pessoas.

Essa casa, apesar de ser nossa agora, ainda carrega marcas do passado: coisas velhas, quebradas, lixo acumulado.

O primeiro passo é limpar tudo, tirar o que não serve, abrir as janelas, deixar a luz entrar. Depois, começamos a reformar, pintar as paredes e colocar a casa em ordem para refletir o novo.

Deixe que Deus retire aquilo que não combina mais com o que está sendo construído.

Mesmo que seja desafiador para você, permita que o Senhor faça essa limpeza.

FAÇA A SUA ORAÇÃO DO DIA

SONHE ALTO

Deus coloca sonhos no coração de homens e mulheres, e, muitas vezes, esses sonhos parecem tão distantes, tão impossíveis e tão desafiadores que chegam a nos paralisar.

Existe uma batalha constante para que você não alce voos mais altos. Mas você sabe, no fundo do coração, que foi Deus quem colocou esse propósito em você.

É nesse momento que o inimigo tenta desanimá-lo de todas as formas. Não permita que palavras de desânimo ou as ciladas do inimigo roubem a visão que Deus colocou no seu coração.

As dificuldades aparecem, pessoas duvidam, não apoiam e muitas vezes até desencorajam. Há quem só acredite quando vê tudo pronto.

Diante de todos os desencorajamentos, não desista e sonhe alto.

Se Deus lhe deu um sonho, Ele também proverá os meios para realizá-lo.

"Porque assim como os céus são mais altos do que a Terra, assim são os meus caminhos mais altos do que os vossos caminhos, e os meus pensamentos mais altos do que os vossos pensamentos."

(ISAÍAS 55:9 ACF)

Oração

Senhor, meu Deus, renove os meus sonhos, para que eu consiga realizá-los. Ajude-me a vencer as dificuldades, as barreiras levantadas muitas vezes por mim. Que da minha boca saiam palavras de ânimo, de fé, palavras de prosperidade que me façam avançar rumo à realização dos meus projetos. Em nome de Jesus, amém.

AÇA A SUA ORAÇÃO DO DIA

____

____

____

____

____

____

____

____

200

"Pela fé, Abraão, sendo chamado, obedeceu, indo para um lugar que havia de receber por herança; e saiu, sem saber para onde ia."

(HEBREUS 11:8 ACF)

Oração

Senhor, meu Pai, me ensine a andar por fé, e não por vista. Que eu possa suportar a forja durante o processo. Conceda-me uma visão de águia para que eu possa enxergar mais longe e aproveitar as oportunidades que o Senhor está me entregando. Conduza o meu caminho com fé e persistência, para que eu possa combater o bom combate. Amém.

VISUALIZE O RESULTADO

A verdadeira fé é acreditar antes mesmo de enxergar os resultados.

A Palavra diz que Abraão creu em Deus, e isso lhe foi imputado como justiça (Romanos 4:3).

Muitos dizem que é difícil, que há muita concorrência, que não têm capacidade ou que são limitados demais.

Infelizmente, algumas pessoas não conseguem se alegrar com seus passos de fé enquanto o processo ainda está em andamento.

Lembre-se: Deus não chama os capacitados, Ele capacita os chamados.

Tenha fé, persista e confie, pois Aquele que começou a boa obra em sua vida é fiel para aperfeiçoá-la e completá-la.

FAÇA A SUA ORAÇÃO DO DIA

ESCOLHA O CAMINHO CERTO

Deus tem muito a lhe oferecer. Ele deseja realizar grandes coisas em sua vida. Mas é necessário que você esteja disposto a render toda a sua vida a Ele.

Não dá para continuar dividido entre dois caminhos, sem decidir andar plenamente com Deus, vivendo na dúvida e na incredulidade, sempre hesitante.

Certas coisas não são mais aceitáveis para o novo tempo que você está prestes a viver.

Talvez você ainda não tenha mergulhado por completo no que Deus tem preparado para sua vida.

Pare um pouco e reveja seus caminhos.

Faça a escolha certa e ande pelo caminho que o Espírito Santo já lhe mostrou.

AÇA A SUA ORAÇÃO DO DIA

"O Deus que me revestiu de força e aperfeiçoou o meu caminho."

(SALMOS 18:32 ARA)

Oração

Senhor, meu Deus, renove as nossas forças e nos encha de fé para que possamos alcançar novos desafios. Nos alinhe ao nosso propósito com os caminhos em que o Senhor quer que andemos, pois o Senhor é um Deus que cuida de todos os detalhes para que possamos colher o melhor desta Terra. Amém.

202

"Portanto, meus amados irmãos, mantenham-se firmes, e que nada os abale."

(1 CORÍNTIOS 15:58 NVI)

Oração

Senhor Jesus, quero permanecer sempre firme, nas Suas direções. Repreendo, em nome de Jesus, todas as distrações que vêm para me tirar do meu propósito. Dê-me forças para eu manter a perseverança. Ajude-me a permanecer inabalável. Que o Senhor seja sempre o meu norte. Em nome de Jesus, amém.

NÃO SE DISTRAIA

A principal estratégia do inimigo é nos distrair.

Os inimigos de Neemias, citados na Bíblia, tentaram de tudo para distraí-lo.

O objetivo do inimigo é minar nossa força, tirar nossa atenção do Senhor e nos levar a abandona nossa aliança com Ele.

Satanás quer nos desviar da nossa missão, nos fazer focar as críticas, as palavras negativas e a ingratidão alheia.

A obra que Deus lhe confiou é grande demais para ser interrompida por distrações.

Permaneça firme, olhe para o propósito que Deus tem para voc e confie que Ele mesmo cuidará de desmascarar as mentiras e exaltá-lo no tempo certo.

FAÇA A SUA ORAÇÃO DO DIA

SONHE

Quando você se posiciona com determinação, Deus trabalha para que os seus sonhos se realizem.

Deus é fiel e honra aqueles que se colocam diante d'Ele com fé e obediência.

Se você parou de sonhar, está na hora de voltar ao prumo de Deus e começar a idealizar coisas grandes, pois o nosso Deus é grande.

Se você se mantiver firme no seu propósito, Deus o honrará! Ele abre portas e permite não só que você realize os seus sonhos, mas também que alcance coisas que outros sonharam, mas nunca conseguiram alcançar.

Primeiro sonhe, depois idealize. Então, Deus o conduzirá à promessa.

Comece a idealizar aonde você quer chegar e profetize.

FAÇA A SUA ORAÇÃO DO DIA

203

"A tua fidelidade é constante por todas as gerações; estabeleceste a terra, que firme subsiste."

(SALMO 119:90 NVI)

Oração

Oramos, ó Deus, para que nos dê ousadia para sonharmos os Seus sonhos e realizarmos os Seus projetos. Ajude-nos a sermos determinados. Ensine-nos a semear com generosidade certos da Sua fidelidade. Agradecemos pelas respostas de cada semente lançada. Em nome de Jesus, amém.

"Se o seu dom é servir, sirva; se é ensinar, ensine." "Dediquem-se uns aos outros com amor fraternal. Prefiram dar honra aos outros mais do que a si próprios."

(ROMANOS 12:7.10 NVI)

SIRVA BEM

- Existe uma aceleração em nosso propósito e em nosso caminho quando nos dispomos a servir.
- Quando nos comprometemos a fazer tudo com uma entrega de valor e excelência, Deus nos revela o nosso propósito.
- O ato de servir não é limitado a uma posição ou status.
- Sirva a Deus, às pessoas, seus clientes, com qualidade, e sirva à Igreja com excelência.
- Sirva bem – sirva com o coração.
- Quanto maior a sua dedicação em servir, mais você descobrirá o que Deus tem reservado para a sua vida.

Oração

Obrigado, Pai, por nos dar a oportunidade de servir ao Senhor e aos nossos irmãos. Que possamos servir cada vez melhor ao Corpo de Cristo. Em nome de Jesus, oriente-nos a servirmos à Igreja e contribuirmos com Sua Obra. Capacite-nos a servir de todo o coração. E nos ajude a descobrir o nosso propósito enquanto O honramos. Que haja aceleração em nosso caminho. Amém.

FAÇA A SUA ORAÇÃO DO DIA

ALINHE-SE

Fazer a vontade do Senhor traz inúmeros benefícios para a sua vida, mas o alinhamento também pode ser desafiador.

O alinhamento traz tudo de volta ao lugar certo, e esse processo, embora possa ser doloroso, resulta em um derramar muito maior de Deus sobre sua vida.

Deus irá mexer com suas amizades, com o uso do seu tempo e até mesmo com áreas da sua vida que tomaram rumos inesperados ou errados.

Estar alinhado é um processo que só é possível por meio do Espírito Santo. Isso exige que você incline os seus ouvidos para Deus e se renda cada vez mais à Sua vontade.

Alinhe a sua vontade com a vontade do Espírito.

E tenha a certeza de que coisas grandiosas virão.

"Ensina-me a fazer a tua vontade, pois tu és o meu Deus; que o teu bondoso Espírito me conduza por terreno plano."

(SALMO 143:10 NVI)

Oração

Espírito Santo, peço que me ajude a alinhar-me à Sua vontade. Com o Seu amor e poder, coloque todas as coisas no seu devido lugar. Pai, conceda que a minha vontade esteja harmonizada com a Sua vontade. Dê-me um coração manso e humilde, para que eu ouça a Sua voz. Dê-me sabedoria e entendimento para vencer os desafios de Lhe obedecer. Em nome de Jesus, amém.

FAÇA A SUA ORAÇÃO DO DIA

206

"Não sejas sábio a teus próprios olhos; teme ao Senhor e aparta-te do mal."

(PROVÉRBIOS 3:7 ACF)

Oração

Eu me coloco diante do Senhor, ó Pai, e declaro minha total dependência. Oro para que fale comigo, Mestre, com clareza e venha com Seu agir norteando a minha vida, pois quero viver em paz a Sua plenitude. Derrame mais fé sobre mim e encha da Sua luz a minha jornada. Em nome de Jesus, amém.

PRINCÍPIOS SÃO NORTES DE DEUS

O apego aos bens, amigos e à vida construída, como ocorreu à mulher de Ló em Sodoma, traz sérias consequências e pode tornar-se um obstáculo para o destino de sua família.

Ao desobedecer à instrução divina e olhar para trás, a mulher de Ló foi transformada em uma estátua de sal, como relata a Bíblia.

Não passe por cima de um norte que Deus lhe deu.

Essa foi uma sentença de Deus, mas que carrega uma importante lição para nós: não podemos ignorar os princípios que Ele estabelece.

Os princípios do Senhor são imutáveis, e a obediência a eles é o caminho para viver plenamente o que Ele planejou para você.

Os princípios de Deus são nortes para a nossa vida.

FAÇA A SUA ORAÇÃO DO DIA

ORAÇÃO = FUNDAMENTAL E INDISPENSÁVEL

207

- Uma das coisas que precisamos entender é que, ao tomar decisões importantes em nossa vida, a oração é essencial. Ela é um dos ingredientes do milagre.
- A paz de Cristo deve dominar o seu coração. Se algo não dá paz, mesmo que pareça bom, não convém prosseguir com aquilo.
- Não há como tomar grandes decisões sem oração. A oração é como a farinha do pão, como o ar que respiramos: fundamental e indispensável.
- A ausência de paz é um sinal claro de que Deus está mostrando outro caminho.
- Se você quer viver em milagres, tenha uma vida de oração.
- Compreenda que a oração é uma questão de sobrevivência.

"Não andem ansiosos por coisa alguma, mas em tudo, pela oração e súplicas, e com ação de graças, apresentem seus pedidos a Deus."

(FILIPENSES 4:6 NVI)

FAÇA A SUA ORAÇÃO DO DIA

Oração

Espírito Santo, interceda por mim. Ensine-me a orar e conduzir minhas orações de acordo com a vontade do Pai. Transforme a minha vida, para que eu possa ouvi-Lo e obedecer--Lhe. Jesus, dê-me a Sua paz como forma de discernir a Sua direção. Conduza a minha vida de oração e faça os Seus milagres. Em nome de Jesus, amém.

208

"Quem é verdadeiramente sábio usa poucas palavras; quem tem entendimento controla suas emoções."

(PROVÉRBIOS 17:27 NVT)

Oração

Liberte-nos, Senhor, de toda obra da carne. Livre-nos da tentação de deixar nossas emoções nos controlarem. Traga os nossos pensamentos cativos ao Seu senhorio e ao centro da Sua vontade. Nos dê discernimento espiritual e direcione, Deus, cada uma de nossas decisões. Em nome de Jesus Cristo, amém.

AS EMOÇÕES NÃO DEVEM NOS CONTROLAR

Quando deixamos nossas emoções nos dominarem, corremos o risco de nos desalinharmos e comprometermos aquilo que Deus deseja realizar em nossas vidas.

Hagar se distanciou do plano divino e, por pouco, quase destruiu o futuro que Deus havia reservado para ela e seu filho.

Hagar estava à beira da morte porque havia saído do lugar da provisão.

Após um desentendimento com Sara, esposa de Abraão, Hagar decidiu agir por conta própria. Ela pensou: "Eu não vou me submeter a isso, não sou obrigada a passar por essa situação. Vou viver minha vida do meu jeito". Quem já não pensou assim?

Cada decisão, cada movimento em nossas vidas precisa ser direcionado por Deus.

É essencial termos discernimento espiritual e não deixarmos nossas emoções nos dominarem.

FAÇA A SUA ORAÇÃO DO DIA

A UNÇÃO QUE EQUALIZA

A unção de Deus tem o poder de equilibrar as áreas da nossa vida, de corrigir o que está desalinhado. Com ela, você não ficará mais para trás, nem preso em batalhas internas ou conflitos com outras pessoas.

Estar em alinhamento com Deus traz inúmeros benefícios: Ele nos conduz em Seu propósito e nos abençoa em todas as áreas.

Se não estivermos alinhados com o pensamento de Deus em nossas vidas, não receberemos a unção que nos capacita, aquela unção que faz justiça por nós e equaliza todas as coisas.

A unção trará força para que você prevaleça e alcance o que, de outra forma, seria impossível.

Não viva fora da bênção de Deus, nem distante do plano que Ele desenhou para você.

Viva sob o pensamento de Deus e deixe que a unção equalize e traga equilíbrio sobre todas as coisas.

FAÇA A SUA ORAÇÃO DO DIA

209

"Quanto a vocês, a unção que receberam dele permanece em vocês, e não precisam que alguém os ensine; mas, como a unção dele recebida, que é verdadeira, e não falsa, os ensina acerca de todas as coisas, permaneçam nele como ele os ensinou."

(1 JOÃO 2:27 NVI)

Oração

Louvado seja Deus pela unção e pelos dons com que tem me presenteado. Dê-me sabedoria para que eu saiba usá-los em benefício próprio, bem como para a Sua Igreja. Senhor, que eu esteja atento às Suas instruções para que eu seja equilibrado em tudo. Que a Sua unção permaneça sempre em mim. Em nome de Jesus, amém.

210

"Quando Jesus chegou àquele lugar, olhou para cima e lhe disse: 'Zaqueu, desça depressa. Quero ficar em sua casa hoje'. Então ele desceu rapidamente e o recebeu com alegria. Todo o povo viu isso e começou a se queixar: 'Ele se hospedou na casa de um pecador'."

(LUCAS 19:5-7 NVI)

Oração

Pai, obrigado por me escolher! Em nome de Jesus, ajude-me a caminhar pela Sua vontade e ter a relevância necessária para influenciar e não ser influenciado. Que eu venha a compreender as limitações dos outros e assim refletir o Seu amor e a Sua graça, sendo humilde e compreensivo. Amém.

COMPREENDA AS LIMITAÇÕES ALHEIAS

Vivemos em uma cultura impregnada pelo espírito de crítica e pré-julgamento, em que rapidamente olhamos para os erros das pessoas sem tentar compreender os fatores que as tornam limitadas.

Jesus, sendo perfeito, não evitava os pecadores. Ele se sentava com eles, compartilhava Seus ensinamentos e os transformava.

Nós, em nossa mentalidade limitada, muitas vezes agimos como se fôssemos melhores, mais santos, mais puros, mais religiosos, mais cheios de fé e integridade do que os outros.

Jesus não era influenciado pelos hábitos errados; ao contrário, Ele influenciava as pessoas com Sua santidade e amor.

Não seja juiz dos outros.

Reflita o amor e a graça sobre todos e os constranja com a sua humildade e compreensão.

FAÇA A SUA ORAÇÃO DO DIA

PERMITA que Deus limpe sua mesa, seus relacionamentos e sua vida. Assim, você estará **LIVRE PARA ROMPER**, de forma sobrenatural.

211

"Não permita que a ira domine depressa o seu espírito, pois a ira se aloja no íntimo dos tolos."

(ECLESIASTES 7:9 NVI)

Oração

Perdoe meus pecados, Senhor, livre-me das distrações, da ira, das provocações do inimigo e de tudo o que possa tirar-me a paz. Eu peço, em nome de Jesus, que me ajude a permanecer firme no Senhor e manter meus olhos fixos no Seu propósito e cumprir os princípios da Sua Palavra. Amém.

NÃO CEDA A PRESSÕES

Quando começamos o dia, somos imediatamente cercados por uma imensidão de oportunidades para nos distrair ou nos envolver em situações que podem nos tirar a paz.

A Bíblia nos diz que "A opressão pode levar até o sábio a agir como louco". Ou seja, sob pressão e o peso das circunstâncias, as pessoas podem agir de forma impulsiva.

Uma coisa é você ter um momento de loucura, ou, isoladamente, tomar uma atitude impensada. Outra coisa é constantemente sair do seu normal.

Manter a nossa vida e os nossos olhos fixos no propósito de Deus e nos princípios da Sua Palavra é o que nos guarda e nos protege de agirmos de forma inconsequente.

Mantenha-se focado naquilo que Deus lhe disse. Não caia em provocações e fortes pressões.

Existem muitas coisas que podem nos pressionar, mas, ao permanecermos firmes em Deus, encontramos força e direção.

FAÇA A SUA ORAÇÃO DO DIA

VERDADES PARA O DIA DE HOJE

- Deus sustenta o que promove.
- Não há problema para o qual Deus não tenha uma solução redentora.
- Às vezes paramos de orar porque achamos que não estamos obtendo resposta.
- Não vermos progresso não significa que Deus não esteja trabalhando.
- Há respostas que exigem persistência.
- Os israelitas marcharam ao redor de Jericó durante sete dias antes de verem as muralhas caírem. Apenas marche!

FAÇA A SUA ORAÇÃO DO DIA

"Lembro-me, Senhor, das tuas ordenanças do passado e nelas acho consolo."

(SALMOS 119:52 NVI)

Oração

Obrigado, meu Deus, pelas oportunidades de elevação. Aumente a minha capacidade de persistir. Que a Sua unção e autorização me conduzam a transpor muralhas e a derrotar todos os meus opositores, em Seu nome, Jesus, amém.

213

"Confia no Senhor de todo o teu coração, e não te estribes no teu próprio entendimento. Reconhece-o em todos os teus caminhos, e ele endireitará as tuas veredas."

(PROVÉRBIOS 3:5-6 ACF)

Oração

Perdão, Senhor, pelas vezes que duvidei da Palavra e não me movi conforme a Sua direção. Senhor, tire de mim todo o apego por coisas que não fazem sentido à minha caminhada contigo. Peço, em nome de Jesus, que continue me direcionando e endireitando minhas veredas. Cure-me e dê-me vitória. Amém.

NÃO PERMANEÇA

Não insista em permanecer no lugar de onde Deus já o mandou sair.

Quando Deus decidiu julgar as cidades de Sodoma e Gomorra por causa de sua grande iniquidade, Abraão intercedeu por Ló e sua família.

A mulher de Ló olhou para trás, pois seu coração ainda estava apegado à vida que deixava para trás, suas posses, seus amigos, sua rotina. E esse apego foi fatal para ela e sua família.

Por causa da oração de Abraão, Deus enviou anjos para resgatar Ló, sua esposa e suas filhas, ordenando-lhes: "Saiam daqui e não olhem para trás". Todavia, a mulher de Ló não conseguiu obedecer a essa direção clara de Deus.

Obedeça à instrução divina.

Não se torne um atrapalho aos planos de Deus.

FAÇA A SUA ORAÇÃO DO DIA

FERRAMENTA DO ALINHAMENTO

A sabedoria coloca as coisas em ordem. Ela traz organização, estabelece prioridades e coloca cada área da sua vida alinhada com o seu propósito e também com a vontade de Deus.

Há bênçãos que recebemos pela fé, outras pela busca, mas há coisas que só virão com alinhamento.

Não somos abençoados meramente por fazer uma campanha ou dias de consagração com um profeta.

A sabedoria é uma ferramenta de alinhamento, porque você se une a uma vontade maior do que a sua. Não tenha medo do alinhamento.

Deus não libera bênçãos de qualquer forma.

Permita que a sabedoria de Deus coloque em ordem as coisas e organize as áreas de sua vida que estão desajustadas.

FAÇA A SUA ORAÇÃO DO DIA

"Pois o Senhor é quem dá sabedoria; de sua boca procedem o conhecimento e o discernimento."

(PROVÉRBIOS 2:6 NVI)

Oração

Clamo ao Senhor que sempre me oriente sobre a direção que devo seguir. Em nome de Jesus, dê-me sabedoria para que alinhe a minha caminhada com a Sua vontade. Tire todo o medo do alinhamento e me auxilie a colocar em ordem tudo o que está desajustado na minha vida. Em nome de Jesus, amém.

215

"E não vos conformeis com este mundo, mas transformai--vos pela renovação do vosso entendimento, para que experimenteis qual seja a boa, agradável e perfeita vontade de Deus."

(ROMANOS 12:2 ARC)

Oração

Guie-me, meu Deus, pelos caminhos que devo andar. Em nome de Jesus, afaste da minha vida todo caminho mau. Ajude-me na minha decisão de ser íntegro e fiel ao Senhor, pois não quero negociar Seus princípios. Mostre-me na Sua palavra a direção que devo seguir. Consagro a minha vida e casa na Sua presença. Amém.

DECISÃO

O diabo sempre busca manipular situações ou pessoas para atacar aqueles que escolhem ser íntegros, que decidem andar em fidelidade a Deus e viver de forma diferente.

A Bíblia nos conta a história do Profeta Daniel, que tomou uma decisão ousada: não se contaminar com a mesa do rei, rejeitando tudo o que não agradava a Deus. Esse ato de coragem revela algo poderoso — a integridade e o caráter de uma pessoa são motivos de honra e bênção em sua vida.

Se você se conforma com o padrão do mundo, dificilmente enfrentará oposição.

No entanto, também é evidente que o inimigo não descansa diante de alguém que decide viver dessa maneira.

Decida ser diferente, ande em integridade e não negocie os princípios de Deus.

Ao decidir andar na contramão, ser luz onde há trevas, você se torna visível.

FAÇA A SUA ORAÇÃO DO DIA

SOMENTE DEUS PODE APAGAR A SUA LÂMPADA

- Somente Deus pode apagar a lâmpada daquele que carrega a luz de Deus na sua vida.
- Daniel era um homem íntegro e cuidava bem daquilo que vinha à sua mão. Mas sofreu perseguição por causa da sua vida de oração.
- Tentaram apagar a luz de Daniel por meio de um decreto.
- Quando lançado na cova dos leões, aqueles homens acharam que tinham conseguido acabar com a influência de Daniel.
- Continue sendo zeloso e mantenha suas lâmpadas sempre acesas. Nada poderá pará-lo.
- Apesar do decreto do rei, Daniel não parou de adorar e buscar o Senhor.

"Vigiai, pois, porque não sabeis o Dia nem a hora em que o Filho do Homem há de vir."

(MATEUS 25:13 ARC)

FAÇA A SUA ORAÇÃO DO DIA

Oração

Senhor, agradeço por Sua Palavra e Sua luz. Em nome de Jesus, eu peço que me ajude, que eu seja zeloso e não me distraia, que nenhum decreto do inferno venha apagar a minha lâmpada e que eu mantenha minhas convicções na Sua verdade e permaneça focado no alvo que é a minha salvação. Amém.

217

"Portanto, submetam-se a Deus. Resistam ao diabo, e ele fugirá de vocês."

(TIAGO 4:7 NVT)

Oração

Senhor, tenha misericórdia de mim, defenda-me das investidas do inimigo e ajude-me a permanecer na posição, firme em oração, sem corromper meu caráter, e que tudo o que estou passando sirva para aumentar ainda mais a minha fé. Livre-me de todo mal. Em nome de Jesus, amém.

DE QUEM O DIABO TEM MEDO

- O diabo teme alguém que vive de oração, que permanece em constante busca por Deus, que se mantém na posição de oração, confiando no Senhor.
- Enquanto você permanecer firme, em oração, e não deixar nada corromper o seu caráter, Deus honrará a sua vida, a sua casa, a sua causa.
- Não deixe que o inimigo use as tempestades da vida para parar o seu avanço. Não saia da sua posição por nada.
- Mesmo que a luta seja intensa e até injusta, você não está sozinho. Há alguém lutando por você.
- Mantenha-se firme! Resista ao diabo.
- Deus vai visitá-lo. Ele virá ao seu encontro.

FAÇA A SUA ORAÇÃO DO DIA

O PODER DO ALINHAMENTO COM DEUS

- Alinhamento com Deus significa entrar em concordância com o céu aqui na Terra.
- Quando uma pessoa vive alinhada ao propósito divino, ela pode experimentar coisas maiores e sobrenaturais em sua vida.
- Não importa o quanto você se esforce ou trabalhe, se não houver alinhamento, muitas conquistas não acontecerão.
- Deus nos ensina, em Sua Palavra, sobre a importância de estarmos em sintonia com Ele, e só conseguimos isso com uma constante busca.
- Alinhe-se ao céu para que tudo o que Deus preparou para você seja liberado sobre sua vida.
- Quando vivemos em alinhamento com Ele, experimentamos paz, provisão e a manifestação de Suas promessas.

FAÇA A SUA ORAÇÃO DO DIA

"Obtenha todo conselho e instrução que puder, e você será sábio para o resto da vida. É da natureza humana fazer planos, mas o propósito do Senhor prevalecerá."

(PROVÉRBIOS 19:20-21 NVT)

Oração

Pai, eu abro mão do controle da minha vida e, em nome de Jesus, oro para que o Senhor abra meus olhos, mostre-me a direção certa a ser seguida e me dê sabedoria para que assim eu esteja sempre em sintonia com o Senhor e alinhado aos Seus propósitos. Amém.

219

"O Senhor cumprirá o seu propósito comigo! Teu amor, Senhor, permanece para sempre; não abandones as obras das tuas mãos!"

(SALMOS 138:8 NVI)

Oração

Senhor, meu Deus, alinhe a minha vida e ajude-me a analisar as coisas à luz do Seu propósito. Eu oro por Sua orientação, Senhor, e para que seja feita a Sua vontade. Direcione-me e conecte-me aos ambientes que o Senhor tem reservado para mim. Em nome de Jesus, amém.

CONFIRA O PROPÓSITO

Aprendi que, independentemente do tamanho do prejuízo financeiro, é mais importante seguir a direção de Deus; porque há situações nas quais entramos que nunca foram, de fato, por orientação de Deus.

Tudo em nossa vida deve ser analisado à luz do propósito que Deus tem para nós. Se algo não faz parte do seu propósito, não deve fazer parte das suas decisões, do seu sim ou dos seus investimentos.

Nem sempre o que é válido para mim é para você, pois dependerá do propósito.

Muitas vezes, cometemos erros ao pensar que boas intenções, boas ideias, conselhos aparentemente sensatos e até o sucesso de outras pessoas em uma decisão parecida também valem para nós.

Seguir em frente com algo que não se alinha ao propósito divino é perder o foco daquilo que realmente importa.

Por isso, antes de qualquer passo, consulte o seu propósito.

FAÇA A SUA ORAÇÃO DO DIA

____

____

____

____

____

____

QUEM É O SEU MENTOR?

220

"Louvarei o Senhor, que me guia; mesmo à noite meu coração me ensina."

(SALMOS 16:7 NVT)

Não faz sentido alguém falar sobre Deus para os outros quando, na verdade, não vive debaixo da Sua mão em sua própria vida.

Em relação a mentores ou líderes espirituais, as pessoas estão, mais do que nunca, buscando alguém genuíno.

Não devemos ser hipócritas. O que não está bem ou não está funcionando na nossa vida não serve para ensinar outros.

Hoje vejo muitas pessoas ensinando sem autoridade, sem viver aquilo que pregam. É fácil encontrar quem fale sobre coisas que não experimentou ou das quais não entende profundamente.

Quem é o seu mentor?
Quem é o seu conselheiro?
Reflita sobre isso.

Seja cuidadoso com quem escolhe ouvir e de quem recebe conselhos.

Oração

Obrigado, Senhor, por sempre me guiar, desde que acordo até a hora de dormir. Em nome de Jesus, eu peço que sempre guie meus passos e seja meu mentor para sempre. Eu quero viver de acordo com Seus ensinamentos e seguir Sua direção. Capacite-me a ouvir Sua voz sem distrações. Amém.

AÇA A SUA ORAÇÃO DO DIA

____

221

"Hoje lhes dei a escolha entre a vida e a morte, entre bênçãos e maldições. Agora chamo os Céus e a Terra como testemunhas da escolha que fizerem. Escolham a vida, para que vocês e seus filhos vivam!"

(DEUTERONÔMIO 30:19 NVT)

Oração

Deus amado, eu preciso do Senhor. Eu Lhe consagro a minha vida e peço a Sua direção para que eu faça escolhas acertadas para todas as áreas, sendo intencional nas minhas escolhas e decisões. Em nome de Jesus, amém.

ANALISE O IMPACTO DE SUAS DECISÕES

Uma questão muito importante que precisamos entender é o peso das decisões que tomamos em nossa vida.

Nem todas as escolhas têm o mesmo impacto. Algumas são simples, como decidir a cor de um carro. Outras carregam um peso significativo, como com quem você vai se casar, com quem fará uma parceria de negócios ou a quem dará ouvidos em momentos cruciais.

Uma escolha errada pode comprometer seus planos e até abortar os sonhos que Deus colocou no seu coração.

Antes de agir, devemos refletir: essa decisão afeta apenas o momento presente ou está diretamente ligada ao meu destino?

É essencial prestar atenção especial às decisões que envolvem o seu destino. Há decisões que podem determinar o seu rumo, o seu futuro.

Ore mais, busque a direção de Deus e seja intencional nas escolhas que moldam o propósito da sua vida.

FAÇA A SUA ORAÇÃO DO DIA

222

DEUS ISOLA SEUS ESCOLHIDOS

Você já parou para pensar por que Deus, às vezes, o isola? A razão principal é simples: Ele deseja que você o conheça face a face.

O isolamento de Deus acontece no intervalo entre a promessa e o cumprimento dela. É nesse processo que você realmente aprende a conhecer Deus.

Confesso que durante muitos anos questionei muitas coisas. Especialmente quando me encontrava nesse tempo de isolamento, quase no anonimato, e tudo parecia em silêncio.

Hoje eu entendo como Deus trabalha na minha vida e já não questiono mais.

Tenha paciência e respeite os processos.

Saiba que o próprio Deus isolou você para um propósito específico, para lhe ensinar e treinar.

"De fato, ó Deus de Israel, nosso Salvador, tu ages de formas misteriosas."

(ISAÍAS 45:15 NVT)

Oração

Perdão, Senhor, por todas as vezes que questionei o Seu agir, pois agora sei que o Senhor tem propósitos específicos para a minha vida. Ajude-me a conhecê-Lo mais e mais e respeitar o processo quando o isolamento estiver fazendo parte do Seu trabalhar. Em nome de Jesus, amém.

FAÇA A SUA ORAÇÃO DO DIA

"Esperei com paciência pelo Senhor; ele se voltou para mim e ouviu meu clamor. Tirou-me de um poço de desespero, de um atoleiro de lama. Pôs meus pés sobre uma rocha e firmou meus passos."

(SALMOS 40:1-2 NVT)

Oração

Oro, meu Deus, para que eu tenha paciência para esperar o tempo de Suas bênçãos se concretizarem em minha vida. Traga os Seus sonhos e projetos ao meu coração. Eu buscarei diariamente a Sua presença e, em nome de Jesus, peço que a Sua vontade prevaleça em minha vida, pois tudo acontece no Seu tempo perfeito. Amém.

ISOLAMENTO GERA PACIÊNCIA

Deus trabalha a nossa paciência.

Veja o exemplo de Davi. Ele provavelmente pensava que sua vida seria simples: cuidar das ovelhas de seu pai e, quem sabe, assumir os negócios da família.

Deus quer nos ensinar que não é no nosso tempo, mas no tempo d'Ele, que as coisas acontecem.

Talvez Davi imaginasse que se tornaria um bom soldado. Mas Deus tinha outros planos. Ele preparou Davi para ser um dos maiores reis da história de Israel. Para isso, Deus colocou no coração de Davi os Seus sonhos e os Seus projetos.

Assim como Davi, confie no processo.

Permita que Deus molde a sua paciência e direcione sua vida segundo os planos d'Ele, pois são sempre maiores e melhores do que podemos imaginar.

FAÇA A SUA ORAÇÃO DO DIA

CONFIE NA JUSTIÇA DE DEUS

Deus é justo e age no tempo certo, e separa os escolhidos para que desenvolvam maturidade.

Davi não se tornou rei da noite para o dia. Ele precisou passar por um longo processo e lidar com um perseguidor chamado Saul.

Durante todo esse tempo, Saul perturbava Davi constantemente, perseguindo-o e dificultando sua vida.

Isso nos ensina algo profundo: Deus queria ensinar a Davi a confiar na Sua justiça.

Descanse na justiça de Deus.

É no processo que aprendemos a abrir mão da vingança, do orgulho e da arrogância, por entendermos o tempo e a justiça do Criador.

FAÇA A SUA ORAÇÃO DO DIA

224

"Mas o Senhor é a minha defesa; e o meu Deus é a rocha do meu refúgio.
E trará sobre eles a sua própria iniquidade; e os destruirá na sua própria malícia; o Senhor nosso Deus os destruirá."

(SALMOS 94:22-23 ACF)

Oração

Pai, eu confio plenamente no Senhor. Proteja-me das injustiças que o inimigo tenta fazer contra a minha vida, pois ao Senhor pertence a justiça e a vingança. Abençoe a minha vida, a minha casa, e livre-me de todo mal. Seja feita a Sua vontade, em nome de Jesus. Amém.

225

OS DONS ESPIRITUAIS

"Jesus Cristo é o mesmo ontem, hoje e para sempre."

(HEBREUS 13:8 NVI)

Os dons espirituais são ferramentas poderosas que Deus nos concedeu.

Eu creio no poder que Deus deixou para a Igreja. Por isso, não acredito na teoria de que os dons cessaram.

Muitas pessoas pensam que os dons não se manifestam mais e que os apóstolos foram os últimos a usar os dons espirituais.

Não acredito que os dons cessaram, pois vejo sua manifestação diariamente.

Para que os dons espirituais se manifestem na sua vida, precisará crer que eles existem. E o segundo passo é mover-se através deles.

Precisamos ter um entendimento maior do poder de Deus e da manifestação dos dons.

Oração

Obrigado, Pai, por nos confiar dons. Quero buscá-los com zelo para servir melhor ao Corpo de Cristo. Em nome de Jesus, oriente-me sobre como usar os dons em benefício da Igreja, para edificar o Seu Santo nome e contribuir na Sua obra. Eu preciso da Sua sabedoria, Senhor. Ajude-me. Em nome de Jesus, amém.

FAÇA A SUA ORAÇÃO DO DIA

A VIDA DE ORAÇÃO E O PROPÓSITO

"Orai sem cessar."

(1 TESSALONICENSES 5:17 ACF)

Um dos grandes desafios para quem já teve experiências com Deus é não viver apenas das nostalgias do passado.

Muitos não entendem que as experiências que fazem parte do passado foram só o começo de uma jornada. Deus deseja continuar falando, revelando e direcionando, para que vivam com propósito, e não com o coração cheio de dúvidas sobre o que Ele tem planejado.

Muitas vezes, as pessoas se prendem a lembranças e não conseguem perceber as novas coisas que Deus está fazendo.

Talvez você se pergunte: "Por que isso acontece?". A resposta é simples. Esse caminhar em novas revelações só acontece em um ambiente de oração.

É por isso que uma vida de oração é essencial. É nela que ouvimos a voz de Deus e continuamos recebendo Suas revelações.

Permaneça no seu lugar de oração e deixe que o Espírito Santo comunique ao seu espírito todo o projeto que Ele tem para você.

Oração

Deus meu, quero estar sempre em comunhão com o Senhor, em oração. Desejo as novas coisas que o Senhor tem para a minha vida. Quero viver intensamente tudo o que está preparado pelo céu para mim. Eu declaro por terra toda intenção de Satanás de me desfocar e de me tirar do ambiente de oração. Em nome de Jesus Cristo, amém.

AÇA A SUA ORAÇÃO DO DIA

____

____

____

____

____

____

227

"E os que ouviram foram batizados em nome do Senhor Jesus. E, impondo-lhes Paulo as mãos, veio sobre eles o Espírito Santo; e falavam línguas, e profetizavam."

(ATOS 19:5-6 ACF)

Oração

Rogo ao Pai que todo aquele que ainda não recebeu o Espírito Santo de Deus seja batizado com Seu Santo Espírito. Que a presença de Deus transborde em sua vida, e seja derramado o óleo da Sua unção. E aquele que não fala em línguas estranhas comece a falar agora. Em nome de Jesus, amém.

BATISMO NO ESPÍRITO SANTO

A primeira bênção de ser batizado no Espírito Santo é orar em uma linguagem sobrenatural, na linguagem do Espírito.

A oração em línguas edifica você e o capacita para os dons.

Muitas pessoas não creem e acabam não dando liberdade para o Espírito manifestar-se por meio desse dom.

Quando a pessoa ora em línguas estranhas, ela está fazendo uma oração que somente Deus entende.

Você precisa estar sempre aberto para aprender.

Quanto mais você caminhar com Deus, mais terá revelações e mais Ele o capacitará.

FAÇA A SUA ORAÇÃO DO DIA

UM FIM PROVEITOSO

228

Os dons são para uma finalidade, um propósito de Deus. Ninguém recebe dons para aparecer ou representar, muitas vezes expondo as pessoas ao ridículo, negativamente.

A manifestação dos dons espirituais é uma ferramenta para poder vencer o mal que está atacando a vida das pessoas.

Nunca esqueça que todo dom vem de Deus, não é seu; é Ele que deve ser reconhecido, e não você.

Às vezes, Deus não está mais usando uma pessoa nos dons espirituais porque ela não está se movendo para um fim específico.

Use corretamente e com zelo os dons que Deus lhe entregou.

Aquilo que Deus lhe deu é para um fim proveitoso, ou seja, para que o trabalho seja feito nesta Terra.

"Ora, há diversidade de dons, mas o Espírito é o mesmo. E há diversidade de ministérios, mas o Senhor é o mesmo. E há diversidade de operações, mas é o mesmo Deus que opera tudo em todos. Mas a manifestação do Espírito é dada a cada um, para o que for útil."

(1 CORÍNTIOS 12:4-7 ACF)

Oração

Pai, tudo vem do Senhor e tudo o que eu tenho é Seu. Dê-me sabedoria para que eu use os dons para um fim proveitoso no meio em que estou inserido e que os dons que o Senhor a mim confiou sejam ferramenta perfeita para vencer o mal. Em nome de Jesus, amém.

FAÇA A SUA ORAÇÃO DO DIA

229

"Quem crer e for batizado será salvo; mas quem não crer será condenado."

(MARCOS 16:16 ACF)

Oração

Pai, eu peço que haja salvação, que haja arrependimento dos pecados e que o Senhor quebrante o coração daqueles que já ouviram a Sua palavra, que já ouviram o apelo, porém ainda não tomaram a decisão de receber o batismo nas águas. Eu peço, Deus, que essas pessoas Lhe entreguem suas vidas e O confessem publicamente. Amém.

O BATISMO NAS ÁGUAS

Quando uma pessoa aceita Jesus como seu Senhor e Salvador e decide se batizar nas águas, está dando uma demonstração pública de sua fé. Esse ato é geralmente realizado por um pastor, apóstolo, profeta, líder ou até mesmo por um diácono da igreja.

A palavra "batismo" vem do termo *baptismo* e significa "imersão". Durante a cerimônia, a pessoa é imersa nas águas e, em seguida, levantada, simbolizando uma nova vida em Cristo.

O batismo nas águas não é somente aspersão ou derramar água na cabeça.

No batismo, a pessoa se arrepende de seus pecados e confessa publicamente Jesus como Senhor e Salvador de sua vida.

Certamente esta será a melhor decisão da sua vida!

Se você ainda não foi batizado nas águas, quero motivá-lo a entregar a sua vida a Cristo e confessá-Lo publicamente por meio do batismo nas águas.

FAÇA A SUA ORAÇÃO DO DIA

A PLENITUDE DO ESPÍRITO

Para nos movermos nos dons espirituais, é essencial buscarmos os frutos do Espírito, como o amor, a alegria, a paz, a paciência, a bondade, a fidelidade, a mansidão e o domínio próprio.

Precisamos reconhecer que a unção é resultado de nossa intimidade com Deus, de nossa entrega e rendição a Ele. É por meio dessa conexão profunda que somos ungidos e capacitados.

Os dons não têm se manifestado de maneira plena porque as pessoas não estão vivendo na plenitude do Espírito.

Os frutos do Espírito são a base que sustenta nossa caminhada no poder de Deus.

Busque mais essa plenitude no Senhor para que fluam os dons do Espírito em sua vida.

Infelizmente, homens e mulheres de Deus, mesmo tendo recebido dons preciosos, enfrentam dificuldades para se mover nesses dons porque não estão verdadeiramente cheios da presença de Deus.

FAÇA A SUA ORAÇÃO DO DIA

"Pois antigamente vocês estavam mergulhados na escuridão, mas agora têm a luz no Senhor. Vivam, portanto, como filhos da luz! Pois o fruto da luz produz apenas o que é bom, justo e verdadeiro."

(EFÉSIOS 5:8-9 NVT)

Oração

Deus Todo-poderoso, queremos ser mais íntimos do Senhor, ó Pai. Em nome de Jesus, nos acrescente mais dos frutos do Seu Santo Espírito, para que os dons fluam em nossas vidas e assim sejamos mais mansos, pacientes, bondosos, com domínio próprio, fiéis ao Senhor e aos outros, e tenhamos mais amor, mais alegria, vivendo em paz e plenitude de Espírito. Amém.

231

"Assim acontece com vocês. Visto que estão ansiosos por terem dons espirituais, procurem crescer naqueles que trazem a edificação para a Igreja."

(1 CORÍNTIOS 14:12 NVI)

Oração

Graças Lhe dou, Senhor, pelos dons distribuídos à Igreja. Em nome de Jesus, ajude-nos a usá-los com sabedoria e para o bem comum, não expondo as pessoas de forma a envergonhá-las ou humilhá-las publicamente. Ajude-nos a reconhecer nossos erros e falhas, guie-nos pelos Seus caminhos. Amém.

DONS EXPÕEM ERROS

Os dons espirituais têm o propósito de expor o erro, mas nunca para envergonhar ou humilhar as pessoas publicamente.

Todos estamos em um processo contínuo de santificação e purificação. Nesse processo, Deus remove de nós o que é errado e nos preenche com o que é bom.

Não tenha medo da manifestação dos dons, pois enquanto eles se manifestam também promovem a sua santificação.

Lembre-se disto: os dons não revelam erros para causar vergonha, mas para corrigir e alinhar vidas ao propósito de Deus.

Os dons espirituais aceleram o processo de limpeza em nós, ajudando-nos a crescer.

Deus nos transforma e nos aperfeiçoa pela graça de Jesus Cristo, libertando-nos das trevas e trazendo luz para nossas vidas.

FAÇA A SUA ORAÇÃO DO DIA

____

____

____

____

____

____

____

____

A CONFIANÇA GUARDA O CORAÇÃO

Quando a Bíblia fala sobre o coração, ela se refere à nossa alma.

O espírito e a alma estão conectados. Deus fala ao nosso espírito, revelando Sua vontade, mas essa mensagem precisa alcançar a alma para que não se perca.

Muitas vezes, tomamos decisões erradas porque não renovamos nossa alma, não crescemos espiritualmente nem alinhamos nossos pensamentos com a vontade de Deus.

A vida que vivemos depende muito do estado da nossa alma.

Por isso, é essencial buscarmos crescer e caminhar em direção às promessas de Deus.

Guarde seu coração em confiança. Creia e confie no que Ele lhe revelou por meio da Sua Palavra, de pregações ou de palavras proféticas.

"Ó Senhor, aqueles que te conhecem confiam em ti, pois não abandonas os que procuram a tua ajuda."

(SALMOS 9:10 NTLH)

Oração

Espírito Santo, meu consolador, obrigado por estar em todo tempo comigo! Peço que me ajude a crescer e caminhar em direção às promessas do Pai. Declaro, em nome de Jesus, que confio a minha vida ao Senhor. Ordeno que todo decreto de dívida caia por terra. Senhor, continue guardando e protegendo a minha alma e me ensinando a guardar o meu coração em confiança à Sua Palavra. Amém.

FAÇA A SUA ORAÇÃO DO DIA

233

"Portanto, procurai com zelo os melhores dons; e eu vos mostrarei um caminho mais excelente."

(1 CORÍNTIOS 12:31 ACF)

Oração

Pai de graça e misericórdia, oro para que o Senhor guarde meu coração para que eu não desfaleça. Em nome de Jesus, ajude-me a manter viva minha a minha fé e a buscar os melhores dons para usá-los em benefício da Sua Igreja, para arrependimento e correção. Amém.

A BATALHA CONTRA OS DONS

Nem todas as pessoas têm dons espirituais, pois esses são concedidos pelo Espírito Santo com um propósito específico: servir à Igreja de Cristo e edificar o Corpo de Cristo.

A resistência do diabo contra os dons espirituais tem um motivo claro: ele deseja manter ocultas as áreas que Deus quer revelar e transformar.

Quando os dons espirituais não são usados, coisas que deveriam ser trazidas à luz permanecem escondidas, impedindo que a Igreja avance em plenitude.

A carnalidade é exposta pelos dons; eles revelam a condição espiritual das pessoas, trazendo à luz o que precisa ser corrigido.

Os dons espirituais são concedidos conforme a necessidade e o propósito do Reino, e não para satisfazer vaidades, já que eles trazem discernimento, revelação e edificação ao povo de Deus.

Por isso, busque com zelo manifestar os dons que Deus lhe deu.

FAÇA A SUA ORAÇÃO DO DIA

A ORAÇÃO O CONECTA À REVELAÇÃO

A oração é um presente de Deus para nos ajudar a ativar nosso espírito e nos conectar com Ele. É por meio dela que recebemos revelações espirituais.

Por meio da oração, de repente, algo novo é registrado em nossa alma ou surge uma ideia na mente, porque nosso espírito foi tocado e ficou mais sensível, fortalecendo nossa comunicação com Deus.

Sem um relacionamento diário com Deus, não crescemos nem amadurecemos espiritualmente.

Por meio da oração, surgem experiências sobrenaturais. Aprendemos mais sobre o mundo espiritual e como nos envolver com ele.

Quem ora cresce, independentemente de sua formação acadêmica ou experiências laborais.

A oração é a ponte que nos leva ao ambiente de revelação de Deus.

"Orando em todo o tempo com toda a oração e súplica no Espírito, e vigiando nisto com toda a perseverança e súplica por todos os santos."

(EFÉSIOS 6:18 ACF)

Oração

Pai celestial, rogo que nos conduza a um encontro verdadeiro com o Pai, Filho e Espírito Santo. Coloque-nos no centro da Sua vontade, nos abençoe, revele-se a nós e derrame uma unção, para termos muitas experiências sobrenaturais na Sua presença. Amém.

FAÇA A SUA ORAÇÃO DO DIA

235

"O meu povo está sendo destruído, porque lhe falta o conhecimento. Porquanto rejeitaste o conhecimento, também eu te rejeitarei, para que não sejas sacerdote diante de mim; visto que te esqueceste da lei do teu Deus, também eu me esquecerei de teus filhos."

(OSEIAS 4:6 AA)

Oração

Pai, a Igreja é Sua, a Igreja não é nossa, por isso eu peço, em nome de Jesus, que todo o poder e todo o domínio dentro dela seja Seu, que somente a Sua vontade venha a prevalecer dentro da Sua casa, Senhor. Ajude-me para que eu sempre receba bons ensinamentos a respeito dos dons e que, quando depender de mim, que eu também transmita bons ensinamentos para honra e glória do Seu nome. Amém.

A FALTA DE ENSINO MATA OS DONS

Nos tempos atuais, percebemos que muitos líderes não sabem lidar com a operação dos dons em suas igrejas.

O apóstolo Paulo, em suas cartas à Igreja de Corinto, menciona que ele operava nos nove dons do Espírito. E isso é realmente incrível. Mas suas cartas também mostram que a mesma Igreja tinha muitos problemas de imoralidade e confusões devido à realidade cultural da época.

Onde falta ensino, as operações de Deus acabam sendo sufocadas.

Paulo combateu os problemas por meio do ensino. Percebi que a melhor forma de contrabalançar a impetuosidade e o orgulho de quem tem um dom, de alguém que carrega algo extraordinário, é por meio do ensino.

Como se mata um ministério dentro da Igreja? Como se interrompe uma operação divina? Deixando de ensinar.

Devemos ensinar a Igreja a não parar de usar os dons. Pelo contrário, devemos ensinar a maneira certa de mover-se neles.

FAÇA A SUA ORAÇÃO DO DIA

SERVOS NO REINO OU PEDRAS DE TROPEÇO?

Existem outros ministérios além dos cinco principais mencionados na Bíblia, mas Deus estabeleceu o ministério apostólico, profético, evangelístico, pastoral e de mestre como fundamentos para a Igreja.

Os cinco ministérios têm um objetivo comum: aperfeiçoar o Corpo de Cristo. Aperfeiçoar significa ensinar, e é por meio do ensino que o Corpo de Cristo cresce em maturidade e entendimento.

No entanto, onde não há ensino, não há aperfeiçoamento.

Infelizmente, em muitas igrejas, temas fundamentais como o profético, o apostólico e até mesmo práticas como a imposição de mãos não são ensinados ou praticados.

Seja uma pessoa ensinável e ensine aos outros o que tem aprendido no Reino de Deus.

Como líderes de igreja, devemos refletir se estamos desempenhando um papel de servos no Reino ou estamos servindo de pedra de tropeço para a Igreja do Senhor.

"Assim que não nos julguemos mais uns aos outros; antes seja o vosso propósito não pôr tropeço ou escândalo ao irmão."

(ROMANOS 14:13 ACF)

Oração

Senhor, eu declaro, em nome de Jesus, um novo tempo sobre minha casa, meu ministério e sobre toda a minha parentela. Pai, eu quero receber ensino e desempenhar o papel de servo no seu Reino, eu não aceito ser pedra de tropeço na vida dos meus irmãos e da igreja. Em nome de Jesus, amém.

AÇA A SUA ORAÇÃO DO DIA

237

"Por que qual dos homens sabe as coisas do homem, senão o espírito do homem, que nele está? Assim também ninguém sabe as coisas de Deus, senão o Espírito de Deus. Mas nós não recebemos o espírito do mundo, mas o Espírito que provém de Deus, para que pudéssemos conhecer o que nos é dado gratuitamente por Deus."

(1 CORÍNTIOS 2:11-12 ACF)

Oração

Nosso amigo Espírito Santo, venha nos assistir. Nós O convidamos, amado, para nos acompanhar em todos os momentos e em todos os lugares. Revista-nos de unção. Dê-nos discernimento de espírito, sagacidade e sabedoria para nos desvencilharmos de todo laço demoníaco. Em nome de Jesus, amém.

DISCERNIMENTO DE ESPÍRITOS

O dom de discernimento de espíritos é um dom que todos deveriam buscar ter.

O dom de discernimento de espíritos ajuda a discernir pensamentos, ideias, intenções e o que age por trás de muitas pessoas.

Então, não basta apenas ter o dom de discernimento de espírito é preciso ter unção. Esta vai habilitá-lo para mover-se no dom.

Acredito que a unção juntamente com o dom faz com que tenhamos um alto discernimento, e, assim, o dom se manifesta na potência que ele tem.

Para sermos usados na plenitude do Espírito, precisamos estar ungidos.

Por isso, busque essa unção por meio de seu relacionamento de santificação com o Senhor.

FAÇA A SUA ORAÇÃO DO DIA

DEUS NÃO É IMPASSÍVEL

Algumas pessoas declaram que Deus é impassível, ou seja, que não tem paixões como nós, e, se tem, não as exibe abertamente.

A Bíblia narra que o profeta Jeremias chorava porque sentia a tristeza de Deus, por Ele falar e o povo não Lhe dar ouvidos. Sentia a dor de Deus pela desobediência do povo e o Seu prazer ao lembrar-se de alguém.

Quando alguém é como Jeremias, alguns julgam que seu coração é de "manteiga", mas na verdade é uma sensibilidade muito grande em relação ao que as pessoas estão enfrentando, uma revelação de Deus.

A vontade de chorar em um ambiente pode representar a presença de Deus ou a dor Dele sobre determinada situação, bem como pode representar que Satanás está torturando alguém.

Pessoas que se preocupam muito com as outras ou são ansiosas têm alto nível de revelação por meio das emoções. A empatia e a compaixão também são marcas bastante fortes disso.

É preciso discernir a fonte do sentimento.

ÇA A SUA ORAÇÃO DO DIA

238

"Não é Efraim o meu filho querido? O filho em quem tenho prazer? Cada vez que eu falo sobre ele, mais intensamente me lembro dele. Por isso o meu coração por ele anseia; tenho por ele grande compaixão, declara o Senhor."

(JEREMIAS 31:20 NVI)

Oração

Senhor, meu Deus, nos faça mais sensíveis à Sua presença para que possamos nos mover através das Suas revelações. Mostre-nos os ambientes em que devemos estar e nos conduza conforme os Seus sentimentos, para que possamos estar intercedendo pelas pessoas que estão em sofrimento. Que venhamos a ter mais compaixão uns pelos outros, para que possamos nos unir em oração e vencer as forças malignas. Amém.

239

"Não havendo sábios conselhos, o povo cai, mas na multidão de conselhos há segurança."

(PROVÉRBIOS 11:14 ACF)

Oração

Pai, o Senhor é o dono de todo o entendimento. Eu peço que abra a minha visão e os meus ouvidos espirituais para distinguir os conselhos que recebo, que eu saiba diferenciar a fonte e não aceitar conselhos de morte, e sim conselhos de vida. Dê-me revelação em nome de Jesus. Amém.

DISCIRNA A FONTE

É imprescindível saber diferenciar o que é um conselho de Deus, um conselho bom, de uma palavra de morte.

O dom de discernimento de espíritos é uma revelação daquilo que não conseguimos entender integralmente na dimensão natural somente pelo Espírito.

E existem pessoas que até têm o dom, porém estão conectadas à fonte errada. E estas são usadas pelo inimigo para liberar sobre nós palavras de morte.

Para discernir na totalidade um conselho ou uma palavra de morte para destruir um sonho, destruir um projeto de Deus, é necessária uma revelação de Deus.

Seja prudente ao abrir o coração com pessoas que apenas aparentam ser espirituais.

Diante disso, busque a revelação de Deus para discernir a fonte.

FAÇA A SUA ORAÇÃO DO DIA

OS CINCO SENTIDOS

Discernir significa distinguir, diferenciar, perceber, e as pessoas exercem o dom de discernimento de maneiras diferentes.

O discernimento não se dá somente mentalmente, mas também através dos cinco sentidos espirituais: audição, tato, paladar, visão, olfato.

Algumas pessoas querem nos colocar em guerra nos tirando da direção do Senhor.

Quando uma palavra não é de Deus, eu, particularmente, sinto, naquele exato momento, um enjoo, uma tristeza profunda, ou como se uma faca estivesse sendo cravada em mim.

O discernimento de espírito nos mostra quando algo é de Deus ou de fonte maligna.

É preciso estarmos atentos aos sinais que se manifestam em nosso corpo por meio do discernimento de espírito. Isso também é um alerta.

ÇA A SUA ORAÇÃO DO DIA

240

"Amados, não acreditem em todo espírito, mas ponham-no à prova para ter a certeza de que o espírito vem de Deus, pois há muitos falsos profetas no mundo."

(1 JOÃO 4:1 NVT)

Oração

Pai Santo de amor, eu quero permanecer na direção dada pelo Senhor, sem desviar-me dela, e peço, em nome de Jesus, por discernimento de espíritos, a fim de distinguir os sinais, se uma palavra vem ou não do Senhor. Amém.

Se Deus lhe
deu um **SONHO,**
Ele também
PROVERÁ OS MEIOS
para **REALIZÁ-LO.**

O ESPÍRITO DE JEZABEL

Pessoas que atacam a Igreja ou que concordam com as que fazem isso estão operando debaixo do espírito de Jezabel.

Os demônios que operam através do principado de Jezabel não se manifestam da mesma forma que os outros, mas, sim, usam de manipulação e desonra.

O espírito de Jezabel não se submete a autoridade, é crítico e manipulador, e, inclusive, há muitos pastores que são manipulados por ele.

Esse espírito não se manifesta de forma aparente, mas é algo que opera nos bastidores, semeando contendas, discórdias, quebrando a autoridade e criando divisões dentro da igreja.

Peça discernimento de espíritos para identificar uma manifestação do espírito de Jezabel.

É muito importante pedirmos discernimento de espíritos ao Senhor para que não sejamos ludibriados e não caiamos nesse encantamento, o que é também uma das características de atuação do espírito de Jezabel.

ÇA A SUA ORAÇÃO DO DIA

241

"No entanto, contra você tenho isto: você tolera Jezabel, aquela mulher que se diz profetisa. Com os seus ensinos, ela induz os meus servos à imoralidade sexual e a comerem alimentos sacrificados aos ídolos."

(APOCALIPSE 2:20 NVI)

Oração

Senhor Jesus, afaste de nós todo espírito de Jezabel, livre-nos de todo mal, de tudo que se levanta contra nossa vida, casa e família. Afaste dos meus caminhos tudo que opera nos bastidores e que não estamos enxergando, toda contenda, discórdia e semente de divisões no meio do Seu povo. Unja-nos com Seu sangue para que não venhamos a cair em encantamento e para que não sejamos ludibriados pelas investidas do maligno. Em nome de Jesus, amém.

242

"Não tratem com desprezo as profecias, mas ponham à prova todas as coisas e fiquem com o que é bom. Afastem--se de toda forma de mal."

(1 TESSALONICENSES 5:20-22 NVI)

Oração

Oro para que o Espírito Santo de Deus me conduza a ambientes proféticos para que eu possa receber orientações e capacitações direto do Seu trono. Que sejamos livres de toda amarra espiritual que tenta nos aprisionar. Liberte-nos de toda religiosidade e sofismas espirituais. Caiam por terra as cadeias e grilhões que têm me impedido de ter uma vida de oração e entrega ao Senhor. Amém.

LIBERAÇÕES POTENCIALIZADAS

Em ambientes proféticos, as liberações do Espírito são muito intensas.

Tudo o que está alinhado com uma orientação de Deus recebe uma capacitação especial do Espírito Santo.

Em tais ambientes não há olhares de reprovação, nem contrariedades de um espírito religioso ou de incredulidade.

Por exemplo, nas minhas Escolas de Profetas, a direção é claramente profética, e isso atrai uma manifestação ainda maior de Deus. Acredito que isso aconteça porque estamos seguindo um modelo desenhado pelo próprio Deus.

Um ambiente onde o profético é celebrado gera mais liberdade potencializada para a manifestação de Deus.

Procure ambientes proféticos onde há liberações sobrenaturais. É nesses ambientes que muitas religiosidades e travas cairão por terra na sua vida.

FAÇA A SUA ORAÇÃO DO DIA

O QUE TODO PROFETA PRECISA TER

O discernimento de espíritos vai também ajudar a compreender se a revelação, o sonho, a visão ou profecia é de Deus.

Todo profeta ou toda pessoa que tem um ministério profético ativo precisa do dom de discernimento de espíritos.

Nem todos os sonhos, nem todas as visões, nem todas as profecias e revelações são de Deus.

Para compreender a fonte dos sonhos ou visões que outras pessoas têm e ajudá-las a entender o significado, precisamos do dom de discernimento de espíritos.

Todavia, nenhum tipo de revelação, profecia ou visão pode passar por cima da Palavra de Deus.

Por isso, obrigatoriamente o profeta precisa ter o discernimento de espíritos e o conhecimento da Palavra de Deus para identificar as fontes e sempre profetizar no prumo da Palavra.

FAÇA A SUA ORAÇÃO DO DIA

243

"Pois vocês todos podem profetizar, cada um por sua vez, de forma que todos sejam instruídos e encorajados. Os espíritos dos profetas estão sujeitos aos profetas."

(1 CORÍNTIOS 14:31-32 NVI)

Oração

Senhor Jesus, conduza a vida dos nossos profetas com sabedoria, para que possam ser transmitidas diretamente do Seu trono as revelações e profecias ao Seu povo. Conceda-nos visões e sonhos proféticos para que venhamos a nos mover conforme o Seu propósito em nossas vidas. Conceda-nos capacidade e discernimento para identificarmos as fontes da revelação e nos conduza conforme a Sua palavra. Amém.

244

"Assim que Jesus foi batizado, saiu da água. Naquele momento os céus se abriram, e ele viu o Espírito de Deus descendo como pomba e pousando sobre ele. Então uma voz dos céus disse: 'Este é o meu Filho amado, em quem me agrado'."

(MATEUS 3:16-17 NVI)

Oração

Senhor, meu Deus, nos conduza conforme as Suas Santas Escrituras. Produza em nós um Espírito sedento por Sua palavra, para que a cada dia venhamos buscar mais do Senhor. Que o Senhor cresça em nossas vidas e o meu eu e meu querer diminuam, a fim de que vivamos cada dia mais no Espírito. Em nome de Jesus, amém.

CONEXÃO

João Batista viu que, quando Jesus levantou das águas, o Espírito Santo desceu sobre Ele em forma de pomba e discerniu que Jesus era e é o Messias.

Tem coisas que somente conseguimos discernir pelo Espírito.

João não deixou que a familiaridade que ele tinha com Jesus atrapalhasse o seu discernimento espiritual.

João estava tão conectado com Deus que conseguiu discernir o que estava sobre Jesus. Ele reconheceu que estava diante do Cristo Vivo que haveria de resgatar a humanidade.

É a sua conexão com Deus que definirá a sua percepção do mundo espiritual.

É importante buscar mais de Deus e dedicar-se a mortificar a carne para viver no Espírito.

FAÇA A SUA ORAÇÃO DO DIA

O QUE DEUS REVELA

245

"Portanto, não tenham medo deles. Não há nada escondido que não venha a ser revelado, nem oculto que não venha a se tornar conhecido."

(MATEUS 10:26 NVI)

A Bíblia diz que Deus não faz nada sem antes revelar aos seus santos e profetas, isto é, quando buscamos a voz de Deus e começamos a orar por algo, Deus mostra.

Todos nós gostaríamos de ter uma revelação plena das coisas, mas, às vezes, isso não acontece. Até porque Deus usa as experiências da vida para nos amadurecer e nos ensinar.

Tem coisas que Deus não vai nos revelar. Pode ser que Ele não revele a maldade de quem irá nos trair, por exemplo.

A verdade é que não estamos suficientemente íntimos de Deus a ponto de termos um senso espiritual tão apurado.

Devemos compreender que, às vezes, Deus não permitirá que saibamos completamente de algo, mas proverá o livramento.

Se começarmos a orar por algo que está nos inquietando, Deus irá nos revelar.

Oração

Oremos para que Deus revele aos nossos corações o nosso propósito de vida. Pai, nos revele os próximos passos que devemos dar por meio da Sua palavra, dos Seus pastores, profetas e sonhos proféticos. Conduza-nos no caminho correto a seguir, para que estejamos atentos à Sua voz e saibamos quando devemos parar e mudar a trajetória. Senhor, nos conceda sabedoria, para acertarmos em todas as decisões que devemos tomar, e nos livre de todo caminho mau. Amém.

FAÇA A SUA ORAÇÃO DO DIA

246

AMBIENTES CARREGADOS DE FÉ

"Ora, a fé é a certeza daquilo que esperamos e a prova das coisas que não vemos. Pois foi por meio dela que os antigos receberam bom testemunho."

(HEBREUS 11:1-2 NVI)

A Bíblia nos conta, em Atos dos Apóstolos, sobre um homem que foi curado por intermédio de Paulo. Isso porque aquele homem tinha fé.

Em ambientes tomados de fé, as palavras viram decretos e existe uma materialização da fé, porque o ambiente está tomado de unção.

Às vezes, milagres deixam de acontecer nas igrejas por falta de um ambiente preparado com fé.

Percebemos quando uma pessoa está cheia de fé ou quando um ambiente está carregado de fé, pois ela pode ser sentida. É algo impressionante.

Quando a fé está se movendo em um lugar, conseguimos fluir, e Deus opera ali.

É por isso que, em todos os lugares por onde Jesus passava em que havia fé, também havia uma incrível manifestação de milagres.

Oração

Senhor, meu Deus, fortaleça o nosso coração e nos encha com a Sua fé, que vem pelo ouvir a Sua Palavra. Jesus, nos coloque em lugares e ambientes onde possamos sentir o mover e a manifestação do Seu Espírito Santo. Conduza-nos no caminho correto para que venhamos a receber os Seus milagres em nossas vidas. Espírito Santo de Deus, entre em nossas casas, nas nossas famílias, para que possamos sentir o fluir da Sua unção derramada em nós. Amém.

FAÇA A SUA ORAÇÃO DO DIA

____

____

____

____

____

____

____

____

____

DISCERNIMENTO DE ESPÍRITOS MALIGNOS

Há opressões espirituais que estão na vida das pessoas e elas nem se dão conta, porque a maneira como o mal entra, age e amarra a vida da pessoa é muito sutil.

Durante o ministério de Jesus, Ele discerniu muitos espíritos malignos que se manifestavam de várias maneiras. Ele curou doenças, repreendeu a força do vento e do mar, expulsou espíritos imundos.

Assim, as pessoas não conseguem ver a operação do mal na vida delas. Não conseguem ver que aquilo não é normal, e sim uma ação maligna.

E toda vez que a Bíblia fala que Jesus repreendia algo, Ele não estava lidando com algo natural, e sim espiritual. Entenda, nem toda doença é física.

Está aí a importância de se buscar o discernimento espiritual, para que possamos distinguir o físico do espiritual.

A Palavra de Deus nos diz que os apóstolos também discerniram quando houve espíritos imundos na vida das pessoas.

FAÇA A SUA ORAÇÃO DO DIA

247

"Todas as minhas palavras são justas; nenhuma delas é distorcida ou perversa. Para os que têm discernimento, são todas claras, e retas para os que têm conhecimento."

(PROVÉRBIOS 8:8-9 NVI)

Oração

Pai, oramos para que o Senhor venha nos conceder o discernimento espiritual para que possamos discernir o que vem de Deus e o que é manifestação do maligno. Capacite-nos, Jesus, para que saibamos ouvir a doce voz do Espírito Santo, nos concedendo inteligência emocional para distinguir o que é físico, o que é da nossa mente e o que é Deus falando. Livre-nos de todo espírito imundo. Em nome de Jesus, amém.

248

"Disse o homem: 'Foi a mulher que me deste por companheira que me deu do fruto da árvore, e eu comi'. O Senhor Deus perguntou então à mulher: 'Que foi que você fez?' Respondeu a mulher: 'A serpente me enganou, e eu comi'."

(GÊNESIS 3:12-13 NVI)

Oração

Senhor, meu Deus, nos livre do mal, de toda investida do inimigo em nossas vidas. Obrigado, Senhor, por Seus cuidados e livramentos diários em nossas casas e em nossa família. Peço que nos dê discernimento espiritual por meio de sonhos e visões, para que possamos orar por proteção e livramento de algo que não estamos vendo naturalmente. Em nome de Jesus, amém.

SONHOS E VISÕES COM ANIMAIS

Existem coisas espirituais às quais Deus abre a nossa visão, nos mostrando em formato de animais como cobras, aranhas e outras criaturas agressivas.

Podemos discernir a presença de espíritos na nossa vida tendo visão de algum animal.

Entenda: assim como verificamos no livro de Apocalipse, os espíritos imundos podem tomar formas e manipular situações, ainda hoje.

Assim, sonhar com cobra significa ataque espiritual. Deus está dando, por meio desse sonho, um discernimento espiritual de que existe um demônio que pode estar atacando a sua vida ou sua família. Sonhar com sapos, com rãs, está ligado a tipos de atuações malignas como obras de feitiçaria.

Deus pode estar lhe dando o discernimento de algo que você não está vendo naturalmente.

Se você tem sonhos ou visões com animais, fique atento, pois Deus pode estar falando com você.

FAÇA A SUA ORAÇÃO DO DIA

NÃO ROMANTIZE OS RELACIONAMENTOS

Devemos entender que os relacionamentos são conexões em nossas vidas. É necessário, muitas vezes, agir como técnico de uma equipe, reconhecendo os papéis de cada um em nossa vida.

Quando aprendemos a gerenciar as conexões, começamos a compreender que todas as pessoas que entram em nossas vidas têm um propósito.

Precisamos compreender que as pessoas são imperfeitas, elas erram, e nós também.

Algumas pessoas são colocadas em nossas vidas para nos desafiar, ajudando-nos a crescer por meio de ensinamentos.

Perceba quando alguém não está encaixado no propósito e faça uma reciclagem na equipe, quando necessário.

Quando aprendemos a colocar cada pessoa no lugar certo em nossa vida, convivemos melhor, sem romantizar relacionamentos.

FAÇA A SUA ORAÇÃO DO DIA

"'Porque sou eu que conheço os planos que tenho para vocês', diz o Senhor, 'planos de fazê--los prosperar e não de lhes causar dano, planos de dar--lhes esperança e um futuro'."

(JEREMIAS 29:11 NVI)

Oração

Senhor, meu Deus, nos capacite para gerenciarmos nossas conexões, para que possamos entender qual o propósito das pessoas que entram ou passam por nossas vidas. Pai, nos dê sabedoria para aprender a conviver melhor com cada uma delas. Peço perdão por muitas vezes não saber compreendê-las e julgá-las. Também libero perdão por achar que muitas vezes sou injustiçado. Agradeço-Lhe por me aceitar mesmo sendo falho e imperfeito. Amém.

250

"As suas portas permanecerão abertas; jamais serão fechadas, dia e noite, para que lhe tragam as riquezas das nações, com seus reis e seu séquito."

(ISAÍAS 60:11 NVI)

Oração

Senhor, nosso Pai, coloque em nossos caminhos as pessoas certas. Dê-nos sabedoria e discernimento para que possamos construir relacionamentos saudáveis e duradouros. Conecte-nos a pessoas que realmente estejam designadas ao nosso propósito, para aprender conosco ou nos trazer algum tipo de ensinamento. Abra nossos olhos espirituais para que possamos enxergar as verdadeiras oportunidades e as portas que estão abertas para passarmos. Amém.

SOMOS PORTAS DE CONEXÃO

Na vida, as pessoas entram em nossos caminhos por diferentes motivos, e é essencial discernirmos o porquê. Isso nos ajuda a construir relacionamentos mais saudáveis e evitar frustrações.

Jesus foi seguido por muitos, inicialmente, por causa da posição em que estava. Portanto, as conexões, embora muitas vezes pragmáticas, também fazem parte do nosso propósito. Nem todas precisam ser profundas, mas são valiosas em seu devido lugar.

Muitas pessoas apenas se conectam conosco pela posição que ocupamos, por nossa localização física ou influência. O papel no trabalho ou na sociedade pode atrair pessoas interessadas em nosso ambiente ou rede de contatos.

Existem aqueles que nos acessam por admiração ou curiosidade pelo que fazemos.

Essas pessoas desejam aprender conosco, descobrir nossas metodologias ou desenvolver habilidades semelhantes.

Reconheça as conexões como oportunidades de ensinar e inspirar. Mas também esteja atento ao motivo real por trás do interesse das pessoas.

FAÇA A SUA ORAÇÃO DO DIA

O FRUTO DO ESPÍRITO CONDUZ AOS DONS

251

Para nos movermos nos dons espirituais, primeiro precisamos amar. O amor é um dos gomos do fruto do Espírito.

Quando somos cheios da plenitude, podemos dizer que o Espírito Santo está no governo de todas as coisas. E, quando o Espírito está no governo, Ele nos mostra a maneira correta de manifestar um dom, sempre com respeito às intimidades das pessoas.

O Espírito Santo não grita, Ele é educado e ao mesmo tempo ousado, e se move de uma forma sobrenatural, ordeiro, silencioso, soberano.

Por isso, tão importante quanto os dons é o fruto do Espírito, porque é o fruto que vai nos ajudar a trabalhar bem com os dons espirituais.

É do Seu fruto que vem o poder para manifestar, com ousadia, os dons espirituais.

Se você quer ser usado por Deus, deve obedecer aos comandos do Espírito, conhecer verdadeiramente o Espírito Santo.

"Deus também deu testemunho dela por meio de sinais, maravilhas, diversos milagres e dons do Espírito Santo distribuídos de acordo com a sua vontade."

(HEBREUS 2:4 NVI)

Oração

Senhor, meu Deus, derrame o Seu amor em nossas vidas para que possamos nos mover nos dons do Espírito Santo. Nos direcione para que sejam manifestos os dons espirituais de forma sobrenatural em nossos corações; para que possamos direcionar e orientar a vida das pessoas, conforme a Sua vontade. Nos dê ousadia e intrepidez para que saibamos ouvir a Sua voz e obedecer aos Seus desígnios. Amém.

FAÇA A SUA ORAÇÃO DO DIA

252

"A cada um, porém, é dada a manifestação do Espírito, visando ao bem comum. Pelo Espírito, a um é dada a palavra de sabedoria; a outro, a palavra de conhecimento, pelo mesmo Espírito."

(1 CORÍNTIOS 12:7-8 NVI)

Oração

Senhor, Deus, nos conceda o dom da sabedoria e do discernimento de espíritos. Nos conceda o conhecimento para que possamos resolver questões que aparecem em nosso caminho diariamente. Santifique os nossos corações e nos norteie nas tomadas de decisões. Nos conduza dentro do propósito que o Senhor desenhou para as nossas vidas. Amém.

O DOM DA PALAVRA DE SABEDORIA

Sabedoria é a aplicação do conhecimento. Já o dom da palavra de sabedoria é um dom especial para resolver questões e para ajudar pessoas, aconselhando-as.

Podemos ver um reflexo da manifestação da palavra de sabedoria quando Salomão teve de resolver aquela difícil situação das mães que estavam brigando por uma criança.

No entanto, esse dom não opera diariamente como a sabedoria que Deus dá (escrita no livro de Tiago e no de Provérbios).

Assim, o dom da palavra de sabedoria é uma sabedoria especial para momentos singulares.

Busque essa sabedoria especial para momentos específicos, já que ela serve para dar um norte à vida das pessoas.

A palavra de sabedoria é um dom extraordinário que todos deveríamos buscar em Deus.

FAÇA A SUA ORAÇÃO DO DIA

INTENÇÃO VERSUS IMPULSÃO

Devemos ser intencionais em tudo o que fazemos, pois a intencionalidade é uma característica essencial para uma vida significativa e alinhada com o propósito de Deus.

Ser intencional significa viver com um propósito definido e tomar decisões conscientes que reflitam os valores e os planos que Deus tem para nós.

Seja intencional como Jesus. Não haja mais de forma impulsiva.

Cada palavra, ação e decisão de Jesus foram carregadas de propósito. Ele nunca agiu de forma impulsiva; Sua vida reflete uma profunda conexão com a vontade do Pai e um compromisso em cumprir Sua missão na Terra.

Ser intencional nos ajuda a não desperdiçar tempo e energia no que não edifica e a nos concentrar no que realmente importa: glorificar Deus, edificar o próximo e crescer em nosso chamado.

Coloque todos os seus passos nas mãos do Senhor para que a intenção do Espírito governe a sua mente.

FAÇA A SUA ORAÇÃO DO DIA

"Muitos são os planos no coração do homem, mas o que prevalece é o propósito do Senhor. O que se deseja ver num homem é amor perene; melhor é ser pobre do que mentiroso."

(PROVÉRBIOS 19:21-22 NVI)

Oração

Senhor Jesus, livre-nos de toda compulsão e impulsão financeira, para que saibamos evitar desperdícios. Pai, edifique nosso coração para que os Seus valores se reflitam na minha vida e no meu propósito. Oro para que o Senhor coloque em nossos corações a Sua vontade e que saibamos administrar o tempo canalizando toda a nossa energia para honrar e glorificar o Seu nome na Terra. Amém.

254

"O rei Salomão era o mais rico e o mais sábio de todos os reis da terra. Esses pediam audiência a Salomão, para ouvirem a sabedoria que Deus lhe tinha dado."

(2 CRÔNICAS 9:22-23 NVI)

PRINCÍPIOS QUE LEVAM AO SUCESSO

Os princípios contidos na Palavra de Deus governam o mundo. E a eficácia deles transcende crenças pessoais, pois eles carregam em si a sabedoria e as promessas de Deus.

O incrível é que, ao praticar os princípios bíblicos, você colherá os frutos deles, independentemente de ser ou não uma pessoa religiosa. A riqueza de Salomão, por exemplo, foi resultado da prática desses mesmos princípios.

Não é por acaso que os homens mais ricos do mundo são judeus, pois eles aplicam princípios espirituais em suas vidas.

Os princípios e ensinamentos que aprendi e observei vieram de homens de grande sucesso. Esses princípios, que fazem toda a diferença na vida dessas pessoas, estão descritos na Bíblia, pois são princípios divinos.

Aplique os princípios de Deus em sua vida para alcançar o propósito.

Assim como homens de sucesso colheram grandes frutos ao segui-los, viva de forma significativa e alinhada com o propósito divino.

Oração

Oro a Deus para que o Senhor me ensine os Seus princípios, para que eu nunca venha a me desviar dos Seus caminhos. Guie-me no meu propósito para que eu possa colher os frutos das Suas promessas. Senhor, me entregue um coração generoso e sábio para que eu saiba abençoar as pessoas. Conduza-me em um caminho para que eu possa viver de forma significativa e alinhada com Seus desígnios. Amém.

FAÇA A SUA ORAÇÃO DO DIA

____

____

____

____

QUESTÕES DIFÍCEIS

A sabedoria divina, a sabedoria especial de Deus, ajuda a resolver questões complexas.

A Bíblia nos relata, em 1 Reis, uma sabedoria extraordinária que pertencia ao rei Salomão. Era um reflexo do dom da palavra de sabedoria.

Em tal episódio vemos a sabedoria em ação. Uma sabedoria sobrenatural, e não uma sabedoria comum.

Deus também dá sabedoria em determinadas situações, por meio de um conselho da vida de um homem ou mulher de Deus ou até de uma pessoa que não serve a Deus.

A sabedoria especial de Deus é um presente Dele para nós.

Se você pedir a Deus que Ele o ajude a resolver determinada questão com sabedoria, o dom da palavra de sabedoria pode manifestar-se na sua vida.

FAÇA A SUA ORAÇÃO DO DIA

255

"Portanto, não se preocupem com o amanhã, pois o amanhã se preocupará consigo mesmo. Basta a cada dia o seu próprio mal."

(MATEUS 6:34 NVI)

Oração

Senhor Deus, rogamos pela sabedoria especial que estava na vida de Salomão, nos conceda essa graça. Nos ajude a resolver questões complexas e confusas que aparecem diariamente em nossos caminhos. Obrigado por estar sempre me enchendo de força e coragem. Coloque as pessoas certas na minha vida para que possam me auxiliar com uma palavra de fé ou conselho de sabedoria. Obrigado por Sua mão forte na minha vida, que me levanta quando quero desistir. Graças Lhe dou pelo Seu grande e inexplicável amor. Amém.

256

TOM SOBRE TOM

"Deixo-lhes a paz; a minha paz lhes dou. Não a dou como o mundo a dá. Não se perturbem os seus corações, nem tenham medo."

(JOÃO 14:27 NVI)

Como você fala com aqueles que trabalham com você? Como trata o porteiro do prédio, a pessoa que lhe traz um café ou os colegas durante uma reunião? O que sai da sua boca? Palavras ásperas, como "cobras e lagartos", ou palavras suaves que promovem paz e edificação?

A Bíblia nos ensina que "a resposta branda desvia o furor" (Provérbios 15:1). Por isso, vale a pena refletir sobre a maneira como nos comunicamos com as pessoas ao nosso redor.

Quando falamos sempre de forma exaltada ou em tom elevado, acabamos recebendo o mesmo em troca: um "tom sobre tom".

Ao nos exaltarmos, o outro pode reagir de duas maneiras: sentir-se humilhado e recuar, ou tentar se impor, tornando-se mais exaltado, aí o desrespeito surge, acompanhado de palavras duras, e o ambiente, que deveria ser leve e harmônico, fica pesado e carregado.

Escolha ser alguém que, por onde passa, leva paz e sabedoria.

A nossa fala não apenas reflete quem somos, mas também tem o poder de construir ou destruir o ambiente ao nosso redor.

Oração

Oro, meu Deus, para que o Senhor conduza as minhas palavras com sabedoria. Conceda-me entendimento e inteligência emocional para que eu saiba tratar as pessoas com calma e prudência. Guie-me para que eu responda às pessoas de forma mansa. Ajude-me para que eu faça a diferença por onde eu passar, e que o caráter de Jesus se reflita em minha vida. Amém.

FAÇA A SUA ORAÇÃO DO DIA

A SABEDORIA E O GOVERNO

"Deus disse a Salomão: 'Já que este é o desejo de seu coração e você não pediu riquezas, nem bens, nem honra, nem a morte dos seus inimigos, nem vida longa, mas sabedoria e conhecimento para governar o meu povo, sobre o qual o fiz rei, você receberá o que pediu, mas também lhe darei riquezas, bens e honra, como nenhum rei antes de você teve e nenhum depois de você terá'."

(2 CRÔNICAS 1:11-12 NVI)

O dom da palavra de sabedoria ajuda as pessoas a serem políticas genuínas.

Em Atos dos Apóstolos, quando a Igreja precisou se organizar, foi necessário dividir tarefas. E um dos requisitos principais para as pessoas assumirem aquele importante ministério era ter sabedoria, porque a sabedoria coloca ordem em tudo e não admite desordem.

A pessoa que está sendo visitada pela sabedoria divina não aceita desordem alguma na sua vida.

Toda pessoa que estiver debaixo do dom da palavra de sabedoria ou que receber relances de sabedoria vai ser uma pessoa politicamente correta, vai fazer a diferença e vai governar bem.

Somos herdeiros de Deus e chamados a receber Sua sabedoria extraordinária para governarmos neste mundo.

Por isso, comece a orar e a pedir essa graça a Deus, pois Ele a concederá abundantemente a você.

Oração

Senhor Deus, derrame sobre nós sabedoria divina e especial para que possamos exercer neste mundo cargos de governo. Nos capacite para que possamos fazer a diferença onde andarmos. Oramos agradecendo-Lhe por tudo o que tem entregado em nossas mãos para governarmos, seja em nossas vidas, em nossas casas, em nosso trabalho. Nos conceda sabedoria extraordinária, abundante conhecimento, e derrame a Sua graça sobre nós. Amém.

FAÇA A SUA ORAÇÃO DO DIA

____

____

____

____

____

____

____

258

"E este evangelho do Reino será pregado em todo o mundo, em testemunho a todas as gentes, e então virá o fim."

(MATEUS 24:14 ARC)

Oração

Nosso amado Jesus, abra nossos olhos espirituais para que sejamos libertos de todo espírito de religiosidade, de tudo o que nos impede de enxergar além. Nos conceda, Senhor, discernimento para sair de todo sistema religioso, do que limita nossa mente, e sermos libertos para ouvir a voz de Deus. Livre-nos de todo ataque espiritual em nossas mentes, de tudo o que nos impede de sermos livres para estarmos conectados com o Seu Santo Espírito. Amém.

O PERIGO DA RELIGIOSIDADE

A religiosidade é mais perigosa do que a incredulidade, porque a religiosidade não permite que a pessoa veja além.

Creio que é mais fácil um incrédulo se converter do que um religioso ter revelação, pois o religioso tem dificuldade de acreditar em qualquer coisa que fuja do seu padrão. O incrédulo, por sua vez, por não estar atrelado a um sistema religioso, ao tomar conhecimento de Deus, se renderá totalmente a Ele.

O sistema religioso tenta colocar o agir de Deus em uma caixinha, limitando o poder de Deus.

A incredulidade pode ser totalmente quebrada a partir do momento em que a luz verdadeira de Jesus aparece ao incrédulo.

Não permita que sistemas religiosos o impeçam de ouvir Deus e o bloqueiem espiritualmente.

Uma das melhores coisas é aprendermos a ouvir a voz de Deus, porque Ela liberta-nos de sistemas de crenças limitantes impostos pela religiosidade.

FAÇA A SUA ORAÇÃO DO DIA

RAZÃO E EMOÇÃO

259

A voz de Deus não nos traz dúvida, todavia, quando algo nos inquieta e vem acompanhado do sentimento de "peça fora do lugar", pode tratar--se de revelação de Deus.

Sentimentos de perdão, misericórdia ou pureza podem ser revelações de Deus por meio das nossas emoções, por isso não devemos desconsiderar os nossos sentimentos.

Deus não pede para abandonarmos a razão. Na verdade, a razão nunca pode ser deixada de lado, para que não nos percamos na revelação.

Deus partilha algumas de Suas emoções conosco, nos dando muitas revelações por meio dos nossos sentimentos e emoções.

Até mesmo o sentimento de dúvida pode vir de Deus em determinadas decisões que precisamos tomar.

Quando Deus quer falar conosco, Ele nos inquieta.

"Como a cidade com seus muros derrubados, assim é quem não sabe dominar-se."

(PROVÉRBIOS 25:28 NVI)

Oração

Senhor, nosso Deus e Pai, que saibamos controlar as nossas emoções e que a razão sempre esteja à frente da emoção. Blinde os nossos sentimentos, para que possamos tomar decisões com sabedoria e discernimento. A Sua voz nos mostra que estamos no caminho certo, pois não coloca dúvidas em nossos corações. Nos ensine a guardar os nossos sentimentos e que sempre estejamos atentos a tudo o que inquieta o nosso coração. Em nome de Jesus, amém.

FAÇA A SUA ORAÇÃO DO DIA

260

"Clamam os justos, e o Senhor os escuta e os livra de todas as suas tribulações. Perto está o Senhor dos que têm o coração quebrantado e salva os de espírito oprimido."

(SALMOS 34:17-18 ARA)

Oração

Meu Amado Jesus, renove a minha alegria, que eu consiga enxergar felicidade em meio às dificuldades. Retire do meu coração e da minha mente todas as coisas que me entristecem. Que eu seja sensível ao Seu Espírito Santo para discernir um ambiente pesado e triste, e orar repreendendo todo sentimento ruim que está agindo naquele lugar. Abençoe a minha vida, casa e família, livrando-as de todo mal. Em nome de Jesus, amém.

EMOÇÕES NEGATIVAS E AS REVELAÇÕES

Há interferências na nossa alma, que são revelações, devido a uma sensibilidade dada pela presença de Cristo em nós.

Aquele que anda com Cristo, quando sente tristeza em um ambiente onde entra ou ao conversar com uma pessoa, essa é uma tristeza segundo Deus, é algo que aquela pessoa está sentindo ou algo que Cristo está revelando, de alguma coisa que desagrada a Deus ali.

Há pessoas que entram em ambientes e a tristeza permanece nelas, porque capturaram o espírito de tristeza que está agindo ali.

Certamente, as pessoas sem Cristo também podem ter revelações pelas emoções, mas não com a frequência que os discípulos do Senhor Jesus têm.

Que o Espírito Santo o ajude a identificar as revelações pelas suas emoções e que o nome do Senhor seja glorificado por meio delas.

Da mesma maneira que a alegria se manifesta, a tristeza de Cristo também pode manifestar-se em nós.

FAÇA A SUA ORAÇÃO DO DIA

A PALAVRA DE CONHECIMENTO E OS SONHOS

261

O dom da palavra de conhecimento pode trazer revelações profundas até sobre o que outra pessoa sonhou ou pensou.

No livro do profeta Daniel, capítulo 2, é mostrado que Deus também usa sonhos para revelar por meio da palavra de conhecimento.

O rei Nabucodonosor disse que iria mandar matar todos os sábios da Babilônia, e Daniel e seus companheiros pereceriam também.

Daniel então pediu ao rei que esperasse ele orar, e, se Deus não revelasse nada, o rei então poderia fazer como quisesse. Ele e seus amigos oraram, e Deus, através de uma visão, revelou até o sonho do rei, pelo que Daniel louvou ao Deus do céu.

Isso não é comum, mas Deus pode revelar até os sonhos de alguém, quando isso for necessário.

Aconselho que cada um busque para a sua vida o dom da palavra de conhecimento.

"Então o mistério foi revelado a Daniel de noite, numa visão. Daniel louvou o Deus dos céus e disse: 'Louvado seja o nome de Deus para todo o sempre; a sabedoria e o poder a ele pertencem'."

(DANIEL 2:19-20 NVI)

Oração

Oro, Senhor meu Deus, pedindo que prepare o meu coração para receber a unção profética e a cada dia intensificar a minha intimidade contigo. Revele Seus desígnios através dos sonhos e visões, para que eu aprenda a me movimentar nos dons do Seu Santo Espírito. Louvo ao Senhor, com amor e gratidão. Amém.

FAÇA A SUA ORAÇÃO DO DIA

____

____

____

____

____

____

262

"Ao homem que o agrada, Deus recompensa com sabedoria, conhecimento e felicidade. Quanto ao pecador, Deus o encarrega de ajuntar e armazenar riquezas para entregá-las a quem o agrada. Isso também é inútil, é correr atrás do vento."

(ECLESIASTES 2:26 NVI)

Oração

Senhor Jesus, libere uma unção de conhecimento em nossas vidas, a fim de que saibamos discernir as bênçãos e mudar nossa mentalidade para receber os recursos que já estão disponíveis e utilizarmos para o nosso propósito. Que eu saiba construir uma vida em cima da rocha que é Jesus, com sabedoria e discernimento. Realinhe a minha vida com o meu propósito. Que eu tenha um coração doador e de entrega ao Senhor Deus. Derrame uma unção de generosidade em meu coração. Amém.

SEU CONHECIMENTO VALE MAIS

Tenha sempre em mente: "Aquilo que você sabe vale mais do que você possui".

Vemos na Bíblia a passagem do jovem rico, que não quis renunciar a recursos financeiros que ele já tinha para seguir Jesus. O que o jovem rico respondeu a Jesus, foi: "O que eu tenho hoje eu sei gerir, mas se tirar meus recursos, não sei como construir e adquirir novamente".

Você deve mudar a mentalidade do que é viver, percebendo que esta vida não serve apenas para pagar contas.

Com o conhecimento e a experiência que adquiriu, você pode construir e ganhar sempre novamente.

Faça o uso correto dos conhecimentos que você já tem e adquirirá as posses que desejar.

Leve em consideração o recurso e a capacidade que Deus já lhe entregou.

FAÇA A SUA ORAÇÃO DO DIA

TUDO DEPENDE DE DEUS

Deus abre portas e revela mistérios conforme a Sua vontade.

Há algumas coisas que Ele escolhe não revelar, como a própria Palavra nos ensina. Por exemplo, uma pessoa que tem o dom da cura não consegue curar a todos, mesmo que deseje, porque certas curas estão ligadas ao propósito e à soberania de Deus.

Assim, só conseguimos agir nos dons espirituais até onde Deus nos permite. Tudo depende d'Ele.

Quem tem um dom espiritual, como o da cura, pode operar de forma extraordinária e em um nível elevado em tal dom.

Muitas pessoas acreditam que Deus sempre revelará tudo aos profetas, como se eles tivessem respostas para todas as situações.

Meu conselho é que, em tudo o que fizer, você dependa inteiramente do Espírito Santo, pois tudo está sujeito à soberania de Deus.

"Ele respondeu: 'A vocês foi dado o conhecimento dos mistérios do Reino dos céus, mas a eles não. A quem tem será dado, e este terá em grande quantidade. De quem não tem, até o que tem lhe será tirado'."

(MATEUS 13:11-12 NVI)

Oração

Oro para que o Senhor abra as portas dos Seus milagres na minha vida e revele os Seus mistérios conforme a Sua vontade. Guie-me para andar no centro da Sua vontade e conduza-me ao Seu propósito. Faça-me a cada dia mais dependente do Seu Santo Espírito. Repreendo, em nome de Jesus, tudo que vem para sabotar a minha fé e busca ao Senhor. Amém.

FAÇA A SUA ORAÇÃO DO DIA

264

"Então disse o Senhor a Josué: Levanta-te; por que estás prostrado assim sobre o teu rosto? Israel pecou, e transgrediram a minha aliança que lhes tinha ordenado, e tomaram do anátema, e furtaram, e mentiram, e debaixo da sua bagagem o puseram."

(JOSUÉ 7:10-11 ACF)

Oração

Senhor, meu Deus, perdoe os nossos pecados. Guie-nos ao arrependimento e no caminho de mudança. Senhor, corrija os nossos erros e nos mostre as nossas transgressões, que nos impedem de alcançar objetivos e de vencer as nossas batalhas. Senhor, complete a Sua boa obra para que possamos refletir o caráter de Cristo. Que nunca percamos a sensibilidade ao Seu Espírito e que em todo o tempo sempre estejamos atentos àquilo que Ele pede. Amém.

POR QUE DEUS REVELA PECADOS

Quando Israel sofreu uma grande derrota, Josué buscou Deus em oração e perguntou o que estava errado. Deus respondeu que havia pecado no meio do povo.

Deus havia dado a ordem para que nada fosse tocado da nação conquistada, mas Acã desobedeceu e pegou despojos para si.

A transgressão trouxe maldição para Israel, resultando em derrota e vergonha para o povo.

Ao orar novamente, Josué recebeu a resposta de Deus: "Há pecado entre vocês. Vocês transgrediram as minhas ordens". Após corrigirem o erro, Israel voltou a vencer suas batalhas.

Essa história nos ensina que esconder pecados impede as vitórias.

Porém, diferentemente daquela época, hoje Deus não expõe publicamente os pecados. Ele trabalha no coração de cada pessoa, guiando-a ao arrependimento e a um caminho de mudança.

FAÇA A SUA ORAÇÃO DO DIA

____

____

____

____

____

____

____

COMO TER ACESSO AOS DONS

Toda pessoa que quiser ser usada por Deus nos dons espirituais terá de se render à voz de Deus.

Todos estamos sendo observados pelo Espírito Santo para receber dons de Deus, e Ele não vai dar um dom para quem não pretende usá-lo de forma adequada. Deus vai dar os dons a quem estiver sendo fiel à Sua voz.

Muitas pessoas não têm maturidade para receber os dons, pois ainda não são responsáveis com o que Deus concede.

O dom de línguas, por exemplo, é uma ferramenta usada para a nossa própria edificação. Conforme usamos este dom, Deus coloca outros dons na nossa vida.

E se você aprender a ouvir a voz de Deus e demonstrar temor ao ouvir a voz Dele, Ele confiará a você os dons do Espírito.

Se quisermos ter acesso e atuar nos dons espirituais, devemos ser fiéis e zelosos com o que o Senhor já nos entregou.

FAÇA A SUA ORAÇÃO DO DIA

265

"Pois ele é o nosso Deus, e nós somos o povo do seu pastoreio, o rebanho que ele conduz. Hoje, se vocês ouvirem a sua voz, não endureçam o coração, como em Meribá, como aquele dia em Massá, no deserto."

(SALMOS 95:7-8 NVI)

Oração

Pai, nos dê maturidade para que possamos receber com sabedoria os dons do Santo Espírito. Abra os nossos olhos e ouvidos espirituais para que venhamos a nos render à Sua voz e obedecer ao Seu chamado. Senhor, meu Deus, nos prepare com coração puro e fiel, a fim de usarmos os dons como ferramentas poderosas, liberando cura e libertação na vida das pessoas. Em nome de Jesus, amém.

266

"Respondeu-lhe Jesus: Não te disse eu que, se creres, verás a glória de Deus?"

(JOÃO 11:40 ARA)

A VALIDADE DA PROMESSA

Muitas vezes ouvimos dizer que "quem tem promessa não morre". Mas quando Deus nos dá uma direção, não devemos esperar recursos, ajuda ou portas abertas. Trata-se de agir com base na palavra que Ele já deu!

Moisés passou quarenta dias no monte, e durante esse tempo algo extraordinário aconteceu. Quando ele desceu, o seu rosto resplandecia com uma luz sobrenatural.

Mas a Bíblia nos ensina que essa glória era passageira. Com o tempo, o brilho no rosto de Moisés começou a desaparecer. Porque aquela glória estava vinculada à validade da palavra e da lei que ele havia recebido no monte.

Era como se a glória de Deus estivesse impregnada em sua pele, brilhando tão intensamente que as pessoas ao seu redor o viam como uma lâmpada ou um foco de luz. Isso enfatiza uma verdade importante: a Palavra de Deus tem um tempo de manifestação na nossa vida.

Quando recebemos essa palavra, estamos equipados para entrar em lugares, tocar em vidas e movimentar situações.

Opere sob essa direção divina.

Oração

Oro, meu Deus, para que eu possa viver debaixo da Sua glória. Que eu saiba me mover sob uma palavra de revelação, entendendo o tempo certo de me movimentar sob uma direção, uma palavra profética. Graças Lhe dou, meu Pai, por cuidar de todos os detalhes da minha vida. Espero todas as coisas no Senhor e acredito em Suas promessas. Amém.

FAÇA A SUA ORAÇÃO DO DIA

A MANIFESTAÇÃO DO DOM DA PALAVRA DE SABEDORIA

O dom da palavra de sabedoria é a entrega de uma estratégia para uma solução.

Lembre-se de José no Egito. O que aconteceu foi um lampejo do dom da palavra de sabedoria. José não somente interpretou o sonho do faraó, mas também deu um conselho especial de como ele deveria lidar com os anos de prosperidade.

E isso ajudou, nos anos da crise, não somente o Egito a manter-se nos tempos de seca, mas também a fornecer mantimentos para os outros povos.

Aquele conselho de José foi uma manifestação do dom da palavra de sabedoria. Porém, isso não era frequente, e acontecia quando havia um propósito divino.

Podemos usar os dons com muita frequência para resolver problemas da nossa própria vida e de outras pessoas com direções especiais vindas de Deus.

Atualmente, temos acesso direto aos dons espirituais através do Espírito Santo.

AÇA A SUA ORAÇÃO DO DIA

267

"Se algum de vocês tem falta de sabedoria, peça-a a Deus, que a todos dá livremente, de boa vontade; e lhe será concedida."

(TIAGO 1:5 NVI)

Oração

Senhor, Deus Pai, nos conceda a manifestação do dom da palavra de sabedoria. Nos capacite, nos conduza ao nosso propósito divino. Espírito Santo de Deus, nos abençoe, nos blinde e nos proteja de todo mal, de tudo o que não vem de Deus. Obrigado, Jesus, pelo Seu amor e por estar sempre ao nosso lado em todos os momentos de nossas vidas; até mesmo naqueles momentos em que não conseguimos andar e o Senhor nos carrega no colo. Amém.

"Para tudo há uma ocasião, e um tempo para cada propósito debaixo do céu: tempo de nascer e tempo de morrer, tempo de plantar e tempo de arrancar o que se plantou."

(ECLESIASTES 3:1-2 NVI)

Oração

Pai, Santo e Pai de Amor, oro para que saibamos gerir o nosso tempo com propósito para alcançar sucesso em todas as áreas das nossas vidas. Colocamos nossos projetos e desejos na Sua presença, para que o Senhor guie nossas decisões com inteligência e sabedoria. Que saibamos reconhecer e descartar tudo o que não faz parte do nosso propósito. Nos prepare para sermos bons gestores de tudo o que o Senhor tem entregado em nossas mãos. Agradecemos o Seu cuidado e proteção. Amém.

INTENCIONAL COM O TEMPO

A gestão do tempo de forma intencional é um elemento essencial para alcançar o sucesso em qualquer área de nossas vidas.

Uma pessoa que está tentando solidificar um negócio enquanto cuida de vários outros projetos ao mesmo tempo pode facilmente perder o foco.

Valorizar o tempo é compreender que algumas atividades não nos trazem benefícios e, por isso, devem ser evitadas.

Ao sermos intencionais com nosso tempo, aprendemos a reconhecer o que merece nossa dedicação e o que pode ser descartado.

A intencionalidade faz parte não apenas da gestão do tempo, mas também da gestão do propósito.

Aprenda a dar mais valor ao seu tempo. Comece a descartar aquilo que está fora de seu propósito e que nada acresce à sua vida.

FAÇA A SUA ORAÇÃO DO DIA

FALSOS PROFETAS

269

"Cuidado com os falsos profetas. Eles vêm a vocês vestidos de peles de ovelhas, mas por dentro são lobos devoradores."

(MATEUS 7:15 NVI)

A Bíblia fala dos falsos profetas porque existem os verdadeiros também.

E os falsos profetas não apenas se intitulam profetas, mas também pregam contra o Evangelho, deturpando-O.

É importante também mencionar que toda pessoa que se transfigura e muda completamente quando é confrontada com a verdade poderá estar operando debaixo de um espírito de erro, e não do Espírito Santo de Deus.

Toda pessoa que estiver operando sob um espírito demoníaco, quando é repreendida, manifesta ira, xinga, difama, não fica quieta.

O dom de discernimento de espíritos ajuda também a discernir falsos profetas.

É importante frisar que o dom de discernimento de espíritos mostra o que é de Deus e o que não é, como quando uma pessoa profetiza fora do Espírito, falando na carne. Fique atento.

Oração

Senhor meu Pai, nos livre dos falsos profetas e das falsas profecias. Nos conceda o dom de discernimento de espíritos para que não sejamos enganados. Blinde as nossas mentes e os nossos corações de todo mal, de todo ataque do maligno. Nos capacite para que possamos discernir quando é a voz de Deus e quando não é. Nos afaste de todas as pessoas que querem o nosso mal, e nos ensine a orar por aqueles que nos perseguem. Amém.

AÇA A SUA ORAÇÃO DO DIA

270

"Conheço as suas obras. Eis que coloquei diante de você uma porta aberta que ninguém pode fechar. Sei que você tem pouca força, mas guardou a minha palavra e não negou o meu nome."

(APOCALIPSE 3:8 NVI)

Oração

Senhor meu Deus, oro para que coloque pessoas que tenham boas intenções em andar ao nosso lado. Pessoas que queiram aprender mais conosco e que enxerguem nosso devido valor, independentemente do que somos ou temos. Afaste de nosso caminho todo relacionamento tóxico e nocivo à nossa saúde mental. Que as pessoas que se conectam a nós enxerguem o caráter de Jesus Cristo em nossas vidas e que possamos ser inspiração na vida delas. Amém.

A PORTA QUE SOMOS

Algumas pessoas nos procuram por aquilo que somos. Elas se conectam com nossa personalidade, caráter, sabedoria ou liderança.

Relacionamentos sinceros são preciosos, pois refletem afinidade genuína. São amigos que enxergam nosso verdadeiro valor, independentemente de status ou circunstâncias.

Também existem aqueles que se aproximam porque agora temos mais recursos ou reconhecimento.

Saber discernir quem realmente valoriza quem somos é essencial para mantermos relacionamentos sinceros e duradouros.

Portanto, não tenha medo de que as pessoas se aproximem de você, mesmo que seja por interesses egoístas.

O importante é que você seja uma inspiração na vida das pessoas e cumpra o seu propósito.

FAÇA A SUA ORAÇÃO DO DIA

Permita que Deus
MOLDE A SUA PACIÊNCIA
e direcione sua vida
segundo os planos d'Ele,
pois são sempre **MAIORES**
E MELHORES do que
podemos imaginar.

271

"Não participem das obras infrutíferas das trevas; antes, exponham-nas à luz. Porque aquilo que eles fazem em oculto, até mencionar é vergonhoso. Mas, tudo o que é exposto pela luz torna-se visível, pois a luz torna visíveis todas as coisas."

(EFÉSIOS 5:11-13 NVI)

Oração

Obrigado, Espírito Santo, por estar sempre nos livrando de toda investida do maligno. Senhor, traga à luz todas as obras das trevas e nos mostre tudo o que está oculto. Nos capacite para que possamos ser usados conforme a manifestação dos Seus dons, para cura e libertação de pessoas por onde andarmos. Abra os nossos olhos espirituais para enxergarmos pessoas que estão debaixo de operações malignas e nos revista de toda a armadura espiritual para vencermos essas batalhas com jejum e oração. Amém.

A EXPOSIÇÃO DA OBRA DAS TREVAS

Um dos propósitos primordiais do dom de discernimento de espíritos é expor a obra das trevas e libertar as pessoas de algo espiritual que está agindo em suas vidas.

O interesse de Jesus Cristo é que as pessoas sejam livres e libertas de toda opressão espiritual e atuação do mal.

Mas os demônios sempre resistem, eles não querem sair dos lugares em que operam. Existem legiões de demônios operando em alguns lugares e existem pessoas que estão debaixo de operações do mal na vida delas.

Isso é o que vemos quando Jesus foi a Gadara ao encontro daquele homem gadareno. Quando se aproximou daquele que habitava em sepulcros, o libertou completamente.

Por isso a Bíblia nos diz que Deus deu dons aos homens, para que sejam utilizados para a libertação das pessoas.

Quando a Igreja começar a compreender o propósito dos dons espirituais e a sua atuação no Corpo de Cristo, com certeza haverá muito mais manifestações de milagres e prodígios, assim como foi nos tempos da Igreja Primitiva.

FAÇA A SUA ORAÇÃO DO DIA

COMUNICAÇÃO SAUDÁVEL

Se você é líder, na sua empresa ou na sua igreja, deve se esforçar para manter uma comunicação saudável e leve com seus liderados.

Um tom acusatório transforma uma situação simples em um tsunâmi, pois é uma semente que você está plantando no seu ambiente.

Nós vemos pessoas grosseiras no tratamento com os seus funcionários e que não têm o mínimo de cuidado com as suas palavras.

Ser um líder ou um chefe grosseiro não é algo positivo. Na verdade, você perde a autoridade quando é grosseiro, porque liderar é influenciar.

A comunicação saudável traz leveza e equilíbrio para a solução de problemas.

Assim, esforce-se para manter uma comunicação saudável com seus liderados.

"Se alguém afirmar 'Eu amo a Deus', mas odiar seu irmão, é mentiroso, pois quem não ama seu irmão, a quem vê, não pode amar a Deus, a quem não vê."

(1 JOÃO 4:20 NVI)

Oração

Senhor Deus, ajude-nos a compreender, aceitar e respeitar as pessoas como elas são. Nos ensine a esperar a recompensa de nossas ações somente no Senhor. Nos livre dos ingratos e das pessoas más. Nos capacite para exercer governo com sabedoria e inteligência emocional nos lugares em que o Senhor nos colocar para governar. Oramos para que saibamos nos comunicar com as pessoas de uma forma tranquila e saudável. Amém.

ÇA A SUA ORAÇÃO DO DIA

273

"Pois o Senhor é quem dá sabedoria; de sua boca procedem o conhecimento e o discernimento. Ele reserva a sensatez para o justo; como um escudo protege quem anda com integridade."

(PROVÉRBIOS 2:6-7 NVI)

Oração

Senhor, nos livre de toda cilada do inimigo, que nos conduz a tropeçar, nos leva a erros e ao pecado. Perdoe-nos por muitas vezes agirmos de forma insensata, nos levando ao engano. Conceda-nos inteligência emocional para lidarmos com situações e pessoas, dando-nos equilíbrio e sensatez. Nos conduza em um caminho de paz e prosperidade. Amém.

FRUSTRANDO O ENGANO

Quando acessamos a sabedoria especial que vem de Deus, conseguimos sair de situações respondendo a elas de forma sábia.

A Bíblia mostra que Jesus usou de uma sabedoria especial para responder a questões que lhe faziam; confrontou os fariseus com uma sabedoria especial ao dizer para darem a César o que é de César e a Deus o que é de Deus. Assim, Jesus saiu daquela situação de uma maneira impressionante.

Jesus não se rebaixou ao nível dos fariseus.

Mesmo quando é confrontado po[r] perguntas-ciladas, e que induzem a uma resposta equivocada de sua parte, imite Jesus.

A sabedoria especial de Deus nos ajuda a frustrar enganos.

Afaste o espírito que quer arrastá-lo ao erro ou para a falha por meio da sabedoria especial de Deus.

FAÇA A SUA ORAÇÃO DO DIA

VOCÊ NÃO É MAIS UM

A Bíblia nos ensina que fomos colocados nesta Terra como cabeça, e não como cauda. Se somos cabeça, deveríamos reinar em todas as esferas de nossas vidas.

Jesus Cristo colocou você assentado nas regiões celestiais juntamente com o Pai. Portanto, você foi chamado para transformar realidades e trazer o céu para a Terra.

Pare de se achar inferior, pois isso o faz andar na mediocridade, e, o pior, está desprezando o que Jesus fez por você.

Se você crê que está assentado com Deus, não importa em qual ramo atua, não importa o que faz, o que importa é como você O estabelece nesta Terra.

Você foi chamado para transformar o mundo por meio da sua missão.

Tenha em mente que você não foi chamado apenas para ocupar um espaço neste mundo.

FAÇA A SUA ORAÇÃO DO DIA

"O Senhor fará de vocês a cabeça das nações, e não a cauda. Se obedecerem aos mandamentos do Senhor, do seu Deus, que hoje lhes dou e os seguirem cuidadosamente, vocês estarão sempre por cima, nunca por baixo."

(DEUTERONÔMIO 28:13 NVI)

Oração

Senhor Pai, me ensine a reinar em todas as áreas de minha vida nesta Terra. Ajude-me a me sentir capaz de exercer tudo o que o Senhor entrega nas minhas mãos com confiança e sabedoria. Derrame sobre mim mais fé e esperança para que eu possa receber o cumprimento das Suas promessas. Quero Lhe agradecer por tudo o que o Senhor tem feito na minha vida e por tudo que, por Seu intermédio, ainda realizarei. Amém.

275

"Consagre ao Senhor tudo o que você faz, e os seus planos serão bem-sucedidos."

(PROVÉRBIOS 16:3 NVI)

Oração

Oro, Pai, consagrando a minha vida e os meus projetos ao Senhor. Abençoe a minha família, que eu sempre envolva meu cônjuge e filhos em todos os projetos e planos em que eu estiver inserido. Conceda-me sabedoria para que eu saiba ensinar meus filhos no caminho em que eles devem andar e para que eles se sintam parte do projeto, desde o princípio, de todo o negócio que Deus colocar nas minhas mãos. Nos ensine a ser servos. Em nome de Jesus, amém.

FAMÍLIA INCLUSA NO PROJETO

Deus nunca vai apresentar a você um projeto individual e isolado.

Quando Abrão foi chamado por Deus, ele levou sua esposa, Sarai. Assim, sua família também faz parte do projeto que Deus tem colocado na sua vida.

Se seus filhos não estiverem inseridos no projeto desde o início, eles não terão interesse de se envolver com a sua empresa ou o ministério no futuro.

Muitos filhos herdeiros não conseguem gerir a herança nem conseguem dar continuidade ao negócio porque, no passado, eles não se envolveram no projeto inicial.

Isso vale tanto para um projeto empresarial como para a sua vida no serviço para Deus.

Se você quer algo perpétuo, de geração em geração na sua família, todos da sua casa devem estar inseridos no projeto desde o princípio.

FAÇA A SUA ORAÇÃO DO DIA

GESTÃO EFICAZ

Quando Deus criou o homem, Ele estabeleceu um gerente para dominar tudo o que Ele havia feito.

Desde o início, Adão foi estabelecido por Deus para governar, gerenciar, exercer domínio sobre a Terra.

Deus espera que cada um de nós seja gerente eficaz. A falta de gerenciamento afetará a nossa capacidade de resposta às oportunidades.

Adão falhou na gestão porque parou de ouvir Deus, parou de receber da cultura dos céus.

Por isso devemos gerenciar tudo na nossa vida; isso vai além dos recursos monetários. Devemos gerenciar o tempo, nossa família, nossa vida espiritual.

Deus o estabeleceu para administrar tudo que chega às suas mãos. Ninguém é dono de nada. Por isso, aprenda com o Espírito Santo a realizar uma gestão eficaz nesta Terra.

FAÇA A SUA ORAÇÃO DO DIA

276

"Quando os justos triunfam, há prosperidade geral, mas, quando os ímpios sobem ao poder, os homens tratam de esconder-se."

(PROVÉRBIOS 28:12 NVI)

Oração

Oramos, Pai, para que nos conceda governança de todos os projetos que o Senhor quer que executemos nesta Terra. Nos mostre o caminho que devemos trilhar e nos abençoe com as oportunidades certas. Que sejamos administradores das bênçãos que nos são concedidas, e nos ensine a ser Seus mordomos. Ajude-nos a administrar o tempo, a família e a vida espiritual para que tudo ande em harmonia. Graças Lhe damos, amém.

277

"Pois vejam! Criarei novos céus e nova Terra, e as coisas passadas não serão lembradas. Jamais virão à mente."

(ISAÍAS 65:17 NVI)

Oração

Oramos, Jesus, para que nos livre de todo mal, de todo levante do inimigo em nossas vidas, nos proteja de toda situação que esteja tomando caminhos negativos, de pecado e perdição. Coloque em nossos caminhos pessoas nas quais podemos confiar. Cuide de nossas mentes e de nosso coração para que nossas emoções sejam blindadas pelo Senhor. Traga sobre nós uma unção de cura e restauração. Em nome de Jesus, amém

MEMÓRIAS LINKADAS

As memórias estão ligadas a revelações linkadas, pois uma pessoa remete a outra, emocionalmente; porque nossas memórias estão intimamente ligadas às nossas emoções, que, ativadas conjuntamente, nos auxiliam nas revelações.

Podem acontecer memórias positivas, como quando acabamos de conhecer uma pessoa e vem um sentimento de que ela é confiável e temos muita liberdade de conversar com ela.

Em contrapartida, quando memórias de traição e situações que tiveram encaminhamentos negativos são relembradas em momentos não usuais, estas estão ligadas a situações pelas quais estamos passando no presente.

Memórias com pessoas desleais, até mesmo pela semelhança no jeito de falar, podem ser revelações de pessoas próximas que estão com intenções semelhantes àquelas.

Somos seres espirituais, sensíveis a lugares e pessoas.

As revelações denotam também a capacidade que Deus colocou em cada um de nós.

FAÇA A SUA ORAÇÃO DO DIA

____

____

____

A IMPORTÂNCIA DA GESTÃO

Muitas vezes estamos sobrecarregados porque agimos sem sabedoria. A falta de gestão afeta nossa vida, nossos recursos e até nossos relacionamentos.

Gerenciar recursos é algo que vem do coração de Deus. A boa gestão não é só organizar o presente, mas também preparar o futuro.

Entretanto, muitos não aprenderam a administrar bem seus negócios, sua família ou até mesmo sua vida. Infelizmente, a maioria das pessoas e até empresários não fazem nenhum tipo de planejamento.

Deus confiou algo precioso nas suas mãos, e espera que você seja um bom gestor, com planejamento, visão e sabedoria.

Trace estratégias e foque o que pode ser multiplicado.

Você é um gerente de Deus aqui na Terra. Pergunte a Ele sobre os próximos passos.

FAÇA A SUA ORAÇÃO DO DIA

278

"Qual de vocês, se quiser construir uma torre, primeiro não se assenta e calcula o preço, para ver se tem dinheiro suficiente para completá-la?"

(LUCAS 14:28 NVI)

Oração

Pai amado, nos ensine a ser gestores das nossas vidas, para que isso não afete os nossos relacionamentos, os nossos negócios e a nossa família. Nos dê sabedoria e capacidade para exercermos planejamento de todas as nossas atividades e dos nossos recursos. Nos dê visão de águia para enxergarmos as oportunidades certas, para que saibamos ser bons administradores do presente e para que estejamos preparados para ser bons governadores do nosso futuro. Amém.

279

"Ora, o homem natural não aceita as coisas do Espírito de Deus, porque lhe são loucura; e não pode entendê-las, porque elas se discernem espiritualmente."

(1 CORÍNTIOS 2:14 ARA)

Oração

Senhor Jesus, nos dê discernimento espiritual para que possamos compreender as coisas do Espírito. Que sejamos sensíveis à Sua voz para que saibamos quando é o Espírito Santo que fala conosco. Nos livre de todo engano que tenta nos influenciar para seguirmos caminhos diferente aos que o Senhor já traçou para o nosso destino. Nos leve a lugares de intimidade para que saibamos que somos seres nativamente espirituais. Amém.

SOMOS NATIVAMENTE ESPIRITUAIS

Pessoas altamente sensíveis estão sempre prontas para receber sinais, e nada passa despercebido por elas.

Satanás olhou para muitos personagens bíblicos, e olha para a nossa vida também e vê o propósito de Deus em nós. Às vezes ele entra na vida dos pais, até mesmo pelo que vê nos filhos (porque nota o propósito de Deus em suas vidas), e quer colocar neles um sistema contrário à verdadeira sensibilidade.

Quando o diabo vê que uma pessoa tem sensibilidade, seja criança ou adulto, ele usa pessoas para tirá-la do discernimento espiritual certo e tenta influenciá-la ao engano, ao discernimento incorreto.

O diabo não tem o poder de saber o futuro, mas ele acompanha a vida das pessoas desde a infância e percebe o seu potencial.

O perigo de alguém ser altamente sensível e não discernir é ser influenciado por coisas malignas.

Por isso, é importante combater aquilo que nega a espiritualidade, ensinando às pessoas que existe o mundo espiritual e que somos seres essencial e nativamente espirituais.

FAÇA A SUA ORAÇÃO DO DIA

____

____

____

____

APRENDENDO A DELEGAR

O líder que não consegue delegar suas tarefas acumulará trabalho e não conseguirá fazer tudo o que deve ser feito.

A gestão vai colocar ordem nos seus projetos e planos, e consequentemente vai organizar tudo à sua volta.

Você deve aprender a gerir a sua incapacidade de delegar tarefas. Pessoas muito centralizadoras não serão capazes de desenvolver algo.

Você pode ser um bom líder e um péssimo gestor. Se você não tem capacidade de ser um bom gestor, contrate alguém para realizar esse trabalho.

O dinheiro é atraído pela boa gestão, mas se afasta da má gestão.

Sabemos que é muito difícil cuidar de tudo o que está à nossa frente, por isso Deus nos conecta a pessoas que nos ajudam nas nossas tarefas.

FAÇA A SUA ORAÇÃO DO DIA

280

"Pois a quem tem, mais será dado, e terá em grande quantidade. Mas a quem não tem, até o que tem lhe será tirado."

(MATEUS 25:29 NVI)

Oração

Senhor, meu Deus, me mostre o caminho certo a seguir para que eu atraia recursos financeiros, que estão disponíveis nas regiões celestiais. Que eu possa acessar os dons necessários que já foram liberados para exercer governo e liderança. Capacite-me para que eu consiga ser menos centralizador e delegar tarefas. Graças Lhe dou por tudo o que o Senhor já entregou na minha vida. Em nome de Jesus, amém.

"Quando pedem, não recebem, pois pedem por motivos errados, para gastar em seus prazeres."

(TIAGO 4:3 NVI)

DEUS NÃO DÁ SIMPLESMENTE

Deus nunca vai lhe dar algo simplesmente porque pede, mas, sim, o que você pode administrar.

Alguns projetos exigem não só recursos financeiros, mas também capacidade, inteligência e equilíbrio emocional para lidar com os desafios e cumprir o propósito que Deus tem para cada um.

Por isso, não há razão para a inveja e esforços por disputas e cargos.

O Senhor só lhe dará aquilo que Ele sabe que você administrará bem. Se Deus colocasse nas suas mãos o negócio de outra pessoa, não conseguiria administrar, porque esse não é o plano d'Ele para você.

Peça que Deus sempre o capacite para o que Ele tem preparado para você.

Deus trará até você grandes oportunidades e abrirá portas, mas não entregará algo que você não tenha condições de gerenciar

Oração

Pai, me ensine a pedir de forma correta e que tudo que eu peça esteja alinhado ao meu propósito. Dê-me a sabedoria especial que vem do Alto para que tudo o que o Senhor me entregar eu saiba administrar com conhecimento e inteligência emocional. Que eu esteja no centro da Sua vontade para que não perca as oportunidades certas e reconheça as portas que Deus abriu para eu passar. Guarde meu coração de toda investida do maligno e de tudo o que quer me desviar do meu propósito. Amém.

FAÇA A SUA ORAÇÃO DO DIA

282

IDENTIFIQUE OS RECURSOS

Quando falamos em recursos, isso vai além do material, do financeiro. Sabemos que não estamos utilizando todos os recursos que temos ou adquirimos.

Você não precisa de recursos financeiros para começar algo. Suas experiências de vida também são seus recursos. Quem tem uma grande capacidade de gestão deve multiplicar aquilo que gere.

Talvez o fato de não estarmos alcançando e realizando mais seja porque não estamos discernindo os recursos que temos em nossas mãos.

Comece a utilizar mais os recursos que estão ao seu alcance. Você tem mais poder nas mãos do que imagina.

Por isso, identifique os recursos que você já tem, da experiência que já adquiriu, de negócios que já fez, e multiplique-os.

Quem tem conhecimento e capacidade de ensinar pode transformar isso em dinheiro.

"Deus dá riquezas, bens e honra ao homem, de modo que não lhe falta nada que os seus olhos desejam; mas Deus não lhe permite desfrutar tais coisas, e outro as desfruta em seu lugar. Isso não faz sentido; é um mal terrível."

(ECLESIASTES 6:2 NVI)

Oração

Senhor Jesus, libere uma unção de conquista, de avanço e aceleração nas nossas vidas. Abra nossos olhos e ouvidos espirituais para que possamos enxergar os recursos que já temos em nossas mãos. Que saibamos exercer capacidade de gestão para multiplicar os recursos que o Senhor já nos entregou. Pai, coloque nas nossas mentes uma unção de criatividade para desenvolvermos novos projetos. Derrame unção de prosperidade e nos leve ao próximo nível. Amém.

AÇA A SUA ORAÇÃO DO DIA

____

____

____

____

____

____

____

283

"Assim, mantenham-se firmes, cingindo-se com o cinto da verdade, vestindo a couraça da justiça e tendo os pés calçados com a prontidão do evangelho da paz. Além disso, usem o escudo da fé, com o qual vocês poderão apagar todas as setas inflamadas do Maligno. Usem o capacete da salvação e a espada do Espírito, que é a palavra de Deus."

(EFÉSIOS 6:14-17 NVI)

Oração

Meu Pai amado, me ensine a usar Suas ferramentas espirituais, para que eu possa ser atuante no Corpo de Cristo. Retire da minha vida tudo o que não Lhe agrada, me conduza a um caminho de busca nas Suas Santas Escrituras e conceda-me sabedoria para discernir o que vem do Senhor e o que não vem. Mantenha-me firme no caminho da verdade e me livre de todas as setas inflamadas do maligno. Amém.

NÃO CAIA EM EXTREMISMOS

O dom da palavra de conhecimento é uma ferramenta poderosa para o Corpo de Cristo.

Precisamos, sim, aprender a manusear as ferramentas espirituais que Deus nos confia. Isso inclui buscar a mentoria do Espírito Santo e também os ensinamentos de homens e mulheres experientes nos dons espirituais. Estes podem nos ajudar a crescer e a usar os dons com sabedoria.

No entanto, é essencial aprender a usar os dons corretamente.

Tenha cuidado com os extremismos, pois quem já tem experiência no uso dos dons pode, às vezes, desenvolver vícios ou tendências prejudiciais.

Há um equívoco recorrente: pensar que, ao receber um dom, não é necessário buscar mais aprendizado.

Por isso, meu conselho é seguir o que a Palavra de Deus ensina: analise tudo e retenha o que é bom.

FAÇA A SUA ORAÇÃO DO DIA

____
____
____
____
____
____
____
____

APRENDA COM O MAIOR GESTOR DO MUNDO

284

Quando Jesus multiplicou os pães e peixes, Ele não realizou apenas um milagre, mas ensinou uma lição poderosa, inclusive para empreendedores: Ele transformou pouco em muito.

Jesus lidou com uma crise e, ao resolvê-la, aproveitou tudo o que sobrou, sem desperdiçar nada. Isso mostra que Deus é o maior gestor de todos, enquanto nós, muitas vezes, deixamos coisas valiosas se perderem por falta de cuidado.

Aprenda com Jesus a não desperdiçar. Não pense que um pequeno recurso é comum para você.

Talvez aquilo que é pequeno ou que parece uma mera sobra seja a chave para o seu destino.

Ao vivermos nosso propósito e seguirmos os planos de Deus, começamos a descobrir as habilidades que Ele nos deu.

Deus tem colocado coisas tremendas em nossas vidas que, por vezes, nem percebemos.

"Lembrem-se dos seus líderes, que lhes falaram a palavra de Deus. Observem bem o resultado da vida que tiveram e imitem a sua fé."

(HEBREUS 13:7 NVI)

Oração

Senhor Jesus, nós pedimos, ajude-nos a utilizar todas as capacidades, habilidades, relacionamentos e conexões, todos os recursos que já temos disponíveis, que o Senhor já nos deu, como uma ferramenta em nossas vidas. Ajude-nos a descobrir o que temos de recursos que ainda não estamos usando. Abra nossos olhos e nos dê discernimento para que possamos compreender o que temos em nossas mãos. Em nome de Jesus, amém.

FAÇA A SUA ORAÇÃO DO DIA

"Graças a Deus por Jesus Cristo, nosso Senhor! De modo que, com a mente, eu próprio sou escravo da lei de Deus; mas, com a carne, da lei do pecado."

(ROMANOS 7:25 NVI)

Oração

Meu Deus, abra os meus olhos e ouvidos espirituais para que eu possa ouvir a Sua voz e receber as respostas corretas. Que eu esteja conectado à fonte certa e esteja no lugar onde o Senhor me conectou. Conduza-me a compreender as coisas do Espírito, me tire do natural e me eleve ao espiritual. Que eu tome uma posição de governo para me mover em uma atmosfera sobrenatural. Em nome de Jesus, amém.

A VERDADEIRA RESPOSTA VEM DE DEUS

Sabemos que direções e mudanças envolvem o espiritual, e, se não entendermos isso, vamos estar sempre procurando as respostas no lugar errado.

Se queremos uma resposta espiritual, buscar no natural é um erro. Temos de ir à fonte espiritual para trazer a resposta espiritual que estamos buscando.

Não teremos uma resposta espiritual de um lugar natural.

Se desejamos algo de Deus para nossas vidas, temos de ir a Deus, e não a outras fontes.

Não caia no erro de tentar compreender as coisas espirituais de uma maneira natural.

Busque respostas na fonte correta.

FAÇA A SUA ORAÇÃO DO DIA

NÃO ULTRAPASSE LIMITES

Há limites que Deus, em Sua sabedoria, não permite que ultrapassemos, porque tudo em nossa vida precisa estar alinhado à direção divina.

Estar no centro da vontade de Deus traz paz e segurança, enquanto caminhar fora dela pode resultar em confusão e perda.

Não é porque temos o poder ou os meios para realizar algo que devemos seguir adiante. Existem limites estabelecidos por Deus, e ultrapassá-los pode nos levar a consequências graves.

Tenho aprendido, ao andar no profético, que nem tudo o que acho que posso fazer Deus me permite realizar. Há coisas em que necessito da Sua confirmação.

Confie nos limites que Deus estabelece; eles são expressão do Seu amor e cuidado por nós.

Deus nos deixa ir até onde Ele sabe que conseguiremos suportar, mas chega um momento em que Ele diz: "Filho, se passar daqui, você terá problemas".

FAÇA A SUA ORAÇÃO DO DIA

286

"Nós, porém, não nos gloriaremos além do limite adequado, mas limitaremos nosso orgulho à esfera de ação que Deus nos confiou, a qual alcança vocês inclusive. Não estamos indo longe demais em nosso orgulho, como seria o caso se não tivéssemos chegado até vocês, pois chegamos a vocês com o evangelho de Cristo."

(2 CORÍNTIOS 10:13-14 NVI)

Oração

Nosso Deus, nos ensine a respeitar os limites que o Senhor coloca em nossas vidas. Alinhe nossos caminhos com o Seu propósito para que venhamos a andar na Sua soberana presença. Conduza-nos a andar no centro da Sua vontade para que não nos desviemos nem para a esquerda, nem para a direita. Entregamos nossa vida, casa e negócios sob os Seus cuidados. Graças Lhe damos pelo Seu amor e proteção diária. Amém.

287

"Porque todos os que são guiados pelo Espírito de Deus, esses são filhos de Deus."

(ROMANOS 8:14 ARC)

Oração

Senhor e Pai, ensine-nos a perdoar quem nos ofende, não nos deixe alimentar sentimentos maus e amarguras pelas pessoas que nos cercam. Oramos para que nossas emoções estejam cada vez mais alinhadas com as revelações de Deus, para que permaneçamos firmes rumo ao alvo que é Jesus Cristo. Que possamos descartar tudo o que não vem de Deus e nos afasta de nosso propósito. Amém.

SENSIBILIDADE GUIADA PELO ESPÍRITO SANTO

À medida que amadurecemos, é essencial permitir que nossa sensibilidade seja reeducada pelo Espírito Santo.

Ore para que suas emoções estejam cada vez mais alinhadas com as revelações de Deus e para que você permaneça firme, com seus pés na fonte de vida e sabedoria que é Jesus!

Não podemos ignorar as coisas espirituais.

Precisamos aprender com o Espírito Santo a nos relacionar corretamente com elas. Aquilo que não vem de Deus deve ser descartado, enquanto o que é de Deus será lapidado pelo Espírito Santo.

O Espírito Santo nos capacita a perdoar as ofensas, deixar de alimentar sentimentos feridos e transformar o dom ou habilidade de sensibilidade e revelação que Deus nos deu em algo útil para o propósito de Jesus em nossa vida e na vida de outras pessoas.

E se porventura você ainda não aceitou Jesus, convido-o para que o faça agora, e todas as suas revelações serão convergidas pelo Espírito Santo, tornando-se focais em sua vida e no propósito divino.

FAÇA A SUA ORAÇÃO DO DIA

FIQUE ATENTO AOS SINAIS

288

"Hipócritas, sabeis interpretar o aspecto da Terra e do céu e, entretanto, não sabeis discernir esta época? E por que não julgais também por vós mesmos o que é justo?"

(LUCAS 12:56-57 ARA)

Deus pode falar conosco por meio de detalhes, por isso precisamos olhar para o que está chamando a nossa atenção.

A Bíblia relata que Moisés estava cuidando das ovelhas de seu sogro e viu uma sarça pegando fogo. No deserto é muito comum pegar fogo em arbustos por causa das altas temperaturas. No entanto, Moisés viu que havia algo diferente ali, então se aproximou para ver o que estava acontecendo.

O nosso problema é que muitas vezes não nos aproximamos para ver o que está acontecendo.

Você precisa observar, nos negócios que faz, quando há algo diferente. Se está negociando uma casa ou um carro, por exemplo, e há algo estranho.

Fique atento aos sinais de Deus. Deus é Deus de detalhes.

Quando algo chamar a sua atenção, precisa parar e orar para Deus falar com você e lhe mostrar o que precisa ser consertado ou que não deve ser efetivado.

Oração

Oramos, Deus, para que o Senhor abra nossos olhos e ouvidos espirituais para que sejamos mais alertas ao que o Senhor está querendo falar conosco. Nos deixe mais atentos aos detalhes, ao que o Senhor quer chamar a nossa atenção. Espírito Santo de Deus, nos conecte às coisas do Alto, ative nossos dons espirituais e nos deixe mais sensíveis à Sua voz. Que saibamos cessar todas as vozes que querem falar mais alto do que a Sua doce voz dentro de nós. Nos conceda a paz que ultrapassa todo o entendimento humano. Amém.

FAÇA A SUA ORAÇÃO DO DIA

289

NÃO COMPROMETA SEU DESTINO

"O coração do homem traça o seu caminho, mas o Senhor lhe dirige os passos."

(PROVÉRBIOS 16:9 ARA)

Inúmeras pessoas fazem as coisas à sua maneira, sem consultar Deus, e não se importam com as consequências.

Ouvir a voz de Deus envolve muita obediência. Significa você realmente temer Deus e prestar a atenção àquilo que Ele fala.

Todas as vezes que ignoramos a voz de Deus, mexemos no nosso futuro, no nosso destino.

Há certas coisas na sua vida que, se você não conserta, impedem-no de passar para o próximo nível.

Consulte Deus e conserte o que for preciso para garantir que o seu destino se cumpra.

Não comprometa seu destino, preste atenção às sinalizações do Espírito.

Oração

Oro, meu Pai, para que o Senhor conserte todas as áreas da minha vida, tudo o que precisa ser alinhado ao meu propósito. Derrame da Sua graça sobre mim, para que eu venha a avançar para o próximo nível. Que eu esteja atento à Sua voz e obedeça a todos os Seus desígnios, e que não venha desviar do caminho que o Senhor já traçou para o meu futuro. Perdoe-me, Jesus, por todas as vezes que sou teimoso e tento tomar sozinho as rédeas da minha vida. Livre-me de todo mal. Amém.

FAÇA A SUA ORAÇÃO DO DIA

DEUS CORTA FLUXOS

Precisamos observar o fluxo de Deus em todas as áreas de nossa vida.

Deus deu uma instrução a Josué: quando os sacerdotes colocassem os pés no Jordão, as águas seriam cortadas. As águas do Jordão seguiam a lei da gravidade, fluindo naturalmente para baixo. Era algo que não poderia ser parado por meios humanos.

Tentar desviar esse curso poderia gerar consequências sérias. Assim, quando qualquer fluxo na sua vida diminuir ou for cortado, é possível que Deus esteja agindo.

Muitas vezes não queremos que certos fluxos sejam interrompidos. No entanto, alguns acabam quando atravessamos o "Jordão", símbolo de transição ou obediência.

Somente Deus tem o poder de interromper um fluxo em nossas vidas.

Tenha discernimento e cuidado ao perceber que fluxos estão sendo cortados. Pode ser a mão de Deus guiando você para algo maior.

"Toda criatura vivente que vive em enxames viverá por onde quer que passe este rio, e haverá muitíssimo peixe, e, aonde chegarem estas águas, tornarão saudáveis as do mar, e tudo viverá por onde quer que passe este rio."

(EZEQUIEL 47:9 ARA)

Oração

Senhor, meu Deus, me coloque no lugar certo, no momento oportuno para que eu venha a andar a favor dos fluxos da Sua vontade. Conceda-me um coração que está sempre pronto a ouvi-Lo e obedecer-Lhe. Que eu saiba compreender os tempos de transição e de mudanças; prepare-me para que eu esteja pronto para avançar ao próximo nível e enxergar algo bem maior que o Senhor tem para minha vida, casa e família. Amém.

FAÇA A SUA ORAÇÃO DO DIA

291

"As minhas ovelhas ouvem a minha voz; eu as conheço, e elas me seguem."

(JOÃO 10:27 ARA)

Oração

Senhor, oro para que cessem todas as vozes dentro de mim e que a voz suave do Santo Espírito fale mais alto. Senhor, me conceda discernimento espiritual para que eu possa separar as vozes e saber qual é a voz de Deus que fala ao meu espírito. Que eu possa andar cada dia mais na Sua presença, para aumentar o meu relacionamento com o Senhor e ouvir todos os dias a Sua doce e suave voz me conduzindo ao caminho do meu propósito. Amém.

A VOZ SUAVE DO ESPÍRITO

Para ouvirmos a voz de Deus, é preciso aprender a fazer a separação das vozes, ou seja, o que é a voz do homem, o que é a voz do mundo e o que é a voz de Deus.

Quando estamos em um cenário caótico, de barulho, guerra e confusão, e levantamos um pouco o volume do que estamos ouvindo, comprovaremos que qualquer coisa com o volume baixo não nos será possível entender direito.

O problema da maioria das pessoas é que há muito barulho à sua volta, por isso não conseguem ouvir a voz suave de Deus.

Isso ocorre porque o nosso ouvido se habituou com o volume alto, não por problemas de audição, mas por acostumar-se com aquele volume. Por isso é necessário termos cautela com adaptações em ambientes.

Se queremos ouvir a voz de Deus, temos que passar mais tempo com o Espírito Santo do que ouvindo outras vozes.

Cultive um relacionamento com o Espírito Santo. Isso o ajudará nas revelações. Por trás de todo cenário de barulho e caos, há uma voz suave falando.

FAÇA A SUA ORAÇÃO DO DIA

____

____

____

____

____

DEUS TEM UMA AGENDA

Deus tem uma agenda, e nela há coisas que não sabemos, mas em que precisamos confiar.

Talvez, neste momento, você se pergunte se existe a possibilidade de consultar a agenda de Deus sobre o seu destino. A resposta é sim.

Todos temos preocupações quando não conhecemos o futuro, quando algumas coisas estão estranhas e não conseguimos sonhar mais.

Por meio de uma busca profunda no Espírito Santo, as revelações se abrirão a você e Deus lhe indicará os próximos passos a seguir.

Você pode acessar a agenda de Deus por meio da oração em línguas, de uma vida de oração na sua língua materna e através dos ambientes proféticos.

Faça isso e verá muita coisa sendo liberada sobre sua vida.

FAÇA A SUA ORAÇÃO DO DIA

292

"Não te glories do dia de amanhã, porque não sabes o que trará à luz. Seja outro o que te louve, e não a tua boca; o estrangeiro, e não os teus lábios."

(PROVÉRBIOS 27:1-2 ARA)

Oração

Senhor, Deus e Pai, nos faça andar cada dia mais em oração, que as nossas vidas sejam fundamentadas em orações e jejum. Nos conduza a orar em línguas para que possamos edificar o nosso espírito e conectar-nos ao Seu Santo Espírito. Nos leve a frequentar ambientes proféticos para que possamos ouvir e entender a Sua voz, assim como receber profecias e revelações diretamente do Seu Trono. Libere favor e graça nos nossos caminhos para que possamos viver debaixo das Suas promessas. Em nome de Jesus, amém.

293

DEUS DESEJA QUE VOCÊ O ENCONTRE

"Agora, pois, se diligentemente ouvirdes a minha voz e guardardes a minha aliança, então, sereis a minha propriedade peculiar dentre todos os povos; porque toda a terra é minha."

(ÊXODO 19:5 ARA)

Existem lugares onde Deus escolhe nos encontrar e falar conosco de forma especial, revelando algo mais profundo do Seu coração.

Embora Deus esteja sempre conosco, onde quer que estejamos, há momentos e lugares onde Sua glória se manifesta de maneira mais intensa.

Não podemos tratar Deus como se fosse apenas um mensageiro, pensando: "Se Ele quiser falar comigo, Ele sabe onde me encontrar".

É verdade, Deus sabe onde você está, mas muitas vezes Ele deseja que você O busque. Às vezes, Ele vai chamá-lo na madrugada, convidando-o a estar em Sua presença.

Por isso, vá ao encontro Dele. Ele o está esperando.

É nesses momentos que podemos senti-Lo de forma tangível, experimentar Sua presença e receber revelações preciosas como se fossem trechos da Sua agenda celestial.

Oração

Pai, me conduza a orar cada dia mais, para que eu possa estar mais perto do Senhor e andar na Sua presença. Mostre-me os caminhos que devo andar e me conduza conforme a Sua palavra. Que eu venha buscá-Lo de dia e de noite, sem cessar. Não Se retire da minha presença, Senhor, quão precioso és para mim, revele-Se ao meu espírito e manifeste os mistérios que o Senhor tem reservado para minha vida. Sua presença é real, manifeste a Sua glória e derrame Seu amor e poder sobre a minha vida, casa e família. Amém.

FAÇA A SUA ORAÇÃO DO DIA

____

____

____

____

____

____

PROFECIA

"Não desprezeis as profecias; julgai todas as coisas, retende o que é bom; abstende-vos de toda forma de mal."

(1 TESSALONICENSES 5:20-22 ARA)

Profecias são incrivelmente poderosas. Não me refiro a algo teórico, mas a experiências pessoais que transformam vidas e nos transportam a outro lugar.

A profecia é a tradução de um pensamento, plano ou projeto de Deus para o homem. Ela pode ser transmitida por meio de outra pessoa, diretamente por Deus, ou manifestar-se em sonhos e visões. Em outras palavras, há diversos canais pelos quais a profecia pode ser revelada.

Não deixe de valorizar e discernir a profecia como uma ferramenta divina que nos conecta ao propósito de Deus.

A profecia representa um pensamento divino que se torna acessível no mundo natural. Quando recebemos e acreditamos em uma palavra profética, permitimos que ela atue como um norte em nossas vidas, apontando para a vontade soberana de Deus.

O poder extraordinário de uma profecia é capaz de libertar e transformar o coração dos homens, trazendo direcionamento, esperança e transformação.

Aprenda a provar as profecias e sempre verifique se elas apontam para Deus e se estão enquadradas na Palavra.

Oração

Oro, meu Deus, para que eu saiba discernir o que é uma palavra profética para a minha vida do que não é profético. Conecte-me ao meu propósito e me direcione conforme os Seus projetos na minha vida. Traga revelações por meio de sonhos e visões para que eu possa entender o próximo passo que devo dar. Aponte o norte, a direção que devo seguir, para que eu possa entrar no fluxo das Suas bênçãos e colher os frutos da minha obediência ao Senhor. Livre-me de todo mal, de tudo o que quer me afastar da Sua presença. Amém.

FAÇA A SUA ORAÇÃO DO DIA

295

"O ladrão vem apenas para furtar, matar e destruir; eu vim para que tenham vida, e a tenham plenamente."

(JOÃO 10:10 NVI)

SENTIMENTOS EM AMBIENTES

Quando entramos em ambientes em que nos sentimos derrotados ou tristes, estamos tendo uma reação a eles, sentindo o que os permeia.

Sentimos o peso espiritual quando há forças malignas governando lugares que estão em falência.

Há lugares em que há um peso espiritual terrível, e, junto com este, um espírito de prostituição muito forte operando. Em lugares assim nos sentiremos muito desconfortáveis, como se alguém estivesse nos observando ali.

Há lugares onde o diabo está roubando, e, ao colocarmos o pé naquele ambiente, sentiremos o espírito de crise ali. A Bíblia diz para retirarmos nosso pé do mal.

Precisamos nos manter sempre em constante oração.

É necessário orarmos muito, pois, quando homens e mulheres de Deus dormem espiritualmente, Satanás aproveita para semear suas sementes malignas.

Oração

Senhor, apresentamos a Ti os ambientes pesados, onde Satanás está tentando nos roubar. Intercedemos por esses lugares; que as setas do inimigo lançadas contra a nossa vida, casa e família não prosperem. Que todo levante do inimigo para nos destruir caia por terra, em nome de Jesus. E que sejamos revestidos de toda a armadura espiritual, blindados por Deus. Desperte os que dormem. Em nome de Jesus, amém.

FAÇA A SUA ORAÇÃO DO DIA

A PROFECIA CONSTRÓI UM TESTEMUNHO

Na construção de uma casa, o início é marcado por planejamento e esforço, mas, ao ser concluída, ela se torna um testemunho visível do trabalho realizado.

Da mesma forma, quando alguém recebe uma palavra profética, algo é iniciado no mundo espiritual, começando a tomar forma até se manifestar plenamente como um testemunho.

Quando você recebe uma profecia genuína de Deus, ela pode não estar de acordo com a sua vontade ou compreensão natural, mas no seu íntimo sabe que aquilo é para você.

Não haverá outra explicação para o que Ele fez em sua vida. As pessoas olharão para você e reconhecerão que só pode ser Deus.

Permita-se ser edificado pelo Espírito, confie nas promessas de Deus e se torne uma carta viva que revela ao mundo o poder, a fidelidade e o amor do Pai.

Esse processo revela o agir do Espírito Santo, que transforma vidas para que se tornem testemunhos vivos da glória de Deus.

FAÇA A SUA ORAÇÃO DO DIA

296

"Digo-vos ainda: todo aquele que me confessar diante dos homens, também o Filho do Homem o confessará diante dos anjos de Deus."

(LUCAS 12:8 ARA)

Oração

Senhor, derrame do Seu Santo Espírito em nossas vidas, que possamos viver os Seus propósitos e que sejamos cartas vivas de testemunho das Suas promessas. Que possamos ser testemunhas da Sua glória e que as pessoas reconheçam que as mudanças nas nossas vidas vieram do Senhor, pois nós, por nossas forças, não conseguiríamos exercer tais mudanças. Nos dê sabedoria para reconhecermos a Sua voz revelando os próximos passos que devemos dar para que o mundo saiba e reconheça o Seu amor por nós. Em nome do Seu filho amado, Jesus, amém.

297

"Porquanto, tendo conhecimento de Deus, não o glorificaram como Deus, nem lhe deram graças; antes, se tornaram nulos em seus próprios raciocínios, obscurecendo--lhes o coração insensato."

(ROMANOS 1:21 ARA)

Oração

Senhor e Pai, pedimos para que possamos acessar novos níveis de revelação. Que sejamos sensíveis a lugares em que andarmos, que possamos fazer uma leitura espiritual de cada ambiente. Nos livre de todas as pessoas que querem o nosso mal, nos livre dos invejosos e maledicentes. Que saibamos discernir nossas emoções por meio das revelações do Espírito Santo. Amém.

CRISTO É O ENCAIXE PERFEITO

Existem níveis de revelação em nós. Quando pisamos em um lugar, sentimos se é um lugar de Deus para nós ou não.

Quando temos uma compreensão do lugar, uma leitura do ambiente, isso é revelação de Deus em nós. Existem sonhos, por exemplo, que estão totalmente ligados a uma sensibilidade que tivemos durante o dia.

Você discerne quando uma pessoa não o aceita bem no trabalho, se quer tirá--lo do caminho dela ou está torcendo contra você.

Mesmo que você não tenha toda a revelação do lugar ou sobre pessoas instantaneamente, pode ter revelações ao longo dos dias ou por meio de sonhos.

Aprenda a discernir exatamente o que Deus quer mostrar por meio dos sentimentos e sensações.

Quando entendemos que Cristo é o nosso encaixe perfeito, aprendemos a nos conectar com o mundo espiritual.

FAÇA A SUA ORAÇÃO DO DIA

298

AQUILO QUE ARDE EM NÓS

O que arde em nosso coração, a vontade de servir a Deus, o ânimo de fazer algo para Deus, está nos incitando para o nosso propósito. É Deus nos chamando para algo, é revelação de Deus.

O arder no coração é sentir arrepios, mas também ficar focado naquilo. Quando uma profecia vem da parte de Deus, ela arde em nosso coração.

Se gelamos, provavelmente aquela profecia não provém de Deus.

Aprendi que o propósito de vida que Deus tem para nós está muito ligado àquilo que arde no nosso coração.

Ao arrepiar-se diante de um comentário, nome ou situação, é Deus confirmando algo, é Deus conectando-o a um fato ou um ambiente.

Toda vez que seu coração arder, é o Espírito Santo lhe revelando algo: ideias, inspirações, confirmações de Deus, conexões Dele com pessoas, ambientes...

"Disseram um para o outro: 'Porventura não ardia em nós o nosso coração quando, pelo caminho, nos falava, e quando nos abria as Escrituras?'"

(LUCAS 24:32 NVT)

Oração

Senhor, faça arder em nossos corações o Seu propósito. Senhor, quando recebermos uma revelação, que consigamos discernir se ela veio direto do Seu trono, e que ela venha a arder em nossos corações, tirando toda a dúvida e nos fazendo caminhar ao encontro da promessa. Espírito Santo de Deus, nos faça sentir a Sua presença no natural e no espiritual para que possamos discernir os ambientes. Em nome de Jesus, amém.

AÇA A SUA ORAÇÃO DO DIA

299

"Eu é que sei que pensamentos tenho a vosso respeito, diz o Senhor; pensamentos de paz e não de mal, para vos dar o fim que desejais. Então, me invocareis, passareis a orar a mim, e eu vos ouvirei."

(JEREMIAS 29:11-12 ARA)

Oração

Senhor e Pai, me coloque no centro da Sua vontade, revele o Seu propósito na minha vida. Faça-me entender o tempo certo para todas as coisas, o tempo de plantar e de colher. Oro para que saibamos aproveitar todas as oportunidades e as transformações que precisam ser feitas em nossas vidas. Nos ensine, meu Senhor, a renunciar às nossas vontades para estarmos preparados para entrar no Seu propósito eterno. Em nome de Jesus, amém.

ENTRE PARA O PROPÓSITO

Pergunto-me: por que tantas pessoas têm dificuldade de compreender o propósito de Deus? Percebo que, muitas vezes, isso não acontece por falta de revelação ou oportunidades.

Para vivermos o propósito de Deus, é essencial permitir que Ele nos transforme. Isso significa deixá-Lo agir em nossa vida, ajustando o que for necessário. Muitas vezes, isso inclui renunciar a vontades que antes dominavam nossa carne e viver uma vida de obediência a Ele.

O problema é que, frequentemente, deixamos de aproveitar as chances que Deus nos dá – aqueles momentos que chamamos de "tempo certo" ou os insights de Deus, nos quais algo precisa mudar dentro de nós.

Quando nos aproximamos de Jesus, o primeiro passo é passar pela porta, e essa porta é o próprio Jesus.

Passe pela porta do ensino, da busca, da vigília, da consagração e do jejum.

Para entrar no propósito de Deus, é preciso preparação.

FAÇA A SUA ORAÇÃO DO DIA

ENTRE NO FLUXO DE DEUS

Deus tem um propósito para todos nós. Mas, para vivê-lo, precisamos entrar no Seu fluxo.

A Bíblia nos mostra um exemplo claro disso por meio da rainha Ester, que precisou preparar-se para representar o rei de forma digna, diferentemente do que fez a rainha anterior. Ester precisou abandonar a mentalidade de filha adotiva e preparar-se para ser rainha.

Isso implica abandonar mentalidades pequenas, seguir o movimento do Espírito e atravessar as portas que Ele nos abre.

Atravessar as portas que Deus abre requer mudar comportamentos, a maneira de se vestir e inclusive de se comunicar.

É necessário abandonar hábitos antigos e preparar-se para cumprir o propósito de Deus.

Para entrar no seu propósito, você precisará se adaptar às mudanças que Deus quer fazer em sua vida.

AÇA A SUA ORAÇÃO DO DIA

300

"Quem crer em mim, como diz a Escritura, do seu interior fluirão rios de água viva."

(JOÃO 7:38 ARA)

Oração

Senhor, nos conduza a entrar nos Seus fluxos, e que saibamos nos mover no Seu Espírito. Mostre, Pai, as portas que estão abertas em nosso favor e faça as transformações necessárias para que possamos estar preparados para o próximo nível. Que sejamos submissos ao Seu governo. Perdoe os nossos pecados e derrame uma unção de transformação e renúncia em nossas vidas. Em nome de Jesus, amém.

Seja intencional
como Jesus.
NÃO HAJA MAIS DE
FORMA IMPULSIVA.

QUANDO JESUS ESTÁ NO CENTRO

301

"Quando vier, porém, o Espírito da verdade, ele vos guiará a toda a verdade; porque não falará por si mesmo, mas dirá tudo o que tiver ouvido e vos anunciará as coisas que hão de vir."

(JOÃO 16:13 ARA)

Todos têm revelações, mas somente o Espírito Santo pode amplificá-las, somente Jesus Cristo em nós pode dar o verdadeiro discernimento espiritual.

Quando temos revelações sem ter Jesus no centro de nossas vidas, nossas revelações são como tiros que saem pela culatra. Ou seja, temos a revelação, mas não temos o foco, porque não há o discernimento.

Não basta termos um instrumento, temos que saber como usá-lo.

Jesus Cristo precisa estar dentro de mim e ser o meu Senhor e o meu Salvador para que toda revelação que eu tenha seja dirigida por Ele, e não por mim mesmo.

Não é suficiente sentirmos que estamos caminhando, temos que saber a direção, e somente Jesus pode nos dar o norte certo.

Precisamos de Jesus porque Ele é a luz do mundo e vê coisas que não vemos.

Oração

Senhor Jesus, peço que amplifique o meu nível de revelação. Conceda-me sabedoria e discernimento espiritual para que eu possa entender e ser dirigido pelo Seu Santo Espírito. Habite no meu coração e conduza os meus passos conforme o propósito que o Senhor já determinou para mim. Ilumine o meu caminho para que eu enxergue além dos meus olhos naturais. Amém.

AÇA A SUA ORAÇÃO DO DIA

____

____

____

____

____

____

____

302

"Quem tem ouvidos [para ouvir], ouça."

(MATEUS 13:9 ARA)

ONDE ESTÁ ESSA VOZ?

Só é possível ouvir a voz de Deus quando entramos em um lugar silencioso, o qual precisamos encontrar dentro de nós, através do Espírito Santo.

O ouvido espiritual do homem é um lugar de silêncio, mas esse lugar só conseguiremos controlar com a ajuda do Espírito Santo; sem a ajuda Dele, é meditação.

A meditação não vai nos ajudar a ouvir a Deus, pois não basta esvaziar a nossa mente, a nossa alma; é preciso ouvir a voz do Espírito Santo.

O Espírito Santo comunica-se com nosso espírito, e isso não tem a ver com a alma.

Dizer que todas as respostas estão dentro de você é um ledo engano, pois na verdade todas as respostas estão em Deus (e não em você). Busque essa voz com a ajuda do Espírito Santo!

A alma será somente um meio de compreender o que Deus diz ou o que está ao nosso redor. Assim, a alma não é a fonte, é somente o meio.

Oração

Oro, meu Deus, para que o Senhor me conduza a meditar em silêncio na Sua palavra. Abra os meus ouvidos espirituais para que eu possa estar conectado ao Senhor, Pai. Comunique à minha alma o que o Senhor quer que eu saiba, mostre as direções e os próximos passos que devo seguir. Traga respostas e revele o caminho a ser seguido. Amém.

FAÇA A SUA ORAÇÃO DO DIA

DEUS PODE USAR UMA CRIANÇA

Muitas pessoas, desde pequenas, têm sonhos proféticos, por isso precisamos ouvir Deus por meio das crianças.

As crianças, muitas vezes, têm revelações em grande velocidade e poder. Inclusive discernindo coisas que às vezes os adultos não estão conseguindo notar.

Alguém pode achar perigoso basear-se na fala de uma criança para tomar decisões.

Se conseguirmos ouvir uma criança quando ela fala o que por si não saberia e isso vai ao encontro do que estamos pensando e ela não sabe, essa criança nos dará a direção exata a seguir, sendo usada por Deus.

O segredo é ouvir Deus por meio das crianças, não quando estas reproduzem o que viram em um filme ou que ouviram alguém comentar.

Fique atento! Uma criança pode estar expressando a voz de Deus para sua vida e lhe apontando uma direção.

ÇA A SUA ORAÇÃO DO DIA

303

"Jesus, porém, disse: Deixai os pequeninos, não os embaraceis de vir a mim, porque dos tais é o reino dos céus."

(MATEUS 19:14 ARA)

Oração

Oro, meu Deus, para que o Senhor derrame uma unção de sabedoria e discernimento para que possamos dar ouvidos às nossas crianças. Que elas sejam usadas pelo Senhor para trazer revelações, nos entregando uma direção conforme a Sua vontade. Estejamos atentos à Sua voz que pode estar sendo utilizada através da boca de uma criança. Guarde e proteja de todo mal os nossos pequeninos. Amém.

"E não vos conformeis com este século, mas transformai--vos pela renovação da vossa mente, para que experimenteis qual seja a boa, agradável e perfeita vontade de Deus."

(ROMANOS 12:2 ARA)

Oração

Oro, meu Pai, para que o Senhor ocupe as nossas mentes e o nosso coração com a Sua palavra e com orações diárias. Livre-nos do mal, de toda investida do inimigo em nossa mente, nos traga equilíbrio para que sejamos submissos aos pensamentos de Cristo. Venha, Espírito Santo, habitar em nós, e preencha todo o lugar vazio em nossas vidas. Amém.

MENTE EQUILIBRADA

Satanás age para distrair as pessoas e manter as suas mentes ocupadas.

Os extremos são perigosos, tanto o vazio da mente como uma mente muito cheia. O diabo não quer que a pessoa saia desse círculo vicioso de nunca parar.

As pessoas só conseguirão se libertar desse redemoinho quando pararem e começarem a procurar onde Deus está na sua vida, nas amizades, nos negócios, na religião.

Há um ditado que diz: "Mente vazia, oficina do diabo", mas entendo que tanto mentes muito vazias quanto muito cheias se tornam oficina de Satanás. Satanás quer manter as pessoas debaixo de um sistema mental que bloqueia completamente qualquer coisa fora daquilo.

Permita que sua mente esteja submissa aos pensamentos de Cristo.

É muito importante manter sua mente equilibrada e saudável.

FAÇA A SUA ORAÇÃO DO DIA

SEMPRE CONSULTE DEUS ANTES DE SEGUIR

Quando Deus lhe entrega algo para administrar, Ele também libera o potencial, a capacidade e as habilidades necessárias para que você cuide e avance nesse propósito.

As pessoas acreditam que, pela capacidade de gestão que elas têm, podem dar certo em qualquer lugar. Está enganado quem pensa dessa forma. Porque se você quiser tomar o poder que Deus não lhe deu, isso pode lhe trazer grandes problemas em outras áreas da sua vida.

Você pode até conquistar algo pela força, mesmo sem ter capacidade para gerir, mas isso não trará bênção para a sua vida.

Deus confia em você quando é um bom gestor, mas Ele coloca em nossas mãos apenas aquilo que somos capazes de administrar.

Por isso, antes de começar qualquer projeto, pergunte a Deus. Nem todas as oportunidades que surgem na sua vida vêm d'Ele.

Sempre consulte Deus antes de dar andamento em um negócio, ou se aquele negócio veio realmente da parte Dele.

FAÇA A SUA ORAÇÃO DO DIA

305

"Se algum de vocês tem falta de sabedoria, peça-a a Deus, que a todos dá livremente, de boa vontade; e lhe será concedida."

(TIAGO 1:5 NVI)

Oração

Senhor Jesus, me capacite para eu saber gerenciar os projetos que fazem parte do meu propósito. Potencialize os dons que o Senhor já colocou em minha vida, para que eu seja um excelente administrador das Suas bênçãos. Oro para que eu esteja no centro da Sua vontade, buscando a Sua palavra no secreto. Guie-me para que eu esteja atento a todo tempo e não venha a me desviar nem para a direita, nem para a esquerda. Mostre-me o oculto e o escondido para que eu tenha a certeza de que não me desviei do meu propósito. Amém.

306

"Vinde a mim, todos os que estais cansados e sobrecarregados, e eu vos aliviarei. Tomai sobre vós o meu jugo e aprendei de mim, porque sou manso e humilde de coração; e achareis descanso para a vossa alma."

(MATEUS 11:28-29 ARA)

Oração

Oro, meu Deus, entregando-Lhe todo o fardo de angústias e preocupações que estou carregando nos últimos tempos. Derrame sobre minha vida uma unção de paz e tranquilidade, para que eu saiba administrar os meus pensamentos com os pensamentos que o Espírito Santo me revela. Revista-me de fé e me cubra com o Seu sangue para que eu seja fortalecido e possa estar sempre na Sua presença. Em nome de Jesus, amém.

SOBRECARGAS DE INFORMAÇÕES ESPIRITUAIS

Pessoas com forte sensibilidade ou revelação lutam com o medo, a preocupação e sobrecargas de informações espirituais que as sugam.

Pessoas com maior sensibilidade espiritual são diferentes das outras porque administram não somente os seus pensamentos, mas também os pensamentos de seu espírito que vêm à sua mente.

Tais pessoas querem ficar sozinhas porque realmente precisam estar somente com Deus.

Quanto mais sensível a pessoa for ao mundo espiritual, mais deseja e necessita de momentos de sossego e tranquilidade.

Pessoas que têm grande capacidade de revelação têm muitas sensações.

Precisamos estar sempre nos revestindo de Deus, para estarmos fortes e podermos conviver com todo tipo de pessoas e de revelações.

FAÇA A SUA ORAÇÃO DO DIA

______

______

______

______

______

______

______

A PROFECIA TRAZ CONSOLO

A profecia carrega o poder da Consolação. Mesmo quando uma pessoa se sente perdida, enfrentando momentos difíceis, a palavra profética de consolo chega para trazer restauração e restituição.

A profecia de consolo é uma ferramenta divina, um canal de esperança.

Mesmo que estejamos atravessando um período de dor, palavras proféticas reavivam nossas forças e nos conduzem ao lugar de cura e vitória.

Por isso, é essencial estarmos em ambientes proféticos, onde a presença de Deus se manifesta de forma poderosa, onde a Palavra de Deus opera com autoridade, trazendo vida e esperança.

Quando profecias são liberadas, direcionam os corações, renovam promessas de Deus e capacitam a caminhar firmemente no propósito.

É fundamental que esteja atento às palavras que Ele deseja liberar sobre você, especialmente nos momentos de fragilidade, pois são nestes que Sua voz se torna o remédio que a sua alma precisa.

FAÇA A SUA ORAÇÃO DO DIA

____

____

____

____

"Bendito seja o Deus e Pai de nosso Senhor Jesus Cristo, o Pai de misericórdias e Deus de toda consolação! É ele que nos conforta em toda a nossa tribulação, para podermos consolar os que estiverem em qualquer angústia, com a consolação com que nós mesmos somos contemplados por Deus."

(2 CORÍNTIOS 1:3-4 ARA)

Oração

Senhor meu Deus e consolador, que a Sua profecia seja como ferramenta para acessarmos restauração, cura e vitória em nossas vidas. Nos mantenha firmes no nosso propósito e nos conduza a lugares de bênçãos e refrigério. Aquiete a minha alma nos momentos de fragilidade e que a Sua voz, que traz paz e esperança, fale mais alto ao meu coração. Obrigado por estar sempre presente na minha vida, mesmo quando necessito me derramar na Sua presença. Amém.

308

"O Deus que me revestiu de força e aperfeiçoou o meu caminho, ele deu a meus pés a ligeireza das corças e me firmou nas minhas alturas. Ele adestrou as minhas mãos para o combate, de sorte que os meus braços vergaram um arco de bronze."

(SALMOS 18:32-34 ARA)

Oração

Senhor, meu Deus, fortaleça as minhas fraquezas. Meu amado Jesus, entre no meu barco e tome o controle da minha vida. Mostre as direções que devo seguir. Que eu seja manso e limpo de coração para enxergar as coisas relacionadas ao Seu Santo Espírito. Que eu não venha a julgar o meu próximo, pois isso não compete a mim. Senhor, desembace as lentes da minha alma e regule o foco da minha visão para que eu esteja no centro da Sua vontade. Amém.

DA FRAQUEZA PARA A FORÇA

Nossa sensibilidade/revelação não precisa se tornar uma fraqueza; ao invés disso, ela pode ser a nossa maior força.

Jesus olhava para as pessoas diferentemente de todo mundo. Ele olhou para uma mulher adúltera (João 8:7), que seria apedrejada, com discernimento espiritual e conseguiu desinflamar as emoções dos contrários e redirecionar aquela situação para o propósito divino.

Jesus não olha apenas para a roupa suja de pecado, mas vê uma pessoa que errou, mas de coração bom.

Por isso, precisamos muito de Jesus em nossa vida, pois somente quando Ele toma o controle (entrando em nosso barco) conseguirá acalmar as nossas emoções.

Assim, quando vem a revelação de ambientes espirituais, de pessoas, de lugares e até mesmo de mentiras, quando Jesus está na nossa vida, Ele aponta a direção certa para a revelação.

Coloque Jesus no centro de sua vida e permita que Ele corrija o foco da sua sensibilidade, da revelação, e aquilo que é a sua fraqueza Ele converterá em força.

FAÇA A SUA ORAÇÃO DO DIA

____

____

____

____

MOVIMENTOS SÃO NECESSÁRIOS

"*Nele, digo, no qual fomos também feitos herança, predestinados segundo o propósito daquele que faz todas as coisas conforme o conselho da sua vontade.*"

(EFÉSIOS 1:11 ARA)

Há pessoas que fazem as coisas de acordo com sua própria vontade, sem consultar Deus, e não se importam com as implicações disso.

O profético não é algo simples. Assim como a mudança, é um processo desafiador. Envolve desordem, desconforto, e muitas vezes coisas se perdem ou se quebram ao longo do caminho.

Enquanto não compreendermos que Deus tem total controle, que Ele sabe exatamente o que está pedindo de nós e o motivo de nos mover, não conseguiremos desfrutar plenamente de tudo o que Ele preparou para nós.

Muitas pessoas têm dificuldade em lidar com mudanças, e confesso que sou uma delas. Ainda assim, reconheço que mudar é necessário.

Se desejamos caminhar no profético, precisamos estar dispostos a abraçar as mudanças. É essencial buscar a direção de Deus, perguntando o que Ele deseja transformar em nós e em quais áreas da nossa vida precisamos de renovação.

Confie no plano divino e compreenda que Ele sabe por que o está tirando da zona de conforto.

Oração

Senhor, meu Deus, me dirija com sabedoria e prudência para que eu esteja com o coração aberto e saiba aceitar e passar pelas mudanças necessárias na minha vida. Conduza-me para que eu saiba me mover no profético e entenda os motivos de todas as mudanças fundamentais para eu desfrutar de todas as bênçãos que o Senhor reservou em meus caminhos. Ensine-me a confiar no Senhor, ser obediente e entender o plano que já traçou para mim. Tire-me da zona de conforto para que eu possa avançar rumo ao meu propósito. Amém.

FAÇA A SUA ORAÇÃO DO DIA

____

____

____

____

310

"Levanta-te, e vai a Sarepta, que é de Sidom, e habita ali; eis que eu ordenei ali a uma mulher viúva que te sustente. Então, ele se levantou e se foi a Sarepta; e, chegando à porta da cidade, eis que estava ali uma mulher viúva apanhando lenha; e ele a chamou e lhe disse: Traze--me, peço-te, numa vasilha um pouco de água que beba."

(1 REIS 17:9-10 ARC)

Oração

Senhor meu Deus, abra meus ouvidos espirituais para que eu possa ouvir atentamente a Sua voz e seguir os próximos passos. Que eu saiba entender os tempos de mudanças, qual o novo projeto, caminho, a nova fase para ser vivida. Senhor, coloque em mim um coração grato e obediente para que possa atravessar as dificuldades com sabedoria buscando andar conforme a Sua palavra. Amém.

EM TEMPOS DE ESCASSEZ

Podemos passar por momentos em que as circunstâncias mudam, e, quando isso acontece, devemos nos adaptar.

A Bíblia nos conta que quando o profeta Elias estava no Ribeiro de Querite, vivia sendo alimentado por Deus, experimentando Sua provisão de maneira extraordinária. No entanto, quando a água do ribeiro secou, ele recebeu uma direção clara do Senhor: de que deveria ir até a viúva de Sarepta. Elias então se moveu, mudando o curso de sua vida.

Precisamos estar dispostos a mudar e seguir a voz de Deus, mesmo quando as coisas não acontecem como planejamos.

Enquanto buscamos viver de acordo com os propósitos de Deus, Satanás não deixa de tentar nos desviar. Ele pode vir com tentações disfarçadas, como empréstimos, aproveitando que nossas emoções estão descontroladas.

O que parece ser o sustento de Deus pode, em algum momento, dar lugar a uma nova direção.

Busque o Senhor em todas as áreas da sua vida, especialmente nas dificuldades financeiras. Ele é a chave para sua vitória!

FAÇA A SUA ORAÇÃO DO DIA

QUANDO TIVER A REVELAÇÃO, SIGA-A

O faraó não pôde matar Moisés porque este vivia na glória de Deus, mas um dia Moisés desconsiderou uma revelação de Deus e não entrou na terra prometida.

Sempre teremos consequências espirituais de revelações que tivermos e não seguirmos; ou seja, se tivermos direções de Deus e não andarmos por elas, sofreremos por isso.

Quando estamos no pecado, muitas vezes o diabo não se importa conosco.

Basta alguém entregar uma palavra de Deus para a nossa vida para Satanás colocar um alvo em nossas costas.

Devemos sempre andar na revelação que recebemos de Jesus.

Quando nos tornamos alvo de Satanás, significa que há algo muito grande em nossas vidas e precisamos ir correndo para Jesus, porque somente Ele tem o poder de nos proteger.

FAÇA A SUA ORAÇÃO DO DIA

"Porque todos os que são guiados pelo Espírito de Deus são filhos de Deus."

(ROMANOS 8:14 NVI)

Oração

Senhor meu Deus, oro para que derrame a Sua graça sobre nossas vidas. Nos encha com o Seu Santo Espírito para que possamos caminhar com sabedoria e discernimento diante das revelações espirituais enviadas pelo Senhor. Perdoe os nossos pecados e nos conduza no caminho que devemos seguir. Livre-nos do mal, guarde a nossa casa e família. Nos proteja de toda investida do inimigo contra as nossas vidas. Em nome de Jesus, amém.

312

"Muitos são os planos no coração do homem, mas o que prevalece é o propósito do Senhor."

(PROVÉRBIOS 19:21 NVI)

ESTABELECIDOS NO PROPÓSITO ETERNO

Existe um lugar que Deus preparou para você, de autoridade e gestão.

Deus deseja que usemos os recursos disponíveis na Terra para agregar valor às nossas vidas e à dos outros, nunca para ferir ou destruir. Nosso propósito não é pisar ou humilhar, mas, sim, abençoar os que estão ao nosso redor, de alguma forma.

Todavia, muitos não reconhecem o valor que têm: suas habilidades, dons e serviços que oferecem.

Quanto mais valioso você se torna, mais recursos atrairá. Essa preciosidade está diretamente ligada à sua mentalidade. Todo lugar de governo está reservado para aqueles cuja mentalidade foi trabalhada e lapidada.

Não subestime o valor dos serviços que você presta. Oferecê-los de forma desvalorizada pode lhe trazer prejuízos.

Não comprometa o seu crescimento. Você foi estabelecido no propósito eterno e carrega um recurso precioso, algo único que Deus confiou a você para administrar com sabedoria.

Oração

Espírito Santo de Deus, nos ensine a exercer lugar de governo e autoridade. Mude a nossa mente para que seja trabalhada e lapidada pelo Senhor. Nos ensine a valorizar nosso trabalho e exercê-lo de forma adequada e responsável. Que saibamos ser ajudadores e abençoadores do Seu Reino. Derrame das Suas bênçãos e prosperidades em nossas vidas. Traga-nos um renovo e nos molde segundo o Seu querer, o Seu pensar e o Seu agir. Amém.

FAÇA A SUA ORAÇÃO DO DIA

UM TIPO DE REVELAÇÃO

"Então você entenderá o que é temer ao Senhor e achará o conhecimento de Deus. Pois o Senhor é quem dá sabedoria; de sua boca procedem o conhecimento e o discernimento."

(PROVÉRBIOS 2:5-6 NVI)

- O dom da palavra de conhecimento é um tipo de revelação de Deus.

- O dom da palavra de conhecimento pode operar também para o futuro, mas se cumpre num período mais curto, diferentemente da profecia, que vai se cumprir num tempo mais distante de uma revelação ou promessa.

- No episódio sobre Zaqueu, vimos que Jesus já o conhecia sem nunca o ter visto e sabia o nome dele. Vemos aí a manifestação do dom da palavra de conhecimento, que é uma revelação do presente e do passado.

- Lembrando que uma revelação para um futuro distante se considera profecia, mas para um futuro próximo pode--se classificar como dom da palavra de conhecimento.

- Então, pode-se dizer que o dom da palavra de conhecimento é uma olhadela no passado, no presente ou futuro ali na frente, em um curto espaço de tempo.

- No caso de uma revelação breve e de relance, é importante pedir ao Espírito Santo sabedoria e cuidado ao falar, para que a pessoa a receba com o coração aberto e seja levada a conhecer o amor de Cristo.

Oração

Meu Deus, conceda-me a palavra de conhecimento, para que eu possa entender o passado e o presente. Oro para que o Senhor cuide e proteja o meu coração para que venha a receber o amor genuíno de Jesus Cristo. Obrigado por me guiar pelos caminhos corretos conforme as Suas Santas Escrituras. Em nome de Jesus, amém.

FAÇA A SUA ORAÇÃO DO DIA

___

___

___

314

"Faze-me, Senhor, conhecer os teus caminhos, ensina-me as tuas veredas. Guia-me na tua verdade e ensina-me, pois tu és o Deus da minha salvação, em quem eu espero todo o dia."

(SALMOS 25:4-5 ARA)

Oração

Senhor Jesus, corrija as minhas falhas por meio das Suas profecias, mostre-me o caminho certo e direcione a minha vida. Toque profundamente o meu coração para que eu possa andar alinhado conforme a Sua vontade. Revele, por meio das profecias, os meus erros e me tire de lugares de escuridão e trevas. Perdoe os meus pecados. Traga um profundo arrependimento e realinhe a minha vida com o meu propósito, em nome de Jesus. Amém.

A PROFECIA TRAZ ALINHAMENTO

A profecia é mais do que uma simples palavra; ela é uma ferramenta divina que traz transformação, conduzindo-nos ao arrependimento e ao alinhamento com o propósito de Deus para nossas vidas.

Deus pode trazer uma palavra que revela seu verdadeiro valor, afirmando que você é precioso e amado. Essa mensagem chega com tanta força e amor que desperta em você um desejo profundo de abandonar o pecado e alinhar-se com a vontade de Deus.

A palavra profética não apenas aponta o erro, mas também o puxa para fora de lugares de escuridão, direcionando-o para a luz e os caminhos do Senhor.

A profecia tem o poder de corrigir algo errado em seu caminho de forma graciosa e cuidadosa, sem expor, envergonhar ou destruir sua reputação.

Quando você recebe uma profecia genuína da parte de Deus, ela trabalha no mais profundo do seu coração, conduzindo-o ao arrependimento.

Não tenha medo de receber uma profecia.

FAÇA A SUA ORAÇÃO DO DIA

____

____

____

EMOÇÕES VS. REVELAÇÕES DE DEUS

Como diferenciar as emoções naturais das revelações de Deus por meio das emoções?

Diferentemente de quando é emoção natural, ao se tratar de revelação de Deus por meio das emoções, tais emoções não perduram muito tempo, somente por um curto prazo.

Vale ressaltar que pessoas inconstantes, de alma fragmentada, podem ter uma sensibilidade espiritual muito alterada.

Além disso, a revelação por meio da emoção vem de forma interventiva, repentinamente, quando não estamos sentindo algo nem pensando em determinado assunto.

Só Jesus pode colocar foco nas suas revelações, porque a alma sem Deus não conseguirá interpretar as revelações de forma correta.

Temos emoções espirituais que vão cruzar nossa alma, e esta precisa estar totalmente ligada na fonte que é Jesus Cristo, para que sejam revelações focadas.

FAÇA A SUA ORAÇÃO DO DIA

315

"Bem-aventurado o homem que não anda segundo o conselho dos ímpios, nem se detém no caminho dos pecadores, nem se assenta na roda dos escarnecedores. Antes tem o seu prazer na lei do Senhor, e na sua lei medita de dia e de noite. Pois será como a árvore plantada junto a ribeiros de águas, a qual dá o seu fruto no seu tempo; as suas folhas não cairão, e tudo quanto fizer prosperará."

(SALMOS 1:1-3 ACF)

Oração

Senhor Jesus, oro para que saibamos diferenciar as revelações que vêm direto do trono de Deus das nossas emoções naturais. Senhor, nos conceda discernimento quando repentinamente algo for revelado em nosso espírito. Agradeço, Senhor, pela Sua bondade e Sua misericórdia eterna. Obrigado pela certeza que me dá de que estou seguro nos Seus braços. Coloco tudo em Suas mãos, ó Deus. Ajude-me a ser fiel ao Senhor, e que a Sua fidelidade me alcance todos os dias da minha vida. Em nome de Jesus, amém.

316

"Nós, porém, não nos gloriaremos além do limite adequado, mas limitaremos nosso orgulho à esfera de ação que Deus nos confiou, a qual alcança vocês inclusive."

(2 CORÍNTIOS 10:13 NVI)

O ORGULHO TIRA OS PÉS DA FONTE

Nós precisamos estar com os pés na fonte, que é Jesus, para não errarmos nas revelações. Assim, toda revelação será focada e não ficará à deriva.

Se Naamã (2 Reis 5) não tivesse vencido o orgulho, ele não teria entrado nas águas de Deus.

Uma pessoa que não consegue vencer o sentimento do orgulho vai sair da fonte, que é Jesus, e fora da fonte ficará sem foco.

Profetas emocionais cometem vários erros porque imaginam revelações (em sua mente), geram em seu coração e não as buscam em Jesus.

Uma das formas de tirar os pés da fonte é pelo orgulho, e isso é especialmente perigoso para um profeta, pois o orgulho nos tira das águas de Deus, das revelações Dele.

Por isso, busque a Jesus, pois Ele é a fonte para toda revelação.

Oração

Senhor meu Pai, retire de nós todo o orgulho para que possamos ouvir a Sua voz e ser obedientes à Sua palavra. Que estejamos sempre ligados à fonte que é Jesus para que possamos entender as Suas revelações. Revele-se a nós todos os dias, por meio da oração e leitura das Santas Escrituras. Somos gratos por Seus cuidados, nos mostre os sentimentos que nos afastam da Sua presença. Amém.

FAÇA A SUA ORAÇÃO DO DIA

A PLENITUDE NO ESPÍRITO TRAZ COMPREENSÃO

Deus concede muitas revelações aos intercessores, trazendo ousadia, autoridade e intrepidez para enfrentarem batalhas espirituais e lutar contra as trevas.

A plenitude do Espírito, que estava sobre Jesus, e a sabedoria que Ele detinha para se mover com as revelações e a sensibilidade do mundo espiritual eram usadas para cumprir Sua missão.

Quando algo de ruim está prestes a acontecer, somos alertados. Quando nos sentimos distraídos e incapazes de nos concentrar, é sinal de que algo está roubando nossa atenção no mundo espiritual.

Precisamos aprender com isso, especialmente nas orações de guerra, quando declaramos palavras no mundo espiritual com a unção a fim de combater as forças das trevas no reino espiritual.

O Espírito Santo deseja nos fazer compreender as realidades espirituais de uma perspectiva muito mais ampla.

Seja cheio do Espírito e busque a Sua plenitude, pois esta é o treinamento ideal para compreender as realidades espirituais e lidar com elas da maneira correta.

FAÇA A SUA ORAÇÃO DO DIA

____

____

____

317

"E conhecer o amor de Cristo, que excede todo entendimento, para que sejais cheios de toda a plenitude de Deus."

(EFÉSIOS 3:19 ARC)

Oração

Senhor meu Deus, derrame sobre nós o Santo Espírito para que possamos combater as forças das trevas no reino espiritual. Conceda novos dons em nossas vidas para que sejamos intercessores e enfrentemos com autoridade as batalhas espirituais. Manifeste a Sua glória, Senhor. Nos traga esperança. Que a nossa vida esteja sempre alinhada com o Seu Reino. Em nome de Jesus, amém.

318

"Mas, em todas estas coisas, somos mais que vencedores, por meio daquele que nos amou."

(ROMANOS 8:37 NIV)

Oração

Senhor Jesus, oro para que eu tenha sabedoria em buscar as Suas direções antes de tomar quaisquer decisões. Derrame a Sua graça e afaste de nós todo espírito opositor que quer obstruir os nossos caminhos e todo aquele que tenta fazer com que ultrapassemos os limites colocados pelo Pai. Torne-me cada dia mais dependente do Senhor e da Sua palavra. Em nome de Jesus, amém.

COMO CONHECER OS LIMITES

Nem tudo o que é bom aos nossos olhos é parte do plano de Deus para nós. Confiar em Sua orientação nos ajuda a respeitar os limites que Ele estabelece e a caminhar dentro de Sua vontade perfeita.

A Bíblia nos conta que Davi havia conquistado muitas batalhas, se tornado rei e realizado grandes feitos, mas chegou um dia em que ele decidiu que construiria o maior templo que a Terra já viu.

Não queira pagar o preço por coisas em que Deus já pôs e impôs um limite.

Apesar de Davi ter todos os recursos necessários para construir o templo, Deus não permitiu que ele colocasse nem sequer um tijolo naquela obra. O seu exemplo nos ensina que, mesmo com capacidade, autoridade e recursos, é essencial buscar a direção de Deus antes de agir.

E como saber até onde eu posso ir? Perguntando para Deus.

Dependa mais de Deus e aprenda a consultá-Lo para tudo.

FAÇA A SUA ORAÇÃO DO DIA

ROCHA ETERNA

Toda pessoa que está desestruturada emocionalmente, em alguma área da vida, sofrerá mais, porque ainda terá a dificuldade de ficar em pé, quanto mais ir adiante.

As pessoas que mais sofrem na vida são as que estão desestruturadas emocional ou espiritualmente. Mas quando estamos na rocha existe uma diferença; a Bíblia diz que não será qualquer chuva, vento ou temporal que irá abalar nossa estrutura.

Quando não estamos com a vida na rocha, qualquer vento nos derruba.

Estar firmado na rocha é estar firmado em uma estrutura maior que nos fortalece e nos mantém em pé.

Edifique sua vida neste fundamento que é Jesus, a rocha eterna.

A Bíblia diz que "os que confiam no Senhor são como os montes de Sião, que não se abalam, mas permanecem para sempre" (Salmo 125).

FAÇA A SUA ORAÇÃO DO DIA

"Todo aquele, pois, que escuta estas minhas palavras, e as pratica, assemelhá-lo-ei ao homem prudente, que edificou a sua casa sobre a rocha."

(MATEUS 7:24 ACF)

Oração

Oro, meu Deus, para que possamos edificar nossa casa sobre a rocha, e que esta seja estruturada emocionalmente e espiritualmente. Firme-nos na rocha para que não sejamos abalados. Livre-nos do mal, de todo ataque do inimigo e de toda flecha lançada contra nossa casa e família. Peço, Senhor meu Deus, para permanecermos firmes e inabaláveis, e mal nenhum nos derrubará. Amém.

320

MEXER NA ESTRUTURA

"Tem cuidado de ti mesmo e da doutrina; persevera nestas coisas; porque, fazendo isto, te salvarás, tanto a ti mesmo como aos que te ouvem."

(1 TIMÓTEO 4:16 ARC)

Quando pessoas querem mexer na nossa estrutura, precisamos ter cuidado, porque suas intenções não são boas.

Pessoas enviadas por Deus serão cooperadoras, colaboradoras, amigas, leais, e nelas não se encontrará algo que queira abalar a sua estrutura.

Por outro lado, uma pessoa com resquícios das trevas e uma intenção ruim vai tentar mexer com alguma de nossas estruturas.

Esse é o primeiro segredo espiritual que precisamos entender, que aquele que intenta mexer na nossa estrutura provavelmente é enviado das trevas.

As pessoas de Deus acrescentam em nossa vida e sempre nos ajudarão a progredir, a ir para a frente, e nunca para trás.

Se você está bem firmado na rocha, em Cristo, com seu elo, sua aliança, bem firmada com Jesus, sentirá quando alguém tentar soprar na sua estrutura.

Oração

Oro, meu Deus, para que o Senhor preserve a minha estrutura, para que eu não seja transformado por pessoas, e sim pelo Espírito Santo que habita em mim. Senhor, guarde-me do mal, de todo enviado das trevas que quer me destruir. Renove a minha aliança com o Senhor, meu Pai, me fortaleça cada dia para que eu saiba resistir às investidas do diabo. Que todo ataque na mente, nas emoções, seja dissipado pelo sangue de Jesus agora. Amém.

FAÇA A SUA ORAÇÃO DO DIA

ENVIADOS DAS TREVAS

Toda pessoa que é um terceiro e que tenta mexer no seu casamento ou nas decisões do casal é alguém que quer mexer na sua estrutura familiar.

Um casal que anda junto vai seguir uma mesma visão e não vai deixar ninguém mexer nessa base, de resolverem as coisas juntos, em concordância.

Intromissões na vida dos casais são motivo de muitos casamentos não darem certo.

Temos que ter este discernimento: o que vem para causar brigas no casamento, que deseja interferir nas decisões do casal, está errado, porque vai abalar a estrutura do casamento. São falsos amigos, enviados das trevas.

Evite pessoas que trazem contenda e divisão dentro da sua casa e que podem trazer prejuízos para seu matrimônio.

Cuidado com amigos que chegam e levam o cônjuge para jogo, depois para churrasco e por fim para sair à noite, pois esse é um exemplo de uma terceira pessoa.

FAÇA A SUA ORAÇÃO DO DIA

321

"Melhor é a repreensão aberta do que o amor encoberto. Fiéis são as feridas feitas pelo que ama, mas os beijos do que aborrece são enganosos."

(PROVÉRBIOS 27:5-6 ARC)

Oração

Senhor Jesus, cubra minha vida e casamento com o Seu sangue, livre-me de toda pessoa que quer se aproximar do meu caminho para causar brigas e desentendimentos em minha casa. Conceda-me discernimento espiritual para que eu possa enxergar as pessoas erradas que querem se aproximar da minha vida e retirá-las do meu caminho. Abençoe, meu Deus, o meu casamento e fortaleça a aliança com meu cônjuge. Em nome de Jesus, amém.

"O coração do sábio adquire o conhecimento, e o ouvido dos sábios busca a ciência."

(PROVÉRBIOS 18:15 ARC)

Oração

Senhor, meu Deus, libere uma unção de sabedoria e discernimento para que eu possa discernir os pensamentos e intenções das pessoas que se aproximam da minha vida. Que eu consiga enxergar a intenção e o coração das pessoas, para que eu não seja surpreendido negativamente pelo mal que essa pessoa quer plantar no meu caminho. Senhor, revele-se através do meu coração para que eu tenha prudência e não venha a confiar em todos os que se aproximam de mim. Amém.

DISCERNINDO CORAÇÕES

É muito importante discernirmos o coração das pessoas para que elas não nos surpreendam negativamente.

A Bíblia nos afirma que a Palavra de Deus é apta para discernir os pensamentos e intenções de alguém.

Quando não discernimos o coração de uma pessoa, podemos atropelar os protocolos do Espírito.

Tal aptidão refere-se à revelação de Deus, pois a voz de Deus nos alerta sobre pessoas e o coração delas. Não somente no que tange ao que a pessoa está pensando, mas também em relação àquilo que ela está inclinada a fazer.

Entregar uma responsabilidade para alguém cujo caráter Deus ainda não nos revelou acaba nos causando problemas.

O ideal é que conheçamos primeiro o coração de cada pessoa a quem confiamos algo.

FAÇA A SUA ORAÇÃO DO DIA

ANALISANDO AS PROVAS

A palavra discernir tem origem no grego *criticus*, que significa "hábil em julgar". Contudo, vivemos em uma cultura que nos incentiva a ser críticos em excesso, o que reflete a influência do pensamento humanista.

O discernimento é a habilidade de julgar com sabedoria e justiça. Isso significa que não podemos assumir o papel de juízes antes de avaliarmos as evidências.

É importante vigiar para não nos tornarmos "críticos de plantão", rejeitando automaticamente tudo o que não se alinha ao nosso sistema de crenças.

Julgar pelos nossos próprios sistemas de crenças não nos ajuda a compreender o coração das pessoas, pois podem estar corrompidos.

Aqui está um mistério: quando Deus não nos revela algo diretamente, é necessário esperar pelos sinais ou provas que Ele permite para que possamos julgar com precisão.

Discernir exige uma combinação de revelação divina e observação atenta, permitindo que nossos julgamentos reflitam a verdade e a justiça de Deus.

FAÇA A SUA ORAÇÃO DO DIA

____

____

____

"Vigiai e orai, para que não entreis em tentação; na verdade, o espírito está pronto, mas a carne é fraca."

(MATEUS 26:41 ARC)

Oração

Pai amado, nos ensine a vigiar, para não sermos críticos e julgadores das pessoas. Nos dê um coração arrependido e prudente cada vez que abrirmos a boca para falar de alguém. Oro para que saibamos esperar o tempo certo de acontecer cada revelação em nossas vidas, pois só o Senhor tem o poder de julgar nossas atitudes e pensamentos e perdoar os nossos pecados. Amém.

324

"Felizes as pessoas que têm fome e sede de fazer a vontade de Deus, pois ele as deixará completamente satisfeitas."

(MATEUS 5:6 NTLH)

Oração

Pai amado, encha o meu coração de expectativa. Que eu tenha cada vez mais fome do Senhor e de Sua Palavra. Peço-Lhe, Espírito Santo, que seja meu ajudador para que a chama da expectativa nunca se apague em mim. Senhor, quero atrair a Sua presença. Manifeste, Senhor, a Sua glória. Amém.

TENHA EXPECTATIVA

Existe uma grande diferença em lugares onde há expectativa, onde há fome por Deus, pois ela provoca o ambiente.

As pessoas sempre olham para aquilo que aconteceu no Monte Carmelo observando apenas o altar que Elias preparou, mas na verdade ele gerou uma expectativa quando desafiou os profetas de Baal (1 Reis 18). Em todo o tempo ele provocou aqueles profetas e o povo também.

Sabe por que algumas pessoas não vão a alguns lugares? Porque não geram uma expectativa.

Quando existe expectativa, existe também uma atmosfera que se forma ao redor daquela expectativa. Foi o que Elias fez.

Onde existe expectativa, existe uma manifestação da glória de Deus.

Em um lugar onde não existe expectativa, não existe um ambiente de atração. Tenha expectativa em relação à presença de Deus.

FAÇA A SUA ORAÇÃO DO DIA

325

REVELAÇÕES MEXEM COM AS EMOÇÕES

As nossas emoções estão diretamente ligadas às nossas revelações, e o nosso controle emocional virá com a ajuda do Espírito Santo, através do agir Dele.

Em comunhão com o Espírito Santo, começamos a amar mais, somos mais pacientes, mais benignos, mais brandos; mas as revelações mexerão com nossas emoções enquanto não aprendermos a controlá-las.

Há pessoas iradas, raivosas, descontroladas, violentas, porque tiveram percepções espirituais de espíritos de violência, de rejeição, que em algum momento atacaram a família.

Há demônios que agem por gerações, e, diante disso, são formadas resistências a tipos de pessoas e práticas, gerando assim dificuldades de aceitar algumas coisas. Mas elas não viram aquilo somente com olhos naturais, espiritualmente aquilo teve o poder de agitá-las de maneira negativa.

Somente Deus pode corrigir a nossa sensibilidade e apurar o nosso discernimento espiritual.

Assim, toda a capacidade que o ser humano tem de revelação precisa ser totalmente ungida por Deus.

FAÇA A SUA ORAÇÃO DO DIA

___

___

___

"Como cidade derribada, que não tem muros, assim é o homem que não tem domínio próprio."

(PROVÉRBIOS 25:28 ARA)

Oração

Espírito Santo de Deus, oro para que eu consiga controlar as minhas emoções, aja em minha mente e em meu coração para que eu seja paciente e consiga amar as pessoas. Senhor, meu Deus, peço para que eu venha a enxergar com os olhos do Espírito e aceite as mudanças que devem ser feitas. Derrame uma unção de sabedoria para que eu consiga corrigir o que está errado, para o Senhor agir em minha vida espiritual. Amém.

326

"Nos últimos dias, diz Deus, derramarei do meu Espírito sobre todos os povos. Os seus filhos e as suas filhas profetizarão, os jovens terão visões, os velhos terão sonhos."

(ATOS 2:17 NVI)

Oração

Espírito Santo, traga à memória as revelações divinas que já tive no passado. Pai Celeste, venha revelar-se a mim, quero conhecê-Lo mais. Conecte-me à realidade de revelação que o Senhor já colocou dentro de mim. Quero poder ter mais intimidade e comunhão com o Senhor. Que eu possa ter experiências impactantes com a Sua Presença. Em nome de Jesus, amém.

REVELAÇÕES DO ESPÍRITO

O déjà-vu é, em especial, uma visão de olhos abertos. No vocabulário profético um déjà-vu diz respeito a uma revelação do Espírito.

A Bíblia fala de Nabucodonosor, que teve um sonho perturbador do qual não conseguia lembrar muito bem (Daniel 2). Pediu, então, para que os profetas o interpretassem, e Daniel deu a esse rei a revelação exata do que ele havia sonhado.

Não se trata de algo ruim. Isso porque muitos déjà-vus referem-se a memórias que nosso subconsciente puxa de sonhos que já tivemos.

Entendo, assim, que existem déjà-vus que são capturas de sonhos que tivemos no passado, revelações que Deus nos dá. Acredito que o próprio Espírito Santo nos traz essa memória.

Os déjà-vus sempre alertam sobre algo importante na vida de alguém. Além disso, sempre virão em uma ordem de importância.

O déjà-vu é um tipo de revelação que nos conecta à realidade de revelação que existe em cada um de nós. Assim, as revelações de Deus vêm para despertar a crença no ser humano.

FAÇA A SUA ORAÇÃO DO DIA

____

____

____

____

____

____

____

A PORTA PARA OS DONS

327

"Eu sou a porta. Quem entrar por mim será salvo; poderá entrar e sair e achará comida."

(JOÃO 10:9 NTLH)

Toda pessoa que realmente quer ser usada por Deus, que quer que os dons fluam na vida dela, precisa ter o Espírito Santo na sua vida.

A porta para os dons espirituais é a manifestação do Espírito Santo sobre nós.

Eu pensava que somente a partir do momento em que a pessoa era batizada no Espírito Santo os dons espirituais poderiam se mover na vida dela, e a partir dali ela poderia receber dons.

Ao longo da minha caminhada com Cristo, a maturidade foi trazendo um entendimento um pouco melhor sobre os dons e a graça de Deus.

Agora compreendo que quando recebemos Cristo como nosso Senhor e Salvador e recebemos o Espírito Santo da promessa, os dons espirituais já se tornam vigentes em nossas vidas.

Se você já aceitou Jesus Cristo como Salvador, creia que sim, os dons espirituais foram liberados sobre você por meio do Espírito Santo.

Oração

Pai, eu preciso do Seu Santo Espírito. O Senhor tem mudado minha vida, e graças Lhe dou por isso, mas eu quero muito mais do Senhor, da Sua graça e dons. Em nome de Jesus, manifeste em mim o Seu Espírito Santo, por meio dos dons, para edificação da Sua casa e obra. Amém.

AÇA A SUA ORAÇÃO DO DIA

____

____

____

____

____

____

328

"E não sejais conformados com este mundo, mas sede transformados pela renovação do vosso entendimento, para que experimenteis qual seja a boa, agradável, e perfeita vontade de Deus."

(ROMANOS 12:2 ACF)

Oração

Renove-me, Senhor Jesus. Traga a minha mente sempre alinhada com a Sua vontade. Quero viver não só a boa e agradável vontade do Senhor, mas, sobretudo, a Sua perfeita vontade. Limpe a minha alma, restaure o meu ser. Quero ter um coração segundo o Seu coração. Ensine-me a ouvi-Lo e Lhe obedecer, cada vez mais, sem contestar. Quero estar sempre perto do Senhor. Em nome de Jesus, amém.

RENOVE SUA ALMA

Para que as promessas de Deus se realizem em nossa vida, nossa alma precisa estar alinhada com Ele. Isso significa aprender a ouvir e entender Suas instruções.

Uma alma alinhada é uma alma transformada, limpa e protegida.

Se nossa alma não estiver renovada e conectada com a vontade de Deus, acabamos agindo por conta própria e tomando decisões que nos afastam do propósito Dele.

Muitas vezes, Deus nos tira do mundo, mas o mundo ainda permanece dentro de nós, impedindo que nossa alma esteja pronta para receber o que vem de Deus.

A oração cria um ambiente espiritual que transforma nossa vida e nos mantém próximos de Deus. A Palavra de Deus, por sua vez, renova nossas mentes.

É essencial buscar uma conexão profunda com Deus por meio da oração e da Palavra.

FAÇA A SUA ORAÇÃO DO DIA

AMBIENTES QUE PRECISAMOS DISCERNIR

Quando falamos em mundo espiritual, estamos falando de um ambiente que todos precisam conhecer.

Através do ambiente do céu, que vem por meio da oração, do jejum, da meditação da palavra, da adoração, da busca por Deus, compreenderemos o mundo espiritual pela ótica de Deus.

Não negligencie informações espirituais, elas carregam chaves para destravar a nossa vida e o destino de Deus para nós.

Existem vários ambientes em nível espiritual: o lugar onde trabalhamos, o lugar onde congregamos, o lugar onde moramos, os lugares por onde andamos...

Ter o discernimento de cada um desses ambientes nos ajudará a orar e a descobrir o que está agindo em determinado lugar.

Tenha uma vida de constante busca e aprenda a obter as informações sobre os ambientes espirituais que você frequenta.

AÇA A SUA ORAÇÃO DO DIA

"Aconteceu que um anjo do Senhor lhes apareceu. A glória do Senhor resplandeceu ao redor deles, e ficaram aterrorizados."

(LUCAS 2:9 NVI)

Oração

Nosso amigo Espírito Santo é bem-vindo entre nós. Convidamo-Lo, querido Espírito Santo, para nos acompanhar aonde formos, dando-nos discernimento de espírito, perspicácia e sabedoria para obtermos as informações espirituais de todos os lugares que frequentamos. Que haja um destravar em nossas vidas. Em nome de Jesus, amém.

330

"Assim que, se alguém está em Cristo, nova criatura é; as coisas velhas já passaram; eis que tudo se fez novo."

(2 CORÍNTIOS 5:17 ACF)

Oração

Deus, Pai de amor, queremos ouvir a Sua voz hoje, clamamos e pedimos respostas para o agora. Libere o novo na família, nas finanças e em todas as áreas da nossa vida. Ajude-nos a discernir a Sua presença em cada ambiente. Venha sobre nós, Espírito, e que a Sua unção nos impulsione a entrar no presente, abandonando o passado. Em nome de Jesus, amém.

NÃO PERCA O ESSENCIAL

Muitos lugares carregam apenas as marcas de algo que aconteceu um dia – memórias de uma época em que algo especial aconteceu ali. Mas estas, embora preciosas, não são o agora. Elas são ecos do que foi, não a realidade atual.

Deus não é apenas o Deus do passado; Ele é o Deus do presente. Por isso, a pergunta mais importante não é "O que Deus fez?", mas "O que Deus está fazendo agora?".

O problema é que muitas pessoas acabam vivendo exclusivamente das lembranças do passado: as instruções que receberam, as experiências que tiveram, ou até mesmo a presença de Deus que sentiram em outros tempos.

Não perca de vista o essencial: discirna a presença de Deus nos ambientes ao seu redor e também o que Ele quer fazer neste tempo da sua vida.

Nosso desafio é abrir os olhos para enxergar Sua presença viva, ativa e transformadora, aqui e agora.

Sempre devemos nos perguntar: "Onde Deus está agora?". Não se trata de reviver o passado, mas de viver plenamente no presente.

FAÇA A SUA ORAÇÃO DO DIA

___

___

___

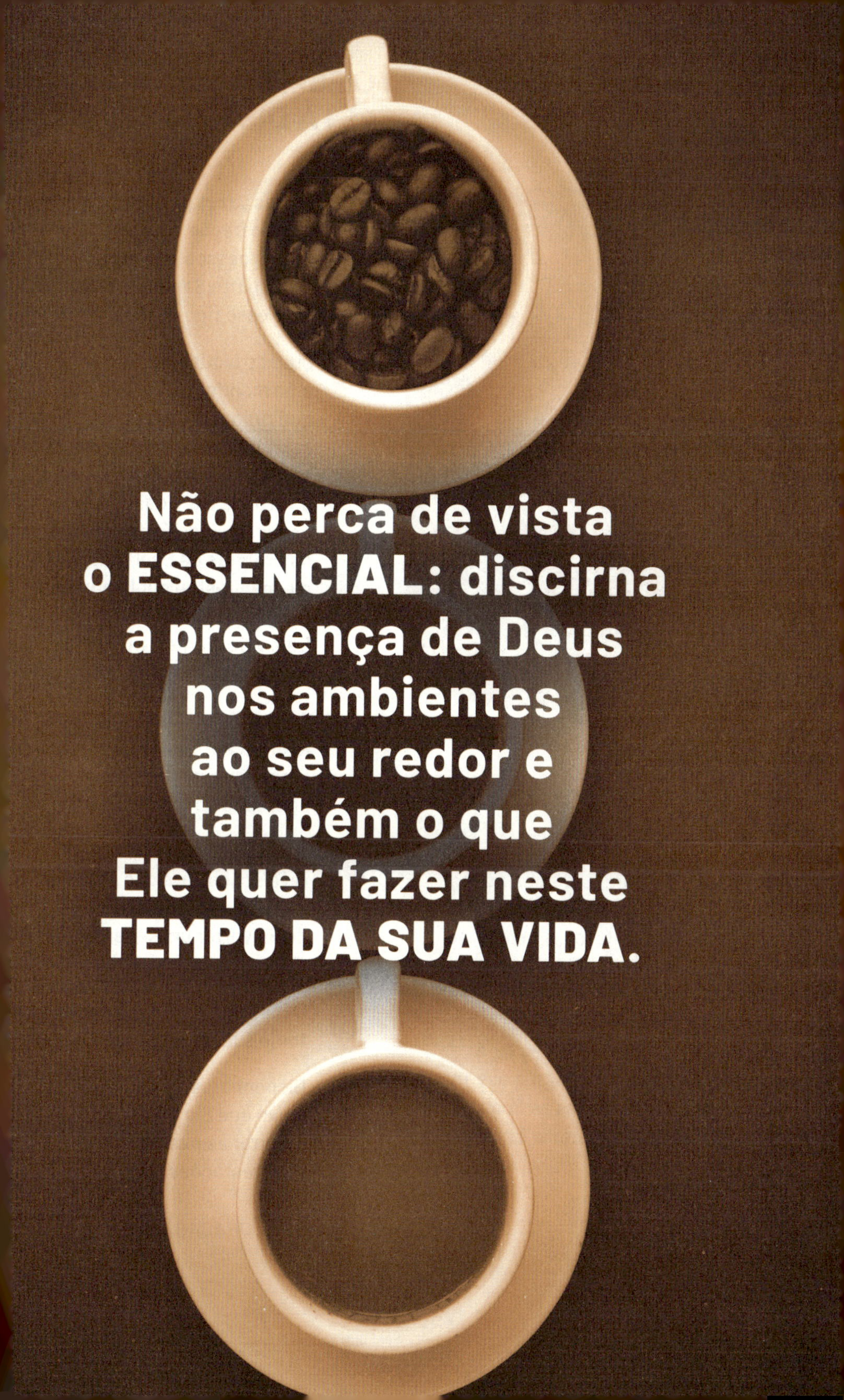
Não perca de vista
o **ESSENCIAL**: discirna
a presença de Deus
nos ambientes
ao seu redor e
também o que
Ele quer fazer neste
TEMPO DA SUA VIDA.

331

"Quando o povo viu isso, todos caíram prostrados e gritaram: 'O Senhor é Deus! O Senhor é Deus!'"

(1 REIS 18:39 NVI)

O ESPÍRITO SANTO ESTÁ DISPONÍVEL

Muitas vezes precisa haver uma manifestação visível de Deus para que as pessoas comecem a crer, e o Espírito Santo está disponível para esse tipo de manifestação.

Quando alguém se depara com uma manifestação maior do que tudo que já viu, passa a conhecer o Deus verdadeiro, aprende o Caminho e se rende à Verdade e à Vida, que é Jesus. Quando Elias desafiou os profetas de Baal (1 Reis 18), ele manifestou publicamente o poder de Deus; ali a resposta Dele veio diante de Elias, do povo e daqueles profetas falsos.

As manifestações espirituais acontecem, mas o fogo verdadeiro de Deus se sobrepõe ao fogo estranho.

Deus, muitas vezes, traz revelações para que pessoas incrédulas comecem a desenvolver um sistema de crença dentro delas.

Deus quer usar sua vida, portant tome sua posição Nele.

Disponha-se ao Espírito e deixe que Ele o use para mostrar às pessoas Suas manifestações sobrenaturais.

Oração

Obrigado, Pai, porque é Deus de respostas. Venha manifestar-se para alimentar e fortalecer a minha fé. Declaro que estou disponível e posicionado no Senhor. Revista-me por completo para não me cansar e permanecer firme. Leve-me ao lugar da manifestação sobrenatural e use-me para mostrar aos outros as Suas manifestações sobrenaturais. Em nome de Jesus, amém.

FAÇA A SUA ORAÇÃO DO DIA

___

___

___

___

DONS NOS CONDUZEM AO RUMO CERTO

É impossível alguém se aproximar de Deus e permanecer o mesmo.

Lembre-se de Naamã. Quando recebeu a palavra enviada pelo profeta, ele precisou romper o orgulho, obedecer à instrução divina e descer às águas. Esse ato de obediência o levou à cura.

A palavra profética confronta o coração e revela a necessidade de humildade para receber o milagre.

Quando nos dispomos a ser usados pelo Senhor, somos levados a nos examinar, a refletir sobre nossos comportamentos e a buscar transformação.

A presença de Deus nos constrange, nos molda e nos impulsiona a crescer.

Assim também os dons espirituais operam em nós, confrontando nossas fraquezas e nos direcionando à vontade de Deus.

ÇA A SUA ORAÇÃO DO DIA

332

"Então desceu, e mergulhou no Jordão sete vezes, conforme a palavra do homem de Deus; e a sua carne tornou-se como a carne de um menino, e ficou purificado."

(2 REIS 5:14 ACF)

Oração

Louvo e agradeço ao Senhor pelos dons e por sempre orientar-me sobre a direção que devo seguir. Em nome de Jesus, dê-me entendimento para que eu sempre compreenda as Suas orientações. Não permita que eu seja negligente desprezando as Suas direções para minha vida. Amém.

333

"E sucedeu que, acabando ele de falar com Saul, a alma de Jônatas se ligou com a alma de Davi; e Jônatas o amou, como à sua própria alma."

(1 SAMUEL 18:1 ACF)

Oração

Senhor, que eu esteja fortalecido e blindado dos ataques e levantes do inimigo. Proteja a minha família, nos guarde do mal e das intenções malignas. Eu me levanto como intercessor pela vida dos que necessitam de oração e me coloco na brecha em favor daqueles que têm sido atacados pelos ambientes malignos. Que todas as minhas conexões sejam abençoadas e remidas pelo sangue de Jesus e que toda legalidade para o mal agir seja desfeita. Em nome de Jesus, amém.

CONEXÕES ESPIRITUAIS

- Existe uma grande conexão espiritual entre pais e filhos, e muitas vezes um sente o que está acontecendo com o outro.
- Toda informação espiritual entra na alma de uma maneira muito poderosa. Quando recebemos essas informações de forma distorcida, elas nos causam mal.
- Quando uma pessoa se relaciona com várias pessoas, por exemplo, acaba se conectando a elas espiritualmente e recebendo tantas informações espirituais que as suas emoções acabam se fragmentando.
- Deus revela muitas das coisas pelas quais pais ou filhos estão passando, por causa dessa conexão entre eles. Um casal também tem uma grande conexão, pois a Bíblia diz que ele passam a ser uma só carne. Há uma ligação espiritual entre eles
- Feche todas as conexões para o mal e ele não terá poder de ação.
- As conexões do Espírito Santo trarão livramento para sua famíli

FAÇA A SUA ORAÇÃO DO DIA

OS AMBIENTES DE GLÓRIA NOS AFETAM

Deus sempre quis que o homem discernisse as Suas manifestações.

Se lermos Gênesis, o começo de tudo, na Bíblia veremos muitas manifestações tangíveis do espiritual no natural. Deus fazia isso para que o homem compreendesse a sua identidade espiritual e que ele podia se relacionar com as coisas espirituais do céu.

Tais manifestações diminuíram, em parte, porque o homem focou o natural e deixou de entender o espiritual.

Moisés, em Êxodo, também é um exemplo disso na Bíblia, pois, quando ele descia do monte, após ter estado com Deus, a presença da glória era tão intensa que seu rosto brilhava e só depois de um tempo se dissipava.

Quando vivemos em ambientes da glória de Deus, ela começa a afetar, positivamente, o nosso corpo físico.

Seja uma pessoa com grande intimidade com Deus e isso acelerará o seu discernimento quanto às coisas espirituais ao seu redor.

ÇA A SUA ORAÇÃO DO DIA

334

"E a glória do Senhor se manifestará, e toda a carne juntamente a verá, pois a boca do Senhor o disse."

(ISAÍAS 40:5 ACF)

Oração

Senhor, meu Deus, nos encha com a Sua graça, manifeste a Sua glória. Que eu tenha mais intimidade com Sua presença e possa assim ter uma aceleração no meu discernimento espiritual. Declaro que quero entrar no ambiente da Sua glória e receber mais do Senhor. Pai, tudo o que preciso está em Ti, por isso, que o Senhor cresça e eu diminua cada vez mais. Amém.

"Bem-aventurados os que choram, porque serão consolados. Bem-aventurados os mansos, porque herdarão a terra."

(MATEUS 5:4-5 ARA)

Oração

Senhor Deus, que possamos aceitar as respostas que o Senhor revela aos nossos questionamentos, mesmo quando elas não nos agradam. Que saibamos compreender quando Deus está nos dando livramento, nos guardando para um propósito maior. Senhor, entregamos as nossas vidas, casa e família nas Suas mãos para poder viver as Suas bênçãos. Em nome de Jesus, amém.

PERDAS NECESSÁRIAS

Muitas vezes, estamos mal-acostumados e queremos respostas que nos agradem. Mas, com o tempo, aprendemos a desejar a resposta de Deus, mesmo quando ela não é o que esperávamos.

Quando algo não acontece como planejamos, precisamos confiar que Deus desviou isso do nosso caminho por um propósito maior.

O que hoje parece uma perda, um atraso ou algo negativo pode ser Deus impulsionando-o para um lugar muito maior do que você imaginou.

Precisamos entender que, quand vivemos o propósito de Deus, Ele nos leva a experimentar coisas que vão além dos nossos planos e expectativas.

Muitas das bênçãos surgem quando tudo parece estar perdido.

Confie no Senhor, porque Ele está trabalhando em algo grandioso na sua vida!

FAÇA A SUA ORAÇÃO DO DIA

FILHOS DA LUZ

336

Mesmo que um povo ande em trevas, quando o Evangelho entra no ambiente, a luz entra e dissipa a escuridão.

Ainda que muitos ignorem isso, este é um fato do Reino de Deus: somos filhos da luz quando a presença de Deus está na nossa vida.

A luz de Deus em sua vida pode deixar pessoas e ambientes sombrios desconfortáveis.

O mundo espiritual se movimenta e reconhece quem anda na luz.

Portanto, por onde você andar, as trevas não poderão lhe resistir! Ande nesta verdade.

Creia que você é filho da luz.

"Porque outrora vocês eram trevas, mas agora são luz no Senhor. Vivam como filhos da luz, pois o fruto da luz consiste em toda bondade, justiça e verdade; e aprendam a discernir o que é agradável ao Senhor."

(EFÉSIOS 5:8-10 NVI)

FAÇA A SUA ORAÇÃO DO DIA

Oração

Guie, meu Deus, todos os meus passos, coloque os meus pés na luz do Seu caminho. Afaste da minha vida todo caminho mau. Só Jesus é o caminho, a verdade e a vida. Acredito que agora sou filho da luz e que as trevas não podem mais prevalecer sobre a minha existência. Que por onde eu andar a Sua luz resplandeça e eu possa dar os frutos dessa luz. Consagro a minha vida e casa na Sua presença. Amém.

337

"Deus concedeu um dom a cada um, e vocês devem usá--lo para servir uns aos outros, fazendo bom uso da múltipla e variada graça divina."

(1 PEDRO 4:10 NVT)

Oração

Graças lhe dou, Pai, por nos confiar os dons. Eu peço, em nome de Jesus, que me oriente sobre como usá-los em benefício da Igreja. Ajude-me a estar atento às suas orientações para edificar o Seu Santo nome e contribuir com Sua obra através dos dons a mim concedidos. Amém.

DONS E TALENTOS DE DEUS

Os dons que Deus deu estão com a Igreja e podem ser transferidos, especialmente com a imposição de mãos.

A Bíblia declara que os dons foram dados à Igreja. "Jesus levou cativo o cativeiro e deu dons aos homens." Já está dado, e os dons que Deus dá são irrevogáveis, não são tirados da Igreja.

Há muitos dons e talentos enterrados dentro das igrejas. Muita gente com medo do que carrega e, assim, desperdiçando o que Deus deu.

Quando o dom não é usado por alguém, Deus pode levantar outro para que a Igreja continue sendo edificada.

Aquilo que Deus lhe entregou é precioso. Não perca isso.

E você? Está com medo de usar o que carrega?

FAÇA A SUA ORAÇÃO DO DIA

EQUILÍBRIO NO MINISTÉRIO

O fim precisa ser melhor que o começo.

O chamado de Deus para um ministério sempre é motivador e leva as pessoas a ingressarem nesse propósito com muita intensidade e fé.

Todavia, muitos desistem no meio da caminhada, por causa de desgastes físicos, emocionais e das dificuldades no caminho.

Manter o equilíbrio é o segredo para manter a constância e poder concluir toda a missão e o desígnio de Deus para sua vida.

Você pode ter muito sucesso, mas, se tiver altos e baixos em suas emoções, isso pode causar um desequilíbrio maléfico.

Cuide-se, especialmente de seu corpo, sua mente e suas emoções. Sua busca espiritual precisa estar em equilíbrio com as outras áreas da sua vida.

FAÇA A SUA ORAÇÃO DO DIA

338

"Verdadeiramente que a opressão faria endoidecer até ao sábio, e o suborno corrompe o coração."

(ECLESIASTES 7:7 ACF)

Oração

Espírito Santo de Deus, oro para que eu consiga gerir as minhas emoções, que a paz de Deus guarde minha mente e meu coração para que eu possa ter equilíbrio e força no meu propósito e ministério. Em nome de Jesus, amém.

339

"Respondeu Jesus: 'Eu sou o caminho, a verdade e a vida. Ninguém vem ao Pai, a não ser por mim'."

(JOÃO 14:6 NVI)

Oração

Deus meu, peço que desenvolva em mim a sensibilidade ao que é original. Quero conhecer a originalidade das coisas do céu. Que eu saiba reconhecer o que é falso e o que é verdadeiro. Eu preciso que o Senhor me ensine as questões espirituais. Que eu possa permanecer tanto tempo na Sua presença que me torne um especialista em discernir os espíritos presentes em cada situação. Amém.

O VERDADEIRO DISCERNIMENTO

O verdadeiro discernimento de espíritos vem de um conhecimento que temos daquilo que é original. Ele nasce por uma sensibilidade do original. É como pegar uma nota de cem reais verdadeira e uma falsa. A nota verdadeira terá uma viscosidade diferente da falsificada.

Um especialista em ouro pega qualquer quantidade em sua mão e pelo peso já identifica se é ouro puro ou não.

Quando estiver em um ambiente maligno ou com pessoas liberando falsas profecias, você vai saber o que é falso, porque conhece o original.

Quando você passa tempo na presença de Deus, vai ter todo o original de Deus passando por você.

Por isso, mergulhe no verdadeiro e aprenda a discernir o que é falso.

O verdadeiro discernimento de espíritos nasce quando conhecemos a originalidade das coisas do céu.

FAÇA A SUA ORAÇÃO DO DIA

DESPEDACE AS FORTALEZAS RELIGIOSAS

340

Já sabemos que temos um grande desafio: as muitas vozes que nos cercam. Notícias, opiniões, julgamentos, ruídos... essas vozes competem para nos desviar da direção de Deus.

Muitas vezes, é porque existem crenças erradas ou ensinos equivocados que se enraizaram dentro de nós.

Quando damos espaço a essas vozes, permitimos que fortalezas se estabeleçam em nossa mente, criando dúvidas mesmo após termos ouvido a voz de Deus.

Essas "vozes estranhas" tentam manipular nossas decisões, mesmo diante de uma direção clara de Deus.

É hora de confrontar as fortalezas! Pergunte-se: será que há algum pensamento equivocado que está bloqueando o que Deus quer fazer na minha vida?

Deus deseja quebrar as barreiras, a mentalidade religiosa para que você viva plenamente de acordo com a palavra que Ele lhe deu.

"Porque as armas da nossa milícia não são carnais, e sim poderosas em Deus, para destruir fortalezas, anulando os sofismas e toda altivez que se levante contra o conhecimento de Deus, e levando cativo todo pensamento à obediência de Cristo."

(2 CORÍNTIOS 10:4-5 ARA)

Oração

Pai Santo, oro para que o Senhor cesse todas as vozes que falam dentro de mim que me impedem de ouvir a Sua voz. Abra meus ouvidos espirituais, derrame uma unção de sabedoria e discernimento para que eu não seja manipulado por crenças religiosas, fortalezas, vozes que se manifestam quando preciso tomar decisões importantes em minha vida. Caia por terra todo ataque espiritual que me impede de viver a Sua vontade. Em nome de Jesus, amém.

FAÇA A SUA ORAÇÃO DO DIA

____

____

____

____

____

____

"Cada um exerça o dom que recebeu para servir aos outros, administrando fielmente a graça de Deus em suas múltiplas formas."

(1 PEDRO 4:10 NVI)

Oração

Senhor Jesus, oramos para que o Espírito de Deus traga revelações sobre as nossas vidas. Nos ensine a nos mover nos dons do Seu Santo Espírito. Conceda-nos harmonia nos dons para que venhamos a andar no sobrenatural. Mostre o nosso verdadeiro propósito para sermos usados conforme a Sua vontade. Amém.

A HARMONIA DOS DONS

Uma profecia pode agir junto com o dom da palavra de sabedoria e também com o dom da palavra de conhecimento, pois esses três dons podem estar trabalhando conjuntamente em uma única revelação.

Quando os três dons trabalham em harmonia, é liberada uma grande descarga de revelação sobre a vida de uma pessoa. Isso é algo incrível e sobrenatural.

Uma palavra profética carrega informações sobre o futuro, por isso nunca devemos ignorá-la.

O dom da palavra de sabedoria traz uma estratégia, o dom da palavra de conhecimento revela algo sobre a vida da pessoa, e a profecia vem como um cumprimento que virá ainda na vida da pessoa.

Os três dons mencionados podem trabalhar unidos para liberar uma revelação para a vida de uma pessoa. Isso é profundo.

Busque a harmonia dos dons espirituais na sua vida, pois Deus pode revelar o propósito que Ele tem para você e para aqueles que estão conectados à sua vida.

FAÇA A SUA ORAÇÃO DO DIA

___

___

___

___

___

DEUS E AS EMOÇÕES

Quando somos de Cristo e entramos em um ambiente, podemos sentir as emoções de Deus, o que está se passando em Seu coração, por uma determinada situação.

Deus não é inconstante emocionalmente como nós. Ele pode sentir uma tristeza, e nós sentimos essa tristeza de Deus, mas isso não significa que Ele está desequilibrado emocionalmente.

Não concordo com quem afirma que Deus não sofre e não tem paixões, e acredito que Ele nos revela o que está sentindo porque quer nos mostrar alguma coisa, por isso permite que sintamos aquela emoção.

Entendo que Deus mostra se alguém está com problemas emocionais por meio das nossas próprias emoções.

As emoções de Deus podem ser sentidas em um ambiente em que Ele está manifestando a Sua presença.

Precisamos aprender que emoções são reveladas, transferidas, em ambientes, sejam as emoções de Deus, sejam as das pessoas que estão ali.

FAÇA A SUA ORAÇÃO DO DIA

342

"Alegrai-vos sempre no Senhor; outra vez digo: alegrai-vos. Seja a vossa moderação conhecida de todos os homens. Perto está o Senhor."

(FILIPENSES 4:4-5 ARA)

Oração

Senhor meu Deus, revele as Suas emoções aos nossos corações, para que venhamos a sentir a Sua presença. Perdoe os nossos pecados, renove a nossa fé e nos dê esperança para que possamos receber o cumprimento do Seu propósito em nós. Somos gratos por tudo o que o Senhor tem feito em nossas vidas. Proteja-nos de todo mal, nos guardando em cada ambiente em que entrarmos. Amém.

343

"Amados, não creiais a todo o espírito, mas provai se os espíritos são de Deus, porque já muitos falsos profetas se têm levantado no mundo."

(1 JOÃO 4:1 ACF)

Oração

Senhor, em nome de Jesus, eu peço discernimento de espíritos para que eu não seja enganado por espíritos que não provêm de Ti e que estão prontos para confundir o meu destino, o meu chamado. Ajude-me a discernir pensamentos, ideias, intenções e o que age por trás de muitas pessoas, para que eu não ande enganado. Amém.

DONS QUE REVELAM

Precisamos discernir a fonte de toda revelação e toda expressão.

A própria Palavra diz que em parte conhecemos e em parte profetizamos (1 Cor 13:9). E sabemos que somente vamos conhecer o que Deus permite que venhamos a conhecer.

Não estou dizendo que conseguimos saber de tudo por meio desse dom.

Existem pessoas que estão sendo falsas. E com o dom de discernimento de espíritos, conseguimos perceber se a intenção de alguém é boa ou ruim. É por isso que João escreveu na Palavra que não devemos crer em todo espírito.

Reafirmo a importância da Igreja de se dedicar a se aprofundar na busca pelos dons espirituais.

Com o dom de discernimento de espíritos, conseguimos captar muitas coisas que estão ao redor; mesmo que isso não aconteça de maneira instantânea, Deus trará à luz.

FAÇA A SUA ORAÇÃO DO DIA

CORAÇÃO GRATO

Nem sempre é fácil dar graças em todas as situações. Porém, quando entendemos o que está escrito em Romanos 8:28 – que todas as coisas cooperam para o bem daqueles que amam a Deus –, passamos a enxergar a vida sob uma nova perspectiva, desenvolvendo um coração grato apesar das dificuldades.

Deus já nos deu tudo de que precisávamos: Seu Filho, para nos salvar. Ele nos dá vida, saúde, força e oportunidades.

Precisamos lembrar que Deus não nos deve nada. Servir a Ele não é um favor, mas um privilégio e nossa responsabilidade como filhos amados.

Se você levantou hoje da cama, dê graças a Deus. Se tem forças para trabalhar, dirigir ou simplesmente seguir em frente, isso já é motivo suficiente para a gratidão.

Ter um coração cheio de esperança e gratidão abre portas e nos protege. A gratidão a Deus traz consigo novidades e bênçãos que transformam nossa vida.

Cultive um coração grato, confie no cuidado de Deus e permita que Sua graça guie os seus passos.

"Em tudo, dai graças, porque esta é a vontade de Deus em Cristo Jesus para convosco."

(1 TESSALONICENSES 5:18 ARA)

Oração

Oro, meu Pai, para que eu sempre tenha um coração grato mesmo em meio às adversidades, porque confio que o Senhor trabalha em meu favor. Senhor, encha meu coração de fé e esperança para que eu possa enxergar as oportunidades que o Senhor tem colocado em meu caminho. Renove as minhas forças para que eu possa seguir em frente a cada dia, sendo grato porque o Senhor cuida de todos os detalhes da minha vida. Amém.

ÇA A SUA ORAÇÃO DO DIA

____

____

____

____

____

____

345

"O Senhor ia adiante deles, durante o dia, numa coluna de nuvem, para os guiar pelo caminho; durante a noite, numa coluna de fogo, para os alumiar, a fim de que caminhassem de dia e de noite."

(ÊXODO 13:21 ARA)

Oração

Oro, Senhor meu Deus, para que possamos reconhecer quando o Senhor está nos guiando e enviando as respostas aos nossos questionamentos. Abra nossos olhos espirituais para que possamos reconhecer as oportunidades, trazendo pessoas para nos ajudar e revelando ao nosso espírito novos caminhos, novos começos. Que estejamos atentos às movimentações do Espírito Santo para identificar tudo o que o Senhor tem preparado para as nossas vidas. Amém.

RECONHECENDO OS ENCONTROS COM DEUS

Quantas vezes temos dificuldade de reconhecer quando Deus nos envia uma resposta? Quantas oportunidades, pessoas ou ideias passam por nossas vidas sem que percebamos que ali está Deus?

A Bíblia apresenta a história de Melquisedeque, um momento marcante em que Abraão o encontrou e reconheceu algo extraordinário: que não era só um sacerdote comum, mas o próprio sacerdote do Deus Altíssimo.

Deus prepara encontros divinos para nós. Mas, por falta de discernimento, deixamos esses momentos passarem. Talvez seja uma palavra amiga, uma porta aberta, uma visão, uma ideia que surge em nosso coração.

Abraão honrou Melquisedeque com as suas primícias e pediu que ele o abençoasse. Ele viu além da aparência, percebeu que estava diante de alguém enviado por Deus

Peça ao Senhor que os seus olhos espirituais se abram para ver além do natural e identificar os encontros divinos que Deus tem preparado para você.

Devemos estar atentos para reconhecer os movimentos de Deus em nossa vida.

FAÇA A SUA ORAÇÃO DO DIA

OS TESTES DE DEUS

A oportunidade que Deus nos dá é um verdadeiro encontro com Ele. Pode até não parecer, mas, muitas vezes, Deus coloca situações em nosso caminho para revelar o que está no nosso coração.

Assim como na vida somos testados em diversos momentos, o mesmo acontece quando Deus está trabalhando em nós. Ele prova o nosso coração para mostrar onde Ele realmente está.

E essas provas acontecem não apenas em grandes desafios, mas também em situações cotidianas: quando somos tentados a tirar vantagem de alguém, a cobrar mais do que é justo, ou até a responder com grosseria a quem nos trata mal.

Deus usa essas circunstâncias como encontros preparados para moldar nosso caráter. Ele quer ver onde estão nossas prioridades, nossa humanidade e nossa generosidade.

Deus nos dá oportunidades de fazer o que é correto, e cabe a nós aproveitá-las.

Precisamos sempre agir da maneira certa, pois assim veremos Deus se manifestar.

"Não ouvirás as palavras desse profeta ou sonhador; porquanto o Senhor, vosso Deus, vos prova, para saber se amais o Senhor, vosso Deus, de todo o vosso coração e de toda a vossa alma."

(DEUTERONÔMIO 13:3 ARA)

Oração

Senhor, meu Pai, que venhamos a ter um encontro genuíno com a Sua presença. Guarde o nosso coração de todo mal para que venhamos estar totalmente entregues a Ti. Que tenhamos sempre um coração manso e humilde como o coração de Jesus Cristo. Molde o nosso caráter para que venhamos a servir e obedecer ao Senhor, para que o Espírito Santo venha se manifestar em nossas vidas. Amém.

ÇA A SUA ORAÇÃO DO DIA

"Não me envergonho do evangelho, porque é o poder de Deus para a salvação de todo aquele que crê: primeiro do judeu, depois do grego."

(ROMANOS 1:16 NVI)

Oração

Senhor, meu Pai, me mantenha firme no propósito para que eu resista às investidas do diabo. Que eu seja obediente ao Espírito Santo de Deus e me mova nos dons espirituais. Senhor Jesus, eu me entrego totalmente ao Seu poder e à Sua glória; que eu possa viver as bênçãos e o melhor que o Senhor tem para minha vida aqui nesta Terra. Amém.

O EVANGELHO É O PODER DE DEUS

Há uma guerra acontecendo, e não é apenas espiritual. Satanás manipula pessoas para lutarem contra a Igreja e resistirem à direção divina e aos Dons espirituais.

A Igreja Primitiva rompeu barreiras pelo poder do Espírito Santo, não apenas com palavras, mas com demonstrações desse poder.

Hoje, parece que o Evangelho, para muitos, não passa de palavras.

O Evangelho não é feito apenas de palavras. É o Poder de Deus. Toda vez que Deus fala, algo precisa se mover e mudanças acontecem em nossas vidas.

Existem pessoas que querem acreditar em Deus, mas têm medo de serem enganadas. Elas se tornam tão receosas que acabam perdendo o melhor de Deus.

Quando a glória de Deus vier sobre você, entregue-se completamente a Ele, permitindo que o seu interior seja transformado.

FAÇA A SUA ORAÇÃO DO DIA

NÃO PERCA A MOVIMENTAÇÃO DIVINA

O mundo nunca vai entender completamente a missão que Deus tem para nós ou os caminhos específicos pelos quais Ele nos conduz.

É essencial tirar os olhos das circunstâncias negativas. Quando nos concentramos no que está contra nós — críticas, injustiças, mentiras —, acabamos nos tornando negativos também, o que nos desvia da nossa missão e nos faz perder tempo precioso.

Porém, isso não deve nos abalar. Precisamos buscar em Deus uma palavra que aquiete o nosso coração e nos mantenha firmes.

Se perdermos a movimentação divina, corremos o risco de perder as coisas extraordinárias que Ele opera em nosso favor. Enquanto nos distraímos com essas coisas, deixamos de honrar o propósito que Deus nos deu.

Não há tempo a perder com perseguições, fofocas ou mentiras. Nosso olhar deve estar em Deus e no futuro que Ele está preparando para nós.

Esteja focado no propósito que Deus colocou em suas mãos. Fixe sua atenção nas coisas boas, no que está dando certo, e avance. A vida é movimento constante, porque Deus é um Deus de ação.

AÇA A SUA ORAÇÃO DO DIA

"Lançando sobre ele toda a vossa ansiedade, porque ele tem cuidado de vós. Sede sóbrios, vigiai, porque o diabo, vosso adversário, anda em derredor, bramando como leão, buscando a quem possa tragar."

(1 PEDRO 5:7-8 ARC)

Oração

Senhor Jesus, abra nossos olhos espirituais e nos mostre a realidade do que estamos vivendo. Senhor, aquiete o nosso coração e a nossa alma, para que possamos tirar os olhos das circunstâncias, dos problemas, e passar a ver a solução, como vamos avançar e sair dessa situação negativa. Que estejamos focados no Seu propósito para as nossas vidas. Mostre-nos o futuro que o Senhor tem preparado para nós. Amém.

349

O CUIDADO DE DEUS É MELHOR

"E guarda os mandamentos do Senhor, teu Deus, para o temeres e andares nos seus caminhos."

(DEUTERONÔMIO 8:6 ARC)

Há situações que estão fora de nossa alçada. Contudo, com a ajuda de Deus, tudo pode ser solucionado.

Muitas vezes, entregamos algo nas mãos de Deus e ficamos em dúvida quando as coisas não saem como gostaríamos. Mas Deus está agindo de formas que, às vezes, as pessoas ao nosso redor não enxergam.

Vivemos em um mundo repleto de incertezas, mas, quando confiamos no Deus fiel, Ele cuida de nós. Ninguém se importa mais com a sua vida do que o próprio Deus. O Seu cuidado é maior e perfeito.

Existem coisas que estão ao nosso alcance, e essas nós devemos fazer, são nossa responsabilidade. Mas o que está além, somente Deus pode fazer.

Quando você tem uma palavra de Deus, esta o sustenta, mesmo em meio às adversidades e às incertezas.

Faça a sua parte. Dê o seu melhor dentro do que pode realizar. E se as ferramentas acabarem, diga: "Senhor, agora é contigo". Confie, entregue e descanse. Deus cuida de tudo!

Oração

Meu Pai de amor, entrego minha vida, meus problemas, minhas ansiedades a Ti, pois o Senhor cuida de todas as coisas, inclusive as situações que estão fora do meu alcance para serem resolvidas. Capacite-me, meu Deus, para que eu consiga resolver os problemas e situações que estão ao meu alcance. Confio e descanso em Ti, porque sei que o Senhor está cuidando de tudo na minha vida. Amém.

FAÇA A SUA ORAÇÃO DO DIA

OUVINDO DEUS NA CRISE

350

Lutar sem direção não garante vitória. Mas lutar com a orientação divina faz toda a diferença.

Você precisa ouvir a voz de Deus para saber como agir. Quando você ouve Deus, Ele revela o caminho certo para superar qualquer situação.

Não tente enfrentar as crises confiando apenas na sua experiência ou expertise.

É por isso que devemos treinar nossos ouvidos para ouvir a voz de Deus. Como seria transformador se todos conhecessem Deus e ouvissem Sua voz!

Quando a crise bate à porta, o primeiro passo é buscar a direção de Deus.

Deus tem o livramento e as respostas necessárias para guiá-lo em meio às dificuldades e perigos deste mundo. Portanto, esforce-se para ouvir a voz do Pai.

"Quer você se volte para a direita quer para a esquerda, uma voz atrás de você lhe dirá: 'Este é o caminho; siga-o'."

(ISAÍAS 30:21 NVI)

Oração

Senhor, meu Deus, capacite-me e mostre a direção que devo seguir em meio à crise que estou vivendo. Está difícil enfrentá-la sozinho, preciso da Sua presença, Senhor, para alcançar a vitória. Mostre as estratégias e o caminho que devo seguir para vencer essa situação. Guie-me em meio à dificuldade e abra meus ouvidos espirituais para que eu possa seguir a Sua voz e alcançar a vitória. Em nome de Jesus, amém.

FAÇA A SUA ORAÇÃO DO DIA

351

"Porque o Senhor dá a sabedoria, e da sua boca vem a inteligência e o entendimento. Ele reserva a verdadeira sabedoria para os retos; é escudo para os que caminham na sinceridade."

(PROVÉRBIOS 2:6-7 ARA)

Oração

Graças lhe dou, Senhor, meu Deus, por andar sempre ao meu lado, me protegendo do mal, de todo ataque do inimigo e de toda flecha lançada. Senhor, blinde-me de toda investida de Satanás, para que a informação que eu receber dos céus seja protegida por Ti. Fortaleça-me para que eu possa passar pelas perseguições firme, sabendo que o Senhor é a nossa proteção e fortaleza. Amém.

REVELAÇÃO E PROTEÇÃO

Nos tornamos alvos de Satanás quando adquirimos informações espirituais. Porém, se estivermos em Jesus Cristo, se Ele estiver em nossa vida, estaremos protegidos por Deus.

Toda informação que adquirimos no mundo espiritual tem um custo. Daniel tinha informações e foi lançado na cova dos leões, José carregava informações sobre o seu futuro e tentaram matá-lo.

Toda informação no mundo espiritual é perigosa, e, se não estivermos em Cristo, ela pode nos matar.

Jesus carregava informações espirituais, que a maioria não via, e o mataram por isso, mas Ele ressuscitou pelo poder de Deus.

Você precisa estar blindado por Jesus Cristo, senão as informações espirituais podem acabar com você.

É importante ter a revelação, mas também ter a proteção de Jesus.

FAÇA A SUA ORAÇÃO DO DIA

EM TEMPOS DE CRISE

Quando estamos enfrentando uma crise, uma das atitudes mais importantes é gastar apenas o necessário.

Saiba que os realmente bem--sucedidos financeiramente não precisam exibir seus bens, pois aprenderam a não colocar seu coração em coisas materiais.

Não gaste com coisas supérfluas que sejam fruto de uma cobiça.

A verdadeira riqueza não está em quanto ganhamos, mas em quanto somos capazes de controlar nossos gastos.

Não se deixe influenciar pela pressão de aparentar algo para os outros. Foque-se em buscar o equilíbrio e a solução em Deus para sair da crise.

O mais importante é buscar uma vida tranquila e em paz, em vez de viver constantemente endividado.

FAÇA A SUA ORAÇÃO DO DIA

352

"Aquele que confia nas suas riquezas cairá, mas os justos reverdecerão como a rama."

(PROVÉRBIOS 11:28 ARC)

Oração

Senhor Jesus, oro para que libere sabedoria para que eu possa mudar minhas atitudes em meio a uma crise financeira. Conceda-me autocontrole e equilíbrio emocional para que a minha mente e coração sejam transformados e eu possa adquirir novos hábitos financeiros. Amém.

353

"Por isso, vos digo: não andeis ansiosos pela vossa vida, quanto ao que haveis de comer ou beber; nem pelo vosso corpo, quanto ao que haveis de vestir. Não é a vida mais do que o alimento, e o corpo, mais do que as vestes?"

(MATEUS 6:25 ARA)

Oração

Senhor, meu Deus, retire toda ansiedade do meu coração, da minha mente, tudo o que me impede de desfrutar o que o Senhor tem para os meus caminhos. Senhor, confio em Ti porque sei que está cuidando de todas as coisas em minha casa. Que eu tenha sempre um coração grato e que eu saiba reconhecer o Senhor em todos os detalhes na minha vida e venha a desfrutar das bênçãos que o Senhor me concede. Em nome de Jesus, amém.

REJEITE A ANSIEDADE

A ansiedade, de alguma forma, tenta fazer parte da nossa vida. Mas isso nos impede de desfrutar plenamente do que Deus tem para nós.

Se queremos experimentar algo em nossas vidas, precisamos abandonar a ansiedade e aprender a confiar. Jesus nos lembra: "Basta a cada dia o seu próprio mal". Esse ensinamento nos encoraja a viver um dia de cada vez e desfrutar o presente que Deus nos dá.

Por isso, não podemos viver uma vida preocupados e ansiosos.

Quando algo grandioso acontece, muitas vezes, nada muda, porque o problema não está nas circunstâncias, mas em como as encaramos.

Deus tem trabalhado muito em mim nessa área, ensinando-me a ouvir Sua voz e a depender mais Dele. Reconheço que esse aprendizado é essencial para viver a paz que Ele nos oferece.

Que possamos confiar e descansar em Deus, pois só assim experimentaremos a plenitude que Ele tem reservado para nós.

FAÇA A SUA ORAÇÃO DO DIA

A MÁGOA NOS PRIVA DA GRAÇA

354

Precisamos nos livrar daquilo que é prejudicial dentro de nós. A mágoa, como a Bíblia ensina, é perturbadora. Ela tenta entristecer você, fazendo parecer que foi injustiçado, lesado ou enganado.

Quando percebemos que a pessoa que nos feriu continua com os mesmos erros, a mágoa e o ressentimento que guardamos vêm à tona, trazendo indignação e desequilíbrio emocional.

Não podemos acumular sentimentos negativos.

Peça ao Espírito Santo que o ajude em sua dificuldade de liberar perdão.

Livre-se imediatamente da mágoa e da raiz de amargura para que você tenha acesso à graça de Deus e desfrute do favor Dele em seu caminho e sua vida.

Muitas vezes, dizemos que aquilo que fizeram contra nós não nos afeta, mas afeta, sim. Deus, contudo, nos ajudará a vencer a mágoa.

"Não te vingarás, nem guardarás ira contra os filhos do teu povo; mas amarás o teu próximo como a ti mesmo. Eu sou o Senhor."

(LEVÍTICO 19:18 ARC)

Oração

Oro, meu Senhor, para que eu seja libertado de todo sentimento de mágoa que quer aprisionar minha mente e meu coração. Senhor, me liberte de todo cativeiro, de toda amarra espiritual que tenta me entristecer e manipular meus sentimentos. Pai, eu peço para que eu tenha equilíbrio emocional para tomar atitudes que revelam que estou livre de todo sentimento que perturba minha mente. Em nome de Jesus, amém.

FAÇA A SUA ORAÇÃO DO DIA

355

"Certamente, o Senhor Deus não fará coisa alguma, sem primeiro revelar o seu segredo aos seus servos, os profetas."

(AMÓS 3:7 ARA)

Oração

Peço ao Senhor, meu Deus, derrame uma unção para romper as cadeias que aprisionam nossas mentes e os nossos corações. Proteja-nos de toda perseguição e inveja. Renove nosso azeite, renove as nossas forças e a nossa fé. Que saibamos receber e discernir cada profecia a nós revelada, para que seja preservada toda a boa obra que o Senhor já iniciou em nossas vidas. Em nome de Jesus, amém.

A PROFECIA TORNA VOCÊ VISÍVEL

Quando uma casa está sendo construída, a base é praticamente invisível para a maioria das pessoas, exceto para aqueles que estão diretamente envolvidos na sua estruturação.

A profecia carrega um poder transformador: ela ilumina o propósito e a missão daquele que a recebeu.

Da mesma forma, no mundo espiritual, quando alguém recebe uma profecia, sua vida começa a ser notada. A pessoa passa a ser vista de forma diferente, pode ser alvo de inveja, isolamento e até perseguição.

No mundo espiritual, uma pessoa que carrega uma profecia se torna uma construção em andamento, uma obra visível que reflete o agir de Deus. À medida que as paredes começam a ser levantadas, a construção se torna visível para todos, e é evidente que aquela casa está avançando.

Portanto, persevere com fé, pois a construção que Deus iniciou em sua vida será concluída.

Receber uma profecia é como ter os fundamentos lançados para uma grande obra. Por mais que a base não seja vista de imediato, o crescimento será evidente no tempo certo.

FAÇA A SUA ORAÇÃO DO DIA

NECESSIDADES OU DESEJOS

Em momentos de crise, é essencial distinguir entre necessidade e desejo.

A chave para vencer em tempos difíceis é confiar em Deus, ouvir Sua direção e agir com discernimento.

Não permita que suas emoções assumam o controle. Às vezes, você quer algo, mas precisa focar o que é realmente necessário naquele momento.

Confiando em Deus e agindo com sabedoria, você estará preparado para superar qualquer desafio.

O importante é agir com sabedoria, colocando a razão e a necessidade à frente das emoções.

Tenha coragem de fazer o que é necessário, e não o que deseja.

FAÇA A SUA ORAÇÃO DO DIA

356

"Mas buscai primeiro o Reino de Deus, e a sua justiça, e todas essas coisas vos serão acrescentadas."

(MATEUS 6:33 ARC)

Oração

Oro, meu Deus, para que eu saiba dar prioridade para as coisas que realmente são importantes em minha vida. Que eu seja mais racional do que emocional. Senhor, ajude-me para que eu não seja impulsivo e controle minhas emoções e meus desejos. Senhor, libere uma unção de sabedoria e entendimento para que eu possa superar e vencer os desafios que estão em meu caminho. Em nome de Jesus, amém.

357

"Porque todos tropeçamos em muitas coisas. Se alguém não tropeça no falar, é perfeito varão, capaz de refrear também todo o corpo."

(TIAGO 3:2 ARA)

Oração

Senhor Jesus, nos guarde do mal, de todo ataque do inimigo, de toda flecha lançada contra as nossas vidas. Nos sustente, meu Deus, mesmo quando as coisas não estão bem, nas situações difíceis. Guie-nos, meu Senhor, nos caminhos que devemos seguir, retire de nossos caminhos toda má influência, toda amizade ruim, que atrasam o nosso avanço. Entregamos os nossos sonhos e projetos nas Suas mãos, pois sabemos que o Senhor nos dará a direção certa. Amém.

QUANDO TUDO DÁ ERRADO

Muitas vezes, quando as coisas parecem desmoronar ao nosso redor, temos dificuldade de enxergar além do que está diante dos nossos olhos.

Quando vivemos uma vida conectada com Deus – por meio da oração, da meditação na Palavra e da entrega total ao Senhor –, Ele nos guia de forma especial. É como se Ele colocasse pequenas placas em cada lugar da nossa jornada, orientando nossos passos.

Por trás de cada porta fechada, de cada situação difícil, existe uma informação de Deus para você.

Na nossa caminhada, Deus coloca sinalizações. Quando relacionamentos dão errado, amizades se desfazem, negócios fracassam ou sonhos parecem não acontecer, há sempre uma "plaquinha" de Deus esperando para ser lida.

Anote o que Deus mostrar, porque ali pode estar a resposta de que você precisa para enxergar além do caos e encontrar a direção Dele.

Essas placas estão na Palavra de Deus. É no Salmo do seu dia. Pegue sua Bíblia, ore e peça ao Senhor que revele a você a mensagem que Ele quer transmitir.

FAÇA A SUA ORAÇÃO DO DIA

___

___

___

TUDO SERÁ PERFEITO NO TEMPO CERTO

Se você está enfrentando um problema que parece grande, talvez não seja tão ruim quanto parece.

Quando oramos e dizemos "Senhor, seja feita a Tua vontade, não a minha", estamos colocando Deus à frente da situação. É como dizer: "Deus, cuida disso para mim!". Devemos confiar que Deus está conduzindo tudo para o nosso bem.

É normal ficarmos desconcertados quando as coisas não acontecem como planejamos ou imaginamos.

Há algo maior acontecendo, Deus está no controle, e há duas explicações para o que você está enfrentando: pode ser a tentativa do inimigo de bloquear sua bênção, ou Deus lhe ensinando a confiar e esperar na vontade Dele.

Seja perseverante em oração e confie que, no tempo certo, a vontade de Deus será perfeita na sua vida.

Ao orar, você entrega o controle a Deus, permite que Ele governe a situação e transforme os caminhos que parecem fechados

FAÇA A SUA ORAÇÃO DO DIA

"Para tudo há uma ocasião, e um tempo para cada propósito debaixo do céu."

(ECLESIASTES 3:1 NVI)

Oração

Senhor, meu Deus, guarde meu coração e mente de toda situação sobre a qual não tenho o controle, da qual muitas vezes não tenho a compreensão. Que eu possa esperar o tempo de todas as coisas acontecerem. Conceda-me calma e paciência para que eu não seja impulsivo querendo conduzir as coisas com minhas próprias mãos. Entrego-Lhe a minha vida e o meu coração para que eu possa viver a Sua perfeita vontade. Amém.

359

"Eliseu perguntou-lhe: 'Como posso ajudá-la? Diga-me, o que você tem em casa?' E ela respondeu: 'Tua serva não tem nada além de uma vasilha de azeite'. Então disse Eliseu: 'Vá pedir emprestadas vasilhas a todos os vizinhos. Mas peça muitas'."

(2 REIS 4:2-3 NVI)

Oração

Oro, meu Pai, para que o Senhor venha revelar o oculto e o escondido, os sentimentos mais profundos que eu carrego e dos quais preciso de libertação. Remova do meu coração todo espírito de tristeza, solidão, medo e insegurança. Encha a minha vida com muita alegria, paz e tranquilidade. Que eu venha a cada dia andar conforme as Suas escrituras e me posicionando conforme Seu querer na minha vidas. Amém.

REVELANDO SENTIMENTOS

O dom da palavra de conhecimento pode revelar sentimentos como tristeza, alegria, solidão, medo, insegurança.

No livro de 2 Reis, capítulo 4, a Bíblia nos conta um relato a respeito da condição emocional de uma mulher.

Deus revelou o estado do coração dela, porém não revelou o que a estava perturbando.

Mesmo o profeta Eliseu sendo um homem conhecido, que tinha um dom extraordinário e era muito usado nas mãos de Deus, Deus não revelou tudo pelo que aquela mulher estava passando.

Podemos estar acostumados a ter revelações muito profundas, mas há momentos em que o Senhor abre apenas uma fração da revelação. Em casos assim, Deus pode estar querendo promover um diálogo entre alguém que teve revelação profética e outro que está passando por uma situação difícil.

Precisamos compreender que Deus também age nos momentos difíceis para promover cura aos corações.

FAÇA A SUA ORAÇÃO DO DIA

ESTÁ DANDO CERTO!

360

Deus está no controle de todas as coisas. Algo bom está surgindo, mesmo que agora você não veja. Ele o está conduzindo ao lugar certo, na direção certa, para as pessoas certas.

Deus o está conduzindo para algo muito maior. Ele está abrindo um caminho para uma bênção maior, uma porta melhor, uma conexão mais significativa, um emprego que realmente faça sentido.

Você olha para as circunstâncias e acha que o resultado deveria ser diferente.

A fé pode parecer loucura, mas é o maior poder que existe. Mesmo nos momentos em que tudo parece estar indo de mal a pior. Mesmo que você pense "Está piorando!", eu lhe afirmo com convicção: "Vai melhorar!".

Confie. Deus está trabalhando em seu favor, mesmo nas dificuldades.

Creia nisso hoje!

"Porque, assim como os céus são mais altos do que a Terra, assim são os meus caminhos mais altos do que os vossos caminhos, e os meus pensamentos, mais altos do que os vossos pensamentos."

(ISAÍAS 55:9 ARA)

Oração

Senhor Jesus, retire os meus olhos da circunstância, para que eu possa enxergar além, as bênçãos que já estão disponíveis nas regiões celestiais. Coloque no meu caminho, Senhor, as conexões certas, as portas abertas por onde devo passar. Sei, Senhor, que está no controle de todas as coisas e que, mesmo que eu ainda não enxergue, algo bom está surgindo, que estou andando na direção certa. Amém.

ÇA A SUA ORAÇÃO DO DIA

361

"E digo isto a vós outros que conheceis o tempo: já é hora de vos despertardes do sono; porque a nossa salvação está, agora, mais perto do que quando no princípio cremos."

(ROMANOS 13:11 ARA)

Oração

Senhor, meu Deus, nos guarde do mal, de todo ataque do maligno, proteja a nossa casa e família. Que saibamos nos posicionar, de uma forma que agrade ao Senhor. Nos conceda revelação para que possamos discernir as oportunidades das provações. Nos mantenha firmes e fiéis no Seu propósito para as nossas vidas, nos sustente para que possamos suportar o processo para alcançar a vitória em Cristo Jesus. Amém.

UM NOVO POSICIONAMENTO

O Espírito Santo conduziu Jesus ao deserto, mas isso não significou abandono. Deus o observava e sustentava durante toda a provação. Da mesma forma Deus faz conosco em nossas lutas, esperando que confiemos em Seu cuidado.

A Bíblia nos mostra que Satanás usou a figura de uma cobra para enganar Eva no Jardim do Éden, e continua colocando armadilhas em nosso caminho para nos enganar.

Contudo, Deus está sempre atento, observando nossa conduta diante dessas situações. Não podemos agir como Adão e Eva, que cederam à tentação.

Satanás tentou corromper Jesus, propondo pactos e oferecendo poder, mas Jesus, firme em Sua missão, rejeitou as ofertas do inimigo, permanecendo fiel ao propósito de Deus.

É preciso reconhecer as oportunidades divinas e discernir quando estamos sendo provados por Deus ou tentados pelo inimigo.

Agora somos chamados a assumir um novo posicionamento, aprendendo a reagir da maneira que agrada a Deus.

FAÇA A SUA ORAÇÃO DO DIA

A PALAVRA QUE TRANSFORMA

No princípio, Deus criou os céus e a Terra. Antes mesmo desse primeiro versículo da Bíblia, Deus já existia. Tudo o que vemos ao nosso redor veio a partir de uma palavra d'Ele.

Sem a palavra de Deus, nada existiria. Ainda que não saibamos o que Ele já havia criado antes, é impressionante pensar que tudo o que percebemos foi formado pelo poder da Sua palavra.

Não importa a sua realidade. Libere a Palavra criativa de Deus e creia na mudança de cenário.

Quando Deus falou, as coisas começaram a existir: os pássaros cantaram, os rios correram e a grama balançou ao vento. Tudo surgiu a partir de Sua palavra criativa e poderosa.

Deus liberou uma palavra, e os céus e a Terra foram formados; isso nos mostra o quanto Sua palavra tem poder para transformar e criar algo hoje.

A Palavra tem o poder de criar, renovar e transformar qualquer cenário de caos. É nessa Palavra que devemos caminhar.

:A A SUA ORAÇÃO DO DIA

362

"No princípio, criou Deus os céus e a Terra. A Terra, porém, estava sem forma e vazia; havia trevas sobre a face do abismo, e o Espírito de Deus pairava por sobre as águas."

(GÊNESIS 1:1-2 ARA)

Oração

Senhor, meu Deus, derrame uma unção de sabedoria e discernimento para que saibamos usar as palavras, porque nossas palavras têm força e poder. Que saibamos compreender o poder das nossas palavras e que da nossa boca saiam palavras de bênção, e não de maldição. Conceda-nos, Senhor, entendimento para profetizarmos em todo o tempo palavras que edificam nossas vidas e a dos nossos filhos. Amém.

"Melhor é o fim das coisas do que o seu princípio; melhor é o paciente do que o arrogante."

(ECLESIASTES 7:8 ARA)

Oração

Senhor, meu Pai, que saibamos administrar o tempo, não perder tempo com o que o Senhor não quer que façamos. Que tenhamos um coração obediente para entendermos os tempos de mudanças quando entrarmos em uma nova estação. Ajuste, meu Deus, o nosso trajeto para que possamos alinhar nosso caminho e nosso foco na direção certa. Amém.

AS VOZES E O TEMPO

Quando Deus fala conosco, muitas vezes enfrentamos uma batalha interna intensa através das vozes que se levantam, tentando nos afastar do novo que Ele deseja realizar.

Há tantas vozes competindo por nossa atenção: a voz da experiência, que insiste no que já sabemos; a voz da escassez, que nos limita com medo; a voz da dúvida, que nos paralisa...

Essas vozes têm um único objetivo: nos manter distantes daquilo que Deus está dizendo. E muitas vezes, nos acostumamos tanto a ouvi-las que acabamos deixando a voz de Deus de lado.

A vida é como ser conduzido por um GPS. Se você perde uma entrada ou saída, o GPS recalcu a rota. Mas esse novo percurso geralmente é mais longo. Você perde tempo, gasta mais energi e pode até perder oportunidade importantes no caminho.

Mas aqui está algo crucial: tudo se trata de tempo. Deus tem um tempo certo para todas as coisa

Podemos recuperar dinheiro, restaurar um casamento ou até reconstruir uma empresa, mas o tempo nunca volta. Por isso, precisamos ajustar nossa direção e alinhar nosso foco co o que Deus está nos dizendo.

FAÇA A SUA ORAÇÃO DO DIA

SINAIS DE QUEM ESTÁ CRESCENDO ESPIRITUALMENTE

Aquele que está crescendo espiritualmente é sábio a ponto de cortar o que for preciso para o seu crescimento espiritual.

O indivíduo que está crescendo espiritualmente demonstra sabedoria divina em suas atitudes e convicções.

Algumas renúncias fazem parte da escolha de andar mais no espírito e menos na carne.

Quem busca crescimento espiritual escolhe a paz, sendo que isso implicará muitas despedidas.

A pessoa que está crescendo espiritualmente é sábia para ficar em silêncio enquanto os outros esperam que ela exploda.

Se você deseja crescimento espiritual, entenda que as coisas não ficam mais fáceis, mas que você precisa ser cada vez mais forte.

ÇA A SUA ORAÇÃO DO DIA

"Estou convencido de que aquele que começou a boa obra em vocês, vai completá-la até o dia de Cristo Jesus."

(FILIPENSES 1:6 NVI)

Oração

Pai santo e de amor, venha ao meu encontro neste momento e derrame sobre mim o Seu Santo Espírito. Dou-Lhe liberdade para agir em mim matando toda obra da carne em minha vida. Que eu possa, a cada dia, crescer espiritualmente. Declaro que estou convencido de que o Senhor pode completar em mim a boa obra até a volta do nosso Senhor Jesus Cristo. Em nome de Jesus, me dê força para continuar, pois sei que o caminho é árduo. Sozinho, não consigo, dependo do Senhor para alcançar o alvo. Amém.

365

"Porque, se perdoardes aos homens as suas ofensas, também vosso Pai celestial vos perdoará a vós."

(MATEUS 6:14 ARC)

Oração

Pai de amor, me ensine a perdoar as pessoas que me magoaram e ofenderam. Senhor, meu Deus, limpe o meu coração de toda tristeza e injustiça, que eu possa ser uma pessoa melhor todos os dias. Que eu abandone o passado para que possa viver coisas novas. Retire, meu Senhor, tudo o que tira a minha paz, todo o peso espiritual que me impede de avançar rumo ao propósito que o Senhor tem para mim. Amém.

DEIXE O PERDÃO TRANSFORMAR SUA VIDA

Se queremos experimentar coisas novas em nossa vida, precisamos deixar no passado aquilo que nos pesa. Não podemos arrastar mágoas para um novo ano.

Existem pessoas que o magoaram, o ofenderam, que foram injustas, que pediram ajuda quando estavam em necessidade, mas o ignoraram depois que se reergueram.

Há quem nunca tenha estendido a mão para ajudá-lo, mas que não perde uma oportunidade de feri-lo, de trazer tristeza ao seu coração.

É hora de perdoar. Perdoe quem o feriu. O perdão não é um favor que fazemos aos outros; é um presente que damos a nós mesmos. Ele liberta nossa alma, traz cura e abre espaço para o novo de Deus em nossa caminhada.

A oração do Pai-Nosso nos ensi[na] algo poderoso: "Perdoa as noss[as] dívidas, assim como perdoamo[s] aos nossos devedores". Vamos levar isso ao pé da letra.

Não deixe sentimentos negativos e a falta de perdão roubarem sua paz e o plano de Deus para sua vida.

FAÇA A SUA ORAÇÃO DO DIA

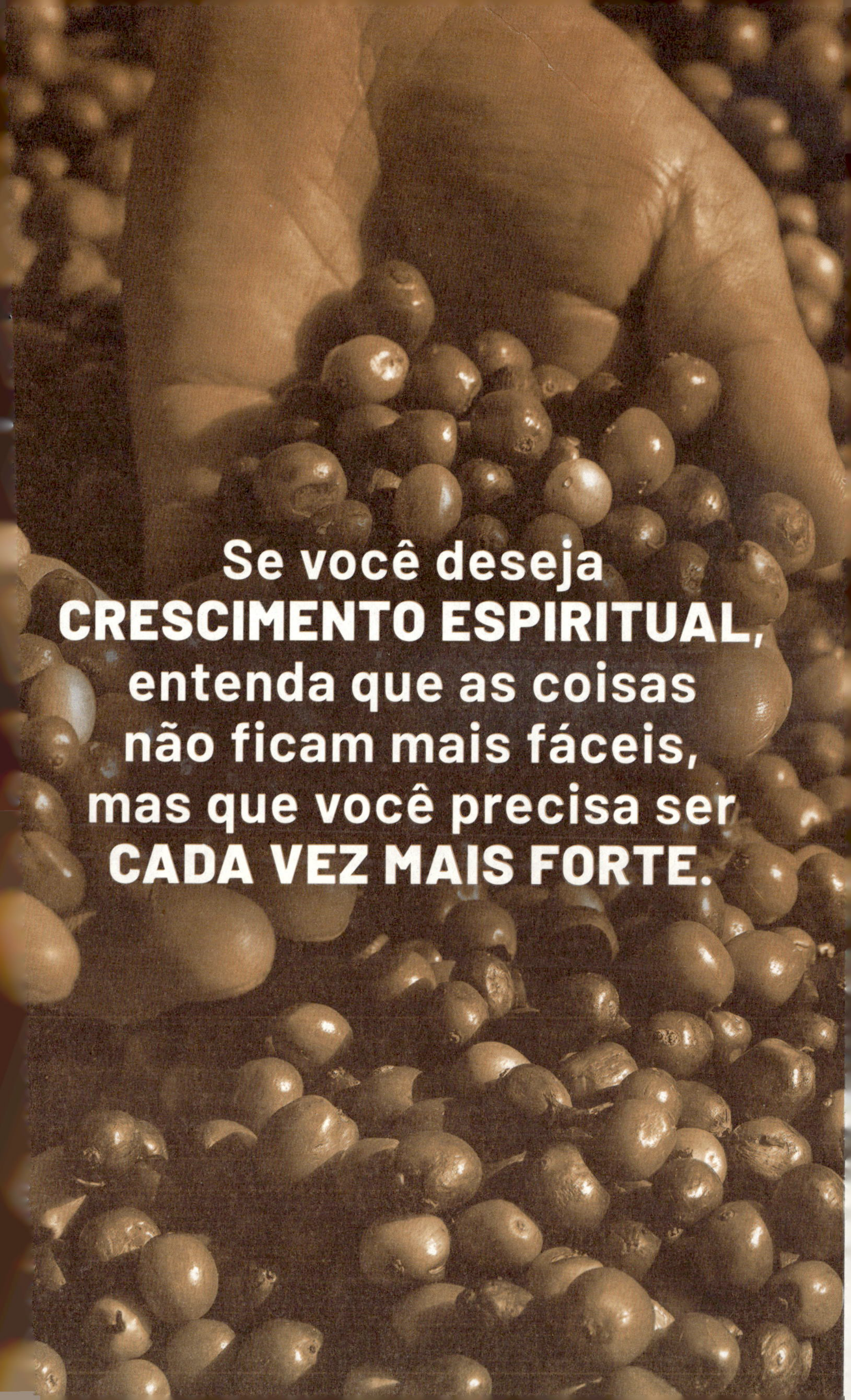
Se você deseja
CRESCIMENTO ESPIRITUAL,
entenda que as coisas
não ficam mais fáceis,
mas que você precisa ser
CADA VEZ MAIS FORTE.

VINICIUS IRACET
MINISTÉRIO PROFÉTICO INTERNACIONAL

A voz de Deus mudou a minha vida.
Nunca houve tantas vozes disputando a nossa atenção.
Minha missão é ensinar você a ouvir a voz de Deus
e ser um intercessor na sua vida.

Orações diárias no Youtube:
Oração da manhã: 6 horas
Direção de Deus: 9 horas
Oração da noite: 18 horas

Siga Vinicius Iracet nas Redes sociais:
Vinicius Iracet
@vinicius_iracet
www.academiakingdomglobal.com.br
www.viniciusiracet.com.br